一一〜一二世紀のフランドル伯の尚書部

一一～一二世紀のフランドル伯の尚書部

青山由美子著

刀水書房

一一～一二世紀のフランドル伯の尚書部　目次

装丁　的井　圭

一一～一二世紀のフランドル伯の尚書部

序論

第一章　問題意識とテーマの設定

第一節　中世中期フランドル伯領の行財政史研究

中世フランドル研究の意義

二一世紀初頭の現在でも、そして世界のどこにおいても、ヨーロッパの歴史的産物の影響を全く受けずに生きていくことは不可能ではないだろうか。この場合のヨーロッパとは、影響の大きさを考えれば、やはり英独仏三大国を含む西ヨーロッパであろう。そのような意味でのヨーロッパは中世に生まれ、そこに英独仏三大国に囲まれて存在していたのがフランドル地方である。

中世フランドル地方は、次のような意味で、王国、帝国ならびに他の領邦などと異なる特質をもった政治単位であった。フランドルという極めて小さな政治単位が、諸国間の複雑な相互関係の渦中で、ある程度の統一性を維持しながら中世を通じて存在し続けたのである。まず、一一～一二世紀においては、フランドルは、伯領として、イングランド、フランス、神聖ローマ帝国に囲まれながら、事実上自立した領邦として成り立っていたという点で特異な存在であった。続いて一三世紀以降も、一五世紀末にハプスブルク家の支配が始まるまでは、フランドル地方は、一一～一二世紀ほどの自立性は失うものの、フランス王およびイングランド王、そしてブルゴーニュ公に対して、ひとつの政治単位としてのまとまりを維持したのである。しかも、この中世に形成されたフランドルという地域としての一体性は、近世、近代をへて現在のベルギーの行政単位である「フランデレン」にまで受け継がれていくことになるのである(1)。

このような特徴をもつフランドル伯領の研究は、西欧中世世界の多様性を明らかにするために格好の研究対象である。たしかに、東欧や南欧に比べると、フランドルの属する北西ヨーロッパは、英独仏の三大国を含む伝統的な研究領域にすぎないように見えるかもしれない。しかし、そのような見方に反して、三大国の狭間で自己主張を続けたフランドル地方は、北西ヨーロッパ内部にもゆたかな多様性が存在していたことを示唆してくれるのである。

中世フランドルにとっての一一～一二世紀

そのフランドル地方が、中世ヨーロッパの通史において最も注目される時期は、むしろ一三世紀以降の中世後期である。この時期のフランドルでは、英仏両王、フランドル伯、ブルゴーニュ公、および経済的かつ政治的にも力をつけた大都市などが、複雑な相互関係を形成し様々に変化させていった。重要なことは、このような中世後期の変動のなかでも、フランドルという政治単位が意味を失わなかったことである。

それが可能であったのは、なぜであろうか。それは、先立つ一一～一二世紀に、フランドル地方が大国の狭間で自立した伯領として特異な立場を保持していたからこそであろう。したがって、中世フランドルにとって、一一～一二世紀というのは、その本質の形成期として重要な意味をもつ時期なのである。

伯領の行財政史研究の意義

それでは、なぜ、一一～一二世紀のフランドル伯領は、そのような特異な位置を維持できたのだろうか。その最大の理由は、領邦としては統治システムが早期に発達していたことに求められる。伯領の行財政制度の発達は、一二世紀後半に最盛期を迎えた。行政面では尚書部の組織が整えられ、財政面では一一八七年に伯の所領全体を対象とした現存最古の会計簿が作成された(2)。また、司法面では主要都市の刑罰規定が統一され、領域統治の面では地方役人が組織化されバイイ（bailli）制が創設された。このような諸制度は、単に発達が早いというだけでなく、王国や他の領邦とは異なる特徴を備えていたはずである。なぜなら、そもそも何らかのより具体的な独自性があったからこそ、行財政制度が異例の発達を遂げることができたと考えられるからである。その独自性を明らかにするためには、まず、行財政制度の中核をなす尚書部の実態を解明しなければならない(3)。

第二節　フランドル伯尚書部に関する研究史と問題点

では、一一～一二世紀におけるフランドル伯の尚書部は、これまでの研究者たちによってどのように評価されてきているのだろうか。研究者たちの見解は、ほぼ一致している。すなわち、伯の尚書部は、教皇、皇帝もしくは王よりも下位の司教や領邦君主レベルの尚書部のなかでは、ノルマンディ公の尚書部とならんで、最も早く創設され発達したとみなされているのである。

このような現在の通説に達するまでの研究史は、次のように四つの時期に分けられる。第一に、一九世紀末の、研究の出発点となる時期。第二に、一九三〇年代の、尚書部研究の基本史料となる伯の証書集が初めて刊行された時期。第三に、一九四〇～五〇年代の、伯の行財政制度に関する概説がまとめられた時期。最後に、一九六〇年代以降現在にいたるまで、ベルギーのヘント（Gent）大学において、伯の証書集の刊行およびそれに基づく最新の研究が進められてきている時期である。

第一期　研究の始まり

フランドル伯の尚書部に関する研究の出発点は、一八九五年にピレンヌ（Pirenne. H.）が発表した「一三世紀以前のフランドル伯の尚書部とノタリウス（notarius）」という論文である。ピレンヌは、まず、フランドル伯のような封建君主の尚書部の研究は、教皇、皇帝あるいは王の尚書部の研究よりも困難であり、そのために立ち遅れていると指摘する。その上で、伯の証書を中心とする主要な史料に基づき、次のような結論を出している。

一般に、尚書部（cancellaria）を率いる上位役人は、カンケラリウス（cancellarius）と呼ばれる。フランドル伯のカンケラリウスは、近隣の司教のカンケラリウスやエノー（Hainaut）伯のカンケラリウスとは異なり、証書の作成に携わることはなかった。証書の発給に関して尚書部が果していた役割は、証書を受け取る受給者が作成した文書に伯の印章を添付することだけだったのである。フランドル伯に限らず、世俗君主の証書を作成したのは、初めは、尚書部ではなく文書作成により長けていた受給者の修道院や教会であることが多かった。一方、伯のカンケラリウスにはもうひとつの重要な役割があった。それは、財務役人のノタリウスを従えて、伯の所領経営を管理することであった。ピレンヌは、伯の尚書部の出発点とされる一〇八九年の伯の尚書を、初めて本格的に検討し議論の根拠とした。その上で、論文の最後で、一〇八〇年代に伯領に尚書部という組織を導入したのは伯ロベルトゥス一世（Robertus）であったと考え、同伯の功績について次のように評価している。伯は、近隣の君主たちの尚書部を模倣するにとどまらず、自らの領邦の必要性に応じて尚書部という組織を採り入れていったのである(1)。

ピレンヌがこの論文を発表した翌年の一八九六年には、その結論を継承する研究が公にされた。それは、ラウセンス（Reusens. E.）による「その起源から一三世紀初頭までのベルギーにおける下位の尚書部」という論文である。

この論文のなかで、ラウセンスは、フランドル伯の尚書部を、修道院長や司教や他の領邦君主の尚書部とともに考察の対象のひとつとした。彼は、伯の尚書部を、ベルギーの世俗君主たちの尚書部のなかで最初に組織化されたものと評価している。その役割に関しては、ピレンヌの見解を継承し、伯の証書への印章の添付および所領経営であったと考えている。

特にこの論文の中心となっているのは、ラウセンスが、ピレンヌ以上に網羅的に史料を調査し尚書部役人のリストを作成した部分である。カンケラリウス以下、シギラリウス（sigillarius, gerulus sigilli）、ノタリウス、カペラーヌス（cepellanus）、クレリクス（clericus）といった様々な肩書きについて、それぞれ確認された年代と史料の一部引用などから成るリストが掲載されている(2)。このリストのもとになった調査の結果、次のようなラウセンス独自の指摘もなされている。すなわち、尚書部の上位役人は、証書の証人リストなどで、カンケラリウスよりもプレポジトゥス（prepositus）という肩書きを好んで使用しており、一方、上位役人以外の役人もカンケラリウスという肩書きを使用する場合があったという指摘である。以下で論じていくように、このように上位役人を示す肩書きすら確定していなかったという事実は、ラウセンスの指摘以来一世紀をへてもなお、重要な論点であり続けている。

第二期　証書集の刊行

一九三八年、ヴェルコートラン（Vercauteren, F.）が、一〇七一年から一一二八年までの間にフランドル伯によって発給された証書を校訂し証書集としてまとめて刊行した。この証書集の刊行は、第一期におけるピレンヌによる提唱を受けて行われたもので、研究史の第二段階として位置づけることができる。ヴェルコートランは、証書集の序論において、証書を校訂するための文書学的研究に基づき伯の尚書部に関するいくつかの問題について考察している。まず、尚書部の役割については、ラウセンスと同じように、ピレンヌの見解を継承し、印章の添付と所領経営の双方であったと考えている。また、ラウセンスの研究を受け継いで、ヴェルコートランもまた、尚書部役人の役職別のリストを、ノタリウス、カペラーヌス、プレポジトゥス、カンケラリウスについて作成している(3)。

ヴェルコートラン独自の見解としては、次の点があげられる。彼は、伯の尚書部の出発点とみなされる一〇八九年に発給された証書の意味を再検討し、これは尚書部の創設を意味するものではないと判断する。彼の主張によれば、この証書は、以前から存在していたカンケラリウスという肩書きをブルッヘ（Brugge）の聖ドナティアヌス（Donatianus）律修参事会教会の参事会長（prepositus）に託したもので、その点においてのみ革新的であったという。この重要な証書の内容や意味については、本論第一部第一章で改めて論じる(4)。

第三期　概説がまとめられる

第二期までの研究を受けて、一九四〇年代と五〇年代に、二人の研究者によって、フランドル伯領の行政制度について概説がまとめられた。まず、一九四三年に、モニエ（Monier, R.）という研究者が、『九世紀末から一三八四年までのフランドル伯領の中央制度』という書物を公にした。伯の尚書部は、第三章「一三世紀までのフランドル伯の宮廷」において扱われている。モニエは、尚書部の役割についてはピレンヌ以来の通説を踏襲した上で、次の二つの点について独自の指摘を行っている。第一に、問題の一〇八九年の証書が発給された時期は、たしかにロベルトゥス一世の治世に含まれるが、ちょうど伯がパレスティナへ行っており伯領にいなかった時期にあたるという指摘である。尚書部の組織化にとって重要な意味をもつこの証書の発給は、ピレンヌ以来ロベルトゥス一世自身の功績と考えられてきていた。この見解に対し、モニエによる指摘は再検討をうながしたのである。

第二に、モニエは、尚書部の下位役人ノタリウスが果していた役割について、より明確にピレンヌ以来の通説を修正している。通説では、ノタリウスは証書の発給には関与せず専ら伯の所領経営に携わる財務役人であったと考えられていた。これに対し、彼は、ノタリウスのなかにも証書発給に関わるノタリウスが存在した事実を指摘している(5)。

その後、一九五七年にガンスホーフ（Ganshof, F.L.）によって、フランドル伯の行財政制度について再び概説がまとめられた。『中世におけるフランスの諸制度』という古典的な研究書のなかで、ガンスホーフは「フランドル」という章を執筆したのである。尚書部に関する限り、彼はピレンヌ以来の通説を忠実に継承し、カンケラリウスの役割は、受給者作成文書への印章添付と所領経営であったと考えている。モニエが一部修正を加えたノタリウスの役割についても、モニエを支持することなくピレンヌ以来の見解を支持している(6)。

このように、ガンスホーフの概説が保守的なものであったのに対し、モニエは通説の一部修正を試みた。本書で明らかになるように、彼による指摘は、現在の尚書部研究にとってもなお示唆的である。

第四期　現在まで続くヘント大学を中心とする研究

一九六〇年代になると、ベルギーのヘント大学の研究者たちによって、現在まで続く文書学的分析に基づく尚書部研究の成果が発表されるようになる。まず、一九六七年に、プレヴニール（Prevenir, W.）という研究者によって、「一二世紀末の、ヨーロッパ的枠組みにおけるフランドル伯の尚書部」という論文が発表された。プレヴニールは、第二期にヴェルコートランによって始められた伯の証書集の刊行事業を継承し、一一九一年から一二〇六年までの時期について証書集を編纂したのである。この論文は、その際の文書学的研究に基づいている。彼の扱う一二世紀末という時期は本書の対象とする時期より後になるが、この論文以降、彼を中心に共通の問題意識のもと、ヘント大学の研究者たちの間で一一～一二世紀の尚書部に関する研究も進められていくことになる。

まずプレヴニールは、尚書部という組織を、文書の作成から印章の添付まで君主の証書を発給するために必要な役割をすべて自力で果す組織と定義している。その上で、「いつから、どのようにして伯の証書の作成が受給者ではなく尚書部で行われるようになったのか」という問題を設定して、一二世紀末の尚書部の実態について様々な角度から分析を進め、次のような結論に達している。

伯の尚書部で証書が発給されるだけでなく作成されるようになるのは一一三六年前後のことであり、これはそのような時期としては極めて早いと評価できる。その後一二世紀末には、伯の証書の約六〇%が尚書部で作成されるようになる。また、証書が作成された場所については、伯領各地に点在する所領経営のための役所であったとされる。その役所では、ノタリウスが、所領経営だけでなく証書の発給にも携わっていたのである(7)。

一方、一九六九年には、ヘント大学で蓄積されていく研究とは別に、アメリカでド・グライス（De Gryse, L. M.）によって一二世紀後半のフィリプス（Philippus）伯治下の行財政改革に関する博士論文が提出された。この論文でも、伯の尚書部に一章があてられている。そこでは、尚書部の起源を探るため、書式や案件の内容などの点で複数の伯の証書に共通性が認められる事例が分析される。そのような証書は、受給者作成証書ではなく尚書部によって作成された証書で、尚書部の活動が本格的に始動したことを意味する指標とみなされているのである。ベルギーでの議論と同じように、彼の議論でも、尚書部の成立は、フィリプス伯治世における行財政改革の一環として位置づけられており、この制度改革はより効率的かつ合理的に整備された統治組織をもたらしたと考えられている。このように、彼の視点は、同時代のベルギーの研究者たちの視点と酷似しており、新たな問題提起を目指すものではなかった(8)。

一九七〇年代に入ると、ヘント大学のフェルヒュルスト（Verhulst. A.）とヘンプティンヌ（De Hemptinne, Th.）という二人の研究者の共同執筆によって、「アルザス家の伯の下におけるフランドルのカンケラリウス（一一二八〜

九二)」という論文が発表された。この論文は、二人の後継者たちが現在も続けている一一二八年から九一年までの伯の証書集の校訂と、それに伴う徹底的な文書学的研究に基づいたものである。

二人によると、アルザス家が統治した時期は、伯領史上、政治、制度、経済などあらゆる側面において最も重要な時期であった。なぜなら、この時期は、伯領が、行政、司法および財政に関わる諸制度を基盤として、中央権力を掌握した君主に統治される真の国家となる時期であるからである。このような時期における伯のカンケラリウスの変遷史は、国家組織としての伯領に対しアルザス家の伯が絶対的な支配権を確立しようと精力的に展開した政策を極めてよく例証している(9)。

具体的には、二人は、一〇八九年から一一九一年までを四つの時期に分け、どのような人物がいつからいつまでカンケラリウスを務めていたのかを再構成していく。さらに、各時期の尚書部の役割についても、特徴を明らかにしようとしており、結論として、プレヴニールと同じく基本的な役割は、伯の証書の発給と所領経営であったとしている。

ただし、二人は、一二世紀初頭の時期には、どちらの役割に関しても尚書部の役割は限定されていたと考えている。特に、重要な指摘がなされているのが、カンケラリウスを頂点として尚書部を初めて組織化した一〇八九年の証書についてである。一九三〇年代のヴェルコートランとも異なり、彼らは、この証書の内容を、その時点での現実の反映ではなく、以後一二世紀を通じて展開していく尚書部の発達を予告するものにすぎないと位置づけるのである。

さらに、一九八〇年、再びヘンプティンヌと、ヴァンデルメースン(Vandermaesen. M.)という一三〜一四世紀の行政制度を専門とする研究者との共同執筆によって、「一二世紀から一四世紀までのフランドル伯領の中央行政役人たち」という論文が発表された。この論文は、行政制度を分析する際、個々の役人に関する情報に着目するという意味で「人間的な」視点で見るべきだという問題意識に基づいている。この点では、専ら制度全体の発達の度合いに着目するそれまでの問題意識に変化が生じていると言えよう。そのような問題意識のもと具体的に明らかにされていくのは、組織や役割の実態のみならず役人の生活や昇進の様子などである。

一二世紀の尚書部の役割については、証書の発給と所領経営であったとしており、従来通りの見解を継承している。ただし、カンケラリウスの役割については、次のように異論を唱えている。アルザス家の伯は、証書発給に必要な役割すべてをカンケラリウスに一任したのではなかった。伯は、シギラリウス（印章保管係）を選んで印章は彼に預けるようにしており、そうすることによってカンケラリウスの権力濫用を防ぐことに成功したのである。その証拠に、一一八〇年代にカンケラリウスが印章を管理する特権をも手に入れると、伯とカンケラリウスとの間にトラブルが生じることになるという(10)。

続いて、一九八四年、ヘンプティンヌ、プレヴニールならびにヴァンデルメースンの三人による共同執筆で、「フランドル伯の尚書部（一二～一四世紀）」という論文が発表された。この論文は、それ以前の三人の個別研究を総合したもので、現在でも、伯の尚書部研究の集大成とみなし得るものである。この論文の目的は、先の一九八〇年の論文の新しい問題意識というよりむしろそれ以前の問題意識に基づいている。すなわち、「伯の尚書部は、いつ頃から受給者作成文書に印章を添付するだけでなく証書を自前で作成できるようになったのか、それに伴いどのように組織が発達し活動が本格化したのか」を明らかにすることが目指されている。

具体的な論点としては、尚書部の起源、個々の役人や組織の実態、尚書部作成文書の特徴などに着目している。唯一、カンケラリウスとシギラリウスの関係については、一九八〇年の仮説を再び提唱している。その上で、結論では、次のようにまとめられる。フランドルの尚書部の発達は、伯領の諸制度全体の発達を忠実に反映している。一二〜一三世紀の、行財政、司法、経済などの諸分野における発達のピークを超えると、フランドルは、より強大な近隣諸国に追い越され逆にその影響を受ける存在となっていくのである(11)。

そして、一九八八年に、ヘンプティンヌとフェルヒュルストによって、一一二八年から六八年までのアルザス家のテオデリクス伯（Theodericus）の治世を対象として、伯の証書集が刊行された。続く一一六八年以降のフィリップス伯の証書集も刊行されている。両伯の尚書部について論じるはずの序論の巻は未刊だが、テオデリクス伯治世の証書集の冒頭には、証書の証人として確認できる尚書部役人のリストが人物別に掲載されている(12)。

加えて、一九九二年、アメリカ人の研究者ニコラス（Nicholas, D.）によって、中世フランドル史の概説書が出版された。ニコラスは、尚書部については、基本的にプレヴニール以来のヘント大学での研究をベースに執筆している。その役割についても、通説を踏襲して証書の発給と所領経営であったとしている。どちらの役割においても、尚書部の役割は、当初限られたものであったが一二世紀を通じて次第に重要になっていったとする。唯一、カンケラリウスの役割については、証書に伯の印章を添付することであったとしており、カンケラリウスに印章管理の役割を全面的には認めないヘント大学の新しい見解には与していない(13)。

さらに、二〇一〇年には、中世後半の低地地方における聖俗君主の尚書部について、プレヴニールとヘンプティンヌが中心となって論文集も出されている。ただし、フランドル伯の尚書部に関する主要論文は、本書の対象とする時期よりも後の一一九五年以降を扱っている。巻頭ではプレヴニールが序論を、巻末でヘンプティンヌが全体をまとめている。その内容を見る限り、ヘント大学の研究者たちの視点に大きな変更はないと言える(14)。

その後、二〇一〇年の論文集で一一九五年以降の伯の尚書部を扱ったパールメンティル（De Paermentier, E.）が、二〇一三年にはヘンプティンヌの退官記念論集の編者の一人となっている。自身も、二〇一〇年の博士論文以降現在にいたるまで、精力的に伯の尚書部に関する個別論文を発表している。ただし、扱う時期は一一九一年から一二四四年までと、本書の対象とする時期とは時代状況が大きく異なる(15)。このような研究状況から、現在のヘント大学では、一一〜一二世紀までの時期に関してはヘンプティンヌの世代までで十分な成果をあげたと判断されていると言えよう。

問題点と課題

ここまで、一一〜一二世紀におけるフランドル伯の尚書部についての研究史を、四つの時期に分けて概観してきた。研究史の流れは、一九世紀末にピレンヌによって伯の尚書部を研究する必要性が指摘されて以来、一貫して先行する研究を深める方向で進んできたと言える。たしかに、尚書部の役割や個々の役人の役割などについては、研究者たちの間に見解の相違が認められる。とはいえ、尚書部を研究する上での問題意識や視点は四つの時期を通じて変わることなく、研究者たちの世代から世代へと受け継がれてきている。彼らに共通の問題意識とは、何か。それは、小さな領邦にすぎないフランドル伯領で、なぜ、尚書部を核とする統治組織が、極めて早い時期から確立したのかというものである。

この問題意識の背後には、大部分がベルギー人である研究者たちが抱く自国史に対する強い思い入れが存在している。その理由とは、何か。背景にあるのは、まず、近現代史を通してベルギーが抱えてきた小国意識である。研究者たちは、自国の黄金時代である中世中期には、周囲の大国を向こうにまわし小国としてはいち早く近代へむけて発展し始めていたことを高く評価する傾向にある。さらに、この場合の「自国」とは、現在のベルギー全体ではなくその北部つまりオランダ語圏のみを指していると考えられる。というのも、尚書部研究を主導してきた研究者たちは、大部分がオランダ語圏出身のフラマン人であり、中世フランドルを「自国」のルーツとみなしているからである。

特に、ヘント大学は、ベルギーのなかでもオランダ語圏のフランデレン（フランドル）地方を代表する大学であり、同大の中世史研究者も大部分がフランデレン出身である。彼らは、あるいはベルギー人というよりフランデレン人として、自国のルーツとしての中世フランドルを研究対象としていると考えられる。なぜなら、「ベルギーにはベルギー人はいない、オランダ語圏のフランデレン人とフランス語圏のワロン人がいるだけである」と言われるほど、両言語圏はそれぞれ強烈なアイデンティティを有しながら対峙しているからである。しかも、二〇世紀後半にいたるまでは、近現代史を通じて両言語圏の緊張関係は、フランス語圏の優位のうちに推移してきた。ところが、歴史をさかのぼって中世にいたると、フランドル地方の中心は、政治的にも経済的にも現在のオランダ語圏であった。したがって、フランデレン人にとって、特にブルゴーニュ以前の中世中期は、周囲の大国のみならずフランス語圏をも向こうにまわして、「故国フランデレン」が歴史上最も自立していた黄金時代なのである。

そのため、中世フランドルに対するフランデレン人研究者たちの思い入れは余りにも強い。特に伯の尚書部研究には、その傾向が顕著に認められる。その原因は、尚書部研究がヘント大学で本格化した時期に着目すれば、一目瞭然である。というのも、同大で第四期の研究が着手された一九六〇年代末から七〇年代にかけては、まさに、フランデレンの人びとがさらなる自治を求めて行動を起こした言語紛争の時期にあたるからである。この第二次世界大戦後尚書部研究が本格化した一九七〇年前後というのは、まさに南北間の蘭仏の言語紛争がベルギー社会を揺るがした時期にあたる。

この時期、一八三〇年の独立以来のフランス語圏の優位性に対して、オランダ語圏の人びとは激しく異議申し立ての行動をとった。そのような「ナショナル」アイデンティティの高揚の波は、大学をも飲み込んでいった。当然ヘント大学にも、フランデレン側の学生運動の波が波及していった(16)。そのような時代状況のなかで、ヘント大学の中世史研究者たちが伯の尚書部を見つめるまなざしも、フランデレン人としてのプライドに支えられ熱を帯びていかざるを得なかったのであろう。その結果、中世フランドルの尚書部の発達も、フランス語圏に先んじてオランダ語圏が時代の先取りをしていた証しとみなされるようになったと考えられるのである。

以後、オランダ語圏は、高度経済成長を背景にフランス語圏との立場を逆転させ、自立志向を強めていく。その延長線上で、一九九三年にはベルギーは連邦制を導入するにいたっている。近年では、オランダ語圏がお荷物のフランス語圏を見捨てるかたちでベルギーが南北に分裂するのではないかとの報道が、時おりわが国でもなされるようになっている。二〇一四年五月の連邦議会選挙でも、オランダ語圏の自立を目指す新フランドル同盟が勝利している。このように、ベルギーのオランダ語圏は、相対的な意味では第二次世界大戦後大きな挫折を経験することなく、フランス語圏によって「奪われていた近代」を取り戻そうとするかのように順調に発展してきたと言えよう(17)。

そのような勢いのある社会において、中世フランドル伯の尚書部研究も蓄積されてきた。だからこそ、通説をつくり上げてきた研究者たちの視点も、二〇世紀後半から二一世紀初頭にかけての時期としては奇異に感じるほどに、近代主義的であり進歩主義的になってしまっていると考えられるのである。彼らは、尚書部の発達の延長線上にいわゆる近代的官僚制を見通し、その萌芽が小国としてはいち早く自国フランデレンに芽生えていたことを高く評価する。研究者たちは、いわば「遅れてきた近代主義」にいまだに囚われていると言わざるを得ないのである。その結果として、伯の尚書部を研究する際の視点が次のような意味で偏ったものになってしまっている。

基本的に、従来の研究者たちは、伯の尚書部が変化していく過程を、直線的な発展史としてとらえている。ベルギーの研究者たちは、尚書部の組織は、初期の未熟な状態から最盛期の完成された状態へ右肩上がりに発展していったと想定している。つまり、一二世紀後半を発達の頂点とみなし、その前後の時期については、ピークへ向かう前段階とその後の衰退期ととらえる単純な見方をしてしまっているのである。その際、尚書部の一般的な定義通り、証書の作成から発給までの過程で必要な役割をすべて果すことが、典型的な尚書部の指標とされている。そのような尚書部が完成したのが、一二世紀後半であった。フランドル伯の尚書部は、司教や領邦君主などの下位の尚書部としては最も早くから発達し、一二世紀後半には発展の頂点に達する。しかし、その後はフランスをはじめとする強大な隣国の尚書部に大きく差をつけられてしまった。

このような視点から研究が進められてきたため、現在までの研究には次のような問題点が生じている。すなわち、本書で扱う一一世紀半ばから一二世紀半ばまでの、典型的な尚書部が完成する前の時期が、最盛期の前段階の時期として余りにも簡単に位置づけられてしまっている。言いかえれば、これまでの研究者たちは、一二世紀後半の最盛期に注目するあまり、それ以前の時期、つまりフランドルに尚書部が導入され定着していく時期を軽視してしまっているのである。この問題点は、なぜフランドルでは早くから尚書部が必要とされ発達していったのかという重要な問題にも関わっている。伯の尚書部が早い時期から急速に発達したからには、初期の尚書部にも最盛期とは異なる存在理由が、その時代の文脈において具体的に存在したはずである。その理由を明示できなければ、尚書部の発達の過程を十分解明したことにはならないだろう。その解明の第一歩として、本書では、一〇七一年から一一六八年までの時期を対象に、フランドル伯の尚書部がどのような役人たちによって構成されていたのか、伯領統治のために彼らはどのような役割を果していたのかを明らかにしていく。

これまでの研究では、この時期の尚書部の人的構成と役割は、次のようにとらえられている。まず、人的構成の面では、上位役人のカンケラリウスが下位役人たちを率いる二層のピラミッド型の枠組みが保たれた。この基本的な枠組みは変わらないまま、役人の人数や役職の種類といった、枠組みを満たす内実の方は次第に充実して秩序立てられていった。それにつれて、尚書部の役割もまた、自前の文書を作成しうる完成された尚書部が果すべきものへと近づいていったというのである。

しかし、伯の証書を中心とする現存史料を再検討してみると、このような通説をそのまま受け入れることはできないことが明らかになった。そこで以下本書では、従来の右肩上がりの直線的発展史観から離れて史料を見直した成果として、一一世紀半ばから一二世紀半ばまでのフランドル伯の尚書部の人的構成と役割について新たな説を提示する。

主要史料について

本書で用いる主要史料は、一〇七一年から一一二八年の間に発給されたフランドル伯の証書である。すでに述べたように、この時期の伯の証書は、研究史上第四期のヘント大学の研究者たちによって、二冊の証書集として刊行されている。この刊行事業は、二〇世紀前半から数世代にわたる研究者たちによって、現在もなお続けられている。現在まで、この刊行事業は、その学問的水準について批判されたことはない。よって、本書では、この二冊の証書集を用いる。刊行された伯の証書のなかでも、伯の尚書部に関する情報が得られるのは、証人リスト（副署人欄）である。もちろん、証書史料は、通常、伝来の過程において様々な点で変容していく。とはいえ、確認作業の結果、本書で扱う証人リストには、伝来過程において重大な変更は加えられていないことが明らかになった(18)。そこで、本書では、証人リストから、尚書部役人とみなされる人物の名前と肩書きを抜き出し、分析の基本データとした(19)。

第二章　フランドル伯領における政治状況の変遷（一〇七一～一一六八年）

本章では、議論の前提として、一一世紀半ば以降の一世紀間に、フランドル伯領の政治状況がどのように移り変わったのか、その変遷を概観する。

（一）ロベルトゥス一世の治世（一〇七一～九三年）

一一世紀後半のロベルトゥス一世の治世は、以後一三世紀初頭まで続くことになる中世フランドル伯領の最盛期の始まりとみなされている(1)。ニコラスによれば、同伯の治世に初めて、以後フランドル伯領の特質となる中央行政組織と、都市および毛織物産業に基づく経済システムが、ともに姿を現してきたのである(2)。

「伯の平和」

一一世紀のフランドル伯は、秩序を維持するためどのような手段をとっていたのだろうか。平和を保つためには、暴力行為に対する裁判という手段が不可欠であった。基本的には、伯はこの裁判を教会に委ねていたのである。この独特の状況は一一二〇年代まで続くことになるが、一方で、平和を乱した者を伯自身が厳しく処罰した例も、少数ながら伝えられるようになっていく。それに加えて、フランドル伯は、当時教会によって展開されていた「神の平和」運動を自ら主導することによって、伯領の秩序維持に次第に能動的に関与するようになっていった。その最初の例が、ロベルトゥス一世による平和政策であった。

この政策の主眼は、秩序を確立するため貴族や騎士による私戦を抑制しようとする点にあった。たとえば、ロベルトゥス一世は、ある騎士が殺された息子の復讐を試みた際にも、この騎士が大市の平和を乱したとして厳しく彼を非難している(3)。そして一〇九二年には、同伯は、進んで神の休戦を支持し、ソワソン（Soissons）の教会会議で定められた措置を尊重することを誓約したのである。このように「神の平和」運動を利用して伯領内の平和を維持しようとする政策は、後代の伯たちによって継承され、「神の平和」ならぬ「伯の平和」（pax comitis）と呼ばれるようになっていく(4)。

都市および騎士との関係

この「伯の平和」政策は、領内の諸勢力のなかでも、特に都市と騎士に大きな影響を及ぼした。そもそも、ロベルトゥス一世の即位が実現したのは、実は都市と騎士双方の支持があったからであった。ところが、即位後の伯は、騎士の軍事力よりも発展しつつあった都市の経済力に着目し、その経済活動に不可欠な平和を保証した。その結果、騎士に対しては、私戦を禁止するといった抑制策をとることになったのである。そのため騎士による反乱も起こったが、ロベルトゥス一世と都市および騎士との関係は基本的に変わることはなく、彼以降の伯たちによって継承されていくことになる(5)。

フランスとイングランドとの関係

では、フランドル伯の対外政策は、いかなるものであったのだろうか。最も重要であったのは、やはり、フランドルをはさんで対峙し合うフランスとイングランドとの関係であった。フランドル伯は、フランス王から伯領を授封されていた一方で、イングランド王からも貨幣知行を授かっていた。対立する両王の間で、歴代のフランドル伯に求められたのは、その時々の政治状況に合わせて自らに最も有利な立場を探りあてることであった。

ロベルトゥス一世は、基本的に、自らの即位を認めてくれたフランス王フィリップ一世と友好関係にあり、同王と対立するイングランド王ウィリアム一世と敵対関係にあった。ただし、一方で、フランドルの毛織物産業はイングランドから輸入される羊毛に大きく依存していた。したがって、イングランドとの関係は、政治と経済の両面に関わるためフランスとの関係以上に複雑で、一概に「敵対関係」と言い切れるものではなかったのである(6)。

実際、ロベルトゥス一世の治世末期に、同伯はイングランド王に急接近している。というのも、フランス王フィリップ一世は、伯の義理の娘と結婚していたのだが、一〇九二年に彼女を離縁してしまったからである。これに怒った伯は、当時のイングランド王ウィリアム二世に接近し、翌一〇九三年にドーヴァーにおいて同王と会談している(7)。

教会との関係

当時、フランドル伯の頭越しににらみ合っていたのは、英仏両王だけではなかった。皇帝と教皇も対立関係にあり、当時はグレゴリウス改革と叙任権闘争の時代だったのである。このような時代状況を背景に、ロベルトゥス一世は、教会に対してどのような態度をとったのだろうか。基本的に同伯は、伯領統治にとって利益が見込まれる場合に限り教会改革を促進するという従来通りの政策を継承したと評価されている(8)。

具体的には、ロベルトゥス一世は、まず伯領の内部では教会を保護する政策を実施した。伯は、最上位の教会守護（advocatus）という立場にたって、一般の教会守護の職権濫用の抑制、修道院や教会への特許状の授与などを行った。教会守護は、修道院長の代理人として、軍事や司法に関わる権限を行使した。一般の教会守護となったのは貴族や騎士であったが、彼らはその立場を悪用して修道院の財産や特権を侵害することが多かったのである(9)。

次に、教皇との関係については、反皇帝という共通項が伯と教皇を結びつけていた。ロベルトゥス一世とウルバヌス二世は、帝国の最西部に位置するカンブレ（Cambrai）司教区から皇帝の影響力を排除しようと、一〇九三年に司教の選出に介入した。と同時に、伯と教皇は、同司教区からアラス（Arras）司教区を分離させ、アラス司教として伯に忠実な聖職者を選出させている(10)。

教会に関して最後に指摘すべきは、ロベルトゥス一世は、治世末期の一〇八六年から九〇年までパレスティナまで聖地巡礼に出かけていたということである。この巡礼は、十字軍の時代の到来を予告するばかりでなく、「東方」への出立が内政といかに深く関連していたのかをも示唆している。すなわち、この巡礼にはフランドルの貴族や騎士も数多く参加したのだが、その背景には政治的な事情も存在していた。先述のように、伯は、都市を優遇し騎士を抑制する政策をとっていたので、その結果騎士の不満が生じざるを得ない。それを外にそらし騎士と都市の対立を回避することが、巡礼の政治的な目的であったとされている(11)。

次伯ロベルトゥス二世との共同統治

ロベルトゥス一世は、一〇八〇年までには、後にロベルトゥス二世となる息子と共同統治を行うようになっていた。この共同統治の目的は二つあり、第一に息子の伯位継承を確実にするため、そして第二に聖地巡礼の間統治を息子に委任するためのものであった(12)。

（二）ロベルトゥス二世の治世（一〇九三～一一一一年）

「伯の平和」の継承

ロベルトゥス二世は、父の政策を受け継ぎ、教会による「神の平和」運動に能動的に関与することによって、伯領の平和を維持しようとした。まず、一一〇〇年頃、ランス大司教の主導する「神の平和」運動に同調して、伯は次のように宣言している。すなわち、伯は、フランドルにあるすべての城砦を所有しており、休戦期間中でも城砦を押収することができる。また、農民、猟師、漁師、および司教の教会会議や伯の宮廷会議へおもむく人びとに対して、平和が保障される(13)。

さらに、一一一一年には、同伯は、伯領の平和を宣言し、伯の許可を得ずに築かれた城砦は破壊されると定めた。加えて、殺人と窃盗を犯した者に体刑を課すことも定めた。このように、同伯は父以上に積極的に「神の平和」運動に関与し、より具体的な平和政策をつみ重ねていった。そこにドイツのラントフリーデに比せられるような新動向を見出す研究者もおり、たしかに以後平和運動において教会の果す役割は重要性を失っていく(14)。

第一回十字軍への参加

ロベルトゥス二世にとって、教会に関連して最も重要であったのは、十字軍が始まり自らもそれに参加したことである。同伯は、一〇九六年から一一〇〇年にかけて第一回十字軍で活躍したため、「イェルサレムのロベルトゥス」(Robertus Hierosolymitanus)と呼ばれる。伯は、ビザンツ皇帝に対し誠実誓約を行い、アンティオキアの包囲戦などに加わり、イェルサレムの占拠後にフランドルへ戻った(15)。その間、伯領の統治は伯妃クレメンティア(Clementia)に委任されていた。ここに十字軍の時代が始まり、以後伯の不在が尚書部をとりまく内政の有り様をも規定していくことになる。

対外関係

では、周辺の王や皇帝との世俗的な対外関係に、前伯の治世から何らかの変化は生じたのだろうか。まず、皇帝に対して、ロベルトゥス二世は父と同様の態度をとった。同伯もまた、カンブレ司教区をめぐって歴代の皇帝と対立し、教皇の推す司教を支持した。そのため、伯は、皇帝から攻撃も受けたが、最終的には伯はカンブレのシャテルニーなどを再び封として皇帝から受け取っている。というのも、フランドル伯は、帝国と接する地域を皇帝から受封しており、皇帝の家臣でもあったのである(16)。

次に、フランス王およびイングランド王との関係については、どうだったのだろうか。前伯は、治世末期になると、親仏から親英へ路線を変更しつつあった。この流れを継承して、一一〇三年、ロベルトゥス二世は、フランス王フィリップ一世には内密のうちに、イングランド王ヘンリ一世とドーヴァーの条約を結んだ。この密約は、伯がイングランド王に対し、王の兄であるノルマンディ公ロベールを仮想敵として軍事協力を約束したものである。実際、一一〇六年ヘンリ一世がノルマンディ公領を征服した際、伯は王を援助した。ただし、同時期に、ロベルトゥスは、イングランドの王の圧力を逃れようとフランス王にも接近していた。ロベルトゥス二世をとりまく対外関係は、英仏両王の対立関係にイングランド王とノルマンディ公との対立関係が加わって、従来以上に錯綜した状況にあった(17)。

(三) バルドゥイヌス七世の治世（一一一一〜一九年）

「伯の平和」の推進

続くバルドゥイヌス七世（Balduinus）も、祖父ロベルトゥス一世以来の施策を継承して、「伯の平和」を従来以上に推進した。まず、一一一一年に父ロベルトゥス二世が死去すると、伯は、貴族たちに命じ平和の維持を誓約させた。この平和令の特徴は、聖職者の関与が認められないことである。実際、司教などではなく伯自身が平和を乱した者たちに厳しい体刑を課したことも伝えられている。さらに、伯は、そのようにして騎士の暴力を抑えようとしたのみならず、半ば自立的な所領をもつ上位の貴族に対しても自らの権威に従うよう強制していった(18)。

次伯カロルスとの関係

バルドゥイヌス七世には、カロルス（Carolus）という一〇歳ほど年上の従兄弟がおり、二人は伯の宮廷でともに成長した仲であった。伯は、このカロルスを統治の助言者として最も信頼し、母親の反対を押し切ってまで登用していった。そして、実子がいなかった伯は、ノルマンディ遠征で負傷し死期が近いことを悟ると、一一一九年カロルスを次の伯に指名したのである(19)。

（四）カロルス伯の治世（一一一九～二七年）

「伯の平和」確立の試み

カロルス伯も、歴代の伯の政策を継承して、「伯の平和」の確立を目指した。具体的には、伯は、市場や町で武器を携行することを禁止し、特に弓と矢については、それ以外の場所でも携行を禁じている。このように、従来通り、同伯も、騎士などの暴力を抑制する一方で教会や修道院をあつく保護した。

同伯の平和政策の特徴とされているのは、特に法廷における裁定を活用し法的および司法的手段に訴えたことである。実際、修道院とその教会守護の紛争について、伯は前者に有利な裁定を下し続けた(20)。

しかも、伯が後に暗殺されるのも、「伯の平和」のために厳しい施策を実行したためであった。伯を暗殺したエランバルド家（Erambald）という有力貴族家系は、暗殺の直前、伯の命令に反して、敵対する一族と私戦をくり返していた。最終的に、伯は、私戦や略奪の中心人物の家屋を焼き討ちするという厳罰を同家に課したのである。フランドルでは、家屋の破壊というのは、平和を乱した罪に対する特別の罰であった(21)。

エランバルド家との対立

エランバルド家は、一〇九〇年前後から一一二七年まで約四〇年間にわたって、伯の尚書部を勢力基盤として歴代の伯に対し極めて大きな影響力を行使した一族である。同家は、元来は伯の従属民（servus）で不自由身分に属していたが、一〇六七年に同家の始祖であるエレンボルドゥス（Ereboldus）がブルッへの城代となって以降、身分的にも社会的にも上昇し始める。伯の地方役人である城代を務めるのは通常は自由身分の騎士であったが、彼は、前任城代夫人の愛人となった上に城代を暗殺して、城代職を手に入れたと伝えられる。

これ以降、エランバルド家は、尚書部役人職をはじめとする役職の獲得を通じて、不自由身分でありながら、伯領随一の貴族の家系へと成り上がっていった。このことから、エランバルド家は、ミニステリアーレス（ministeriales）の一族とみなされている。カロルス伯が即位する一一一九年まで、同家の当主ベルトゥルフス（Bertulfus）はすでに約三〇年もの間尚書部の上位役人を務めていたのである。

カロルス伯は、同家の隆盛がついに伯の統治を妨げるようになってしまったため、同家の抑圧をはかり始めた。まず、伯は、一一二六年飢饉のため混乱した伯領の秩序を再建しようと身分審査を行ったが、その際、すでに不問に付されていた同家の不自由身分をも問題とした。その上、伯は、先述のように同家による私戦行為を厳しく罰し、ますます同家を追い詰めていったのである(22)。

（五）混乱期（一一二七〜二八年）

カロルス伯の暗殺

こうして治世末期のカロルス伯は、エランバルド家との対立の度を深め、最終的には同家の当主を尚書部の上位役人のポストから解任しようとしていた。しかし、伯は、その計画を実行する前に、一一二七年三月二日同家によって暗殺されてしまう。

エランバルド家に対する復讐

伯の暗殺の五日後には、エランバルド家に対して復讐戦が始まった。ブルッへの伯の城砦に立てこもる同家に対して、約二か月半の間次のような諸勢力によって攻城戦が続けられたのである。すなわち、同家に反発する貴族や騎士、二大都市ブルッへとヘントおよび近郊の中小諸都市の都市民、さらに伯の封建的宗主として介入してきたフランス王ルイ六世と、同王が次伯候補として推すノルマンディのウィレルムスなどである。

諸勢力は、誓約を交し合って結びつき、フランス王を頂点とする復讐同盟を形成した。孤立したエランバルド家は復讐同盟に降伏し、王の思惑通りノルマンディのウィレルムスが伯として即位した(23)。

ウィレルムス伯に対する反乱

ところが、即位から約二か月後最初の都市反乱が起こり、翌一一二八年にかけてブルッへやヘントなどの主要都市で反乱が続いた。伯は、即位直前都市に有利な特権を与えて都市民の支持を獲得したのだが、即位後すぐにその特権を侵し始めたのである。

これに反発し個別に反乱を起こした諸都市は、次第に、ヘント市民と彼らと結んだ二人の貴族を中心に、誓約を交し合いながら反乱同盟を形成していった。この同盟には、次の諸勢力が加わっていく。フランス王と対立するイングランド王ヘンリ一世、ブルッヘをはじめとする都市の住民、貴族や騎士、および高位聖職者である。反乱同盟は、ウィレルムス伯と同伯を擁立したフランス王と対峙して、同伯に対抗する伯としてアルザスのテオデリクスを擁立した。

両陣営の間で戦闘が続いたが、ウィレルムス伯の戦死をきっかけに一一二八年七月反乱同盟が勝利を収めた。テオデリクスは、改めて、伯領内の諸勢力のみならず英仏両王からも新伯として認められた(24)。

(六) テオデリクス伯の治世（一一二八〜五七年）

アルザスのテオデリクス

テオデリクスは、フランドル伯の娘と、ロレーヌ（Lorraine）公テオデリクス二世との間に生まれた。彼は、アルザス地方の所領を与えられ「アルザスのテオデリクス」と呼ばれていたため、中世フランドル史研究では彼の家系はアルザス家と呼ばれている。

即位の経緯

混乱期後半、複数の伯候補がならび立っていたが、その中で、ウィレルムス伯に反乱を起こした都市民の不満を最もよく理解し彼らの要求に応えられたのが、アルザスのテオデリクスであった。彼は、ブルッへの都市民に支持を呼びかける際、隣国ホラントとの通商に便宜をはかろうと約束している。このように、テオデリクスは、ウィレルムス伯や他の伯候補より的確に、都市が伯に何を求めているのかを見抜いていたのである。

さらに、テオデリクスは、もうひとつ都市にとって大きな魅力を備えていた。それは、イングランド王ヘンリ一世が、ウィレルムスを支持するフランス王に対抗して彼を支持していたことであった。というのも、毛織物を基盤とする都市の商工業にとって、羊毛の産地であるイングランドとの通商関係が順調に維持されるかどうかは死活問題であったからである(25)。

都市との関係

このような経緯をふまえて、テオデリクス伯は、即位後も都市との関係をできる限り良好に保つように努めた。伯は、いくつかの都市に対し、旧来の特権と自治を再確認した証書を発給している。特にサン・トメール（Saint Omer）の特許状からは、伯が都市においても大市においても商人を優遇したことがうかがえる。また、一一三八年に歴代の伯と同様にテオデリクス伯が発令した平和令も、商工業の発展に役立ったと考えられている。

「伯の平和」の継承

この平和令発令からわかるように、伯領外からやって来たテオデリクス伯も、伝統的な統治方針を踏襲し、平和の確立に努めた。そのような同伯の統治は、息子のフィリプス伯による行財政改革の前提となったと評価されている。つまり、フィリプスの改革は、公的な平和を目指した父による統治の成果があってはじめて可能となったとみなされているのである。

教会との関係

テオデリクス伯が平和を維持しようと努めたことは、従来と変わらぬ伯と教会との関係に端的に表れている。具体的には、歴代の伯たちと同様に、同伯も、教会や大修道院を保護優遇し、教会守護による職権濫用を止めさせる措置をしばしばとっている。また、教会や修道院に様々な特権も与えている。

「教会の平和」から「都市の平和」へ

なかでも、流通税の免除や大市開催の奨励といった経済的な特権は、都市を中心とする伯領全体の経済活動にまで好影響を及ぼしたとされている。このように、同伯の治世になると、「伯の平和」策の受益者として、教会に加えて、都市内外で商工業に携わる人びとがはっきりと姿を現してくるのである(26)。

東方遠征

では、テオデリクス伯の対外政策は、いかなるものであったのだろうか。英仏両王に対しては即位の経緯上親英反仏路線が基本路線として定まっていたので、最も重要だったのは、いわゆる「東方」との関係である。同伯は、約三〇年間に計四回もパレスティナへ向かっており、歴代のどの伯よりも強烈な「東方」志向を有していた。

まず、伯妃シビラ（Sibilla）との間に長子バルドゥイヌスが生まれた後、伯は一一三八年に巡礼のため軍勢を率いてパレスティナへ出発した。その動機について、ヘント大学のヘンプティンヌは、伯はパレスティナで所領を手に入れるつもりだったのではないかと考えている。到着した伯は、伯妃の父であるイェルサレム王フルクによって歓迎され、一年以上も滞在している。

次に、伯は、クレルヴォーのベルナルドゥスの呼びかけに賛同し、十字軍に参加する決心をして、一一四七年、統治を伯妃と長男に託して出発した。伯は、一度はダマスカスの占領に成功し自らの所領としたいと望んだが、かなわず一一四九年にフランドルに戻っている。その一年後には長男が亡くなり、次男のフィリプスが伯位継承者となった。

さらに、一一五七年巡礼や十字軍といった公の目的を伴わない私的な旅として、伯は、伯妃とともに東方に出発することになった。二人の出発にあたり、フィリプスは、父によって伯に指名された。ヘンプティンヌによれば、この時新伯フィリプスは、「宮廷を構成する忠実で経験豊かな助言者たちに取り巻かれていた」のである(27)。

（七）フィリプス伯の治世初期（一一五七～六八年）

留守を預かるフィリプス（一一五七～五九年）

その後、テオデリクスは、伯妃とともに一一五九年まで伯領を留守にしていた。この間、若干一五歳のフィリプスが事実上の新伯として伯領を統治し、騎士の反乱などの問題にも直面することになった。従来の研究によれば、フィリプスは、この時、若さゆえにミスも犯したが、伯としての統治能力を十分有していることを証明したのであった(28)。

事実、テオデリクス伯は、東方から戻った後も、内政を中心にフィリプスに統治を任せたままにしており、自身は対外関係と伯の家系に関わる問題に関与するにとどまった(29)。

ヴェルマンドワ伯位の獲得

たとえば、テオデリクス伯は、自らの家系の繁栄を政略結婚によってより確かなものにしようとした。同伯は、自らの家系と、フランドル伯領南部に接するヴェルマンドワ（Vermandois）伯領の伯の家系とを、二組の婚姻によって結びつけておいたのである。まず、フィリプス自身が、一一五六年にヴェルマンドワ伯の娘であるエリザベト（Elizabet）と結婚しており、また彼の妹も次代のヴェルマンドワ伯と結婚した。この婚姻政策のおかげで、一一六三年に妹の夫が亡くなると、フィリプス伯はヴェルマンドワ伯位を手に入れることができた。結果として、伯の統治領域は、南方へ大幅に拡大し、パリから約二五キロメートルしか離れていない地点にまで達したのである(30)。

フィリプス伯治世初期の内政

新伯の内政面では、従来通り「伯の平和」を維持するという基本方針が継承されたが、一方で全く新しい施策も実行に移された。

その最初の例は、伯が深く関与するかたちで、一一六三年北海沿岸に新しい港町グラヴリーヌ（Gravelines）が建設されたことである。テオデリクスとフィリプスは、新港建設のための用地を、近隣の修道院から係争の末強引に手に入れている。研究者のなかには、このような施策を伯主導の「経済政策」とみなす研究者もいる。ただし、現在までの研究史を整理した山田雅彦氏によれば、この事業は、伯の主導力によってのみ実現したものではない。むしろそれは、成長しつつあった都市を核とする地域社会のエネルギーに、伯サイドがつき動かされはじめて実現したものなのである(31)。

次に、それまでにない施策の二つ目として、一一六三年頃に都市アラスに対して「大特許状」を発給したことがあげられる。これは、現在の刑法および刑事訴訟法にあたる刑罰規定である。これを第一版として修正を加え、後に第二版が伯領の主要七都市に一斉に発給されることになる。従来の研究では、この一連の施策は、伯主導の都市法の統一政策であり、伯に有利な刑罰規定を強圧的に課して諸都市を上から統制しようとしたものとして評価されている。

しかし、この評価については、新港建設に関する山田氏の問題提起をふまえ、疑問点を二つ指摘し得る。第一に、新港建設と同じく、「大特許状」の発給も、伯の主導によるものではなく都市社会内部からの要請を前提としていたのではないか。第二に、都市から湧き上がってきた新たな要求を受けとめたのは、伯自身というより伯を補佐する尚書部役人であったのではないか(32)。

実際、治世当初からフィリプス伯の右腕として働いた、エール（Aire）のロベルトゥスという役人が存在した。彼は、一一五七年から七〇年まで、尚書部の上位役人として伯の統治を支えることになる。同伯の革新的な施策全般の原動力となったのも、まさに彼であったと考えられている(33)。

対外関係

では、対外政策の面でも何らかの大きな変化が生じたのだろうか。従来と同様にフィリプス伯も対立し合う英仏両王の狭間で微妙な立場にあったが、加えて、次のような独特の新たな状況にも対処しなければならなかった。

まず、イングランド王ヘンリ二世が、自らのカンケラリウスでもあったカンタベリ大司教トマス・ベケットと対立するようになると、伯は一貫してベケットを支援し続けた。その過程で、伯の右腕であった先述のエールのロベルトゥスが、世俗君主のカンケラリウスのロールモデルとしてのベケットと交流する機会をもつことができた。このことは、伯の尚書部にとって大きな意味をもっていたと考えられている。

一方、フランス王ルイ七世は、フィリプスが一一六三年にヴェルマンドワ伯位を手に入れて以来伯の統治領域がパリへ向かって拡大してくることを、当然快く思っていなかった。しかし、同王は、伯がイングランド王に接近することを恐れて伯に対して強い態度をとれず、彼の勢力範囲の拡大を黙認せざるを得なかったとされる(34)。

まとめ——一一世紀半ばから一二世紀半ばまでの政治状況——

それでは、ここまで見てきた一一～一二世紀のフランドル伯を取り巻く政治状況をまとめてみよう。簡潔に示すと、**図表1**のイメージ図や**図表2**の年表のようにまとめられる。

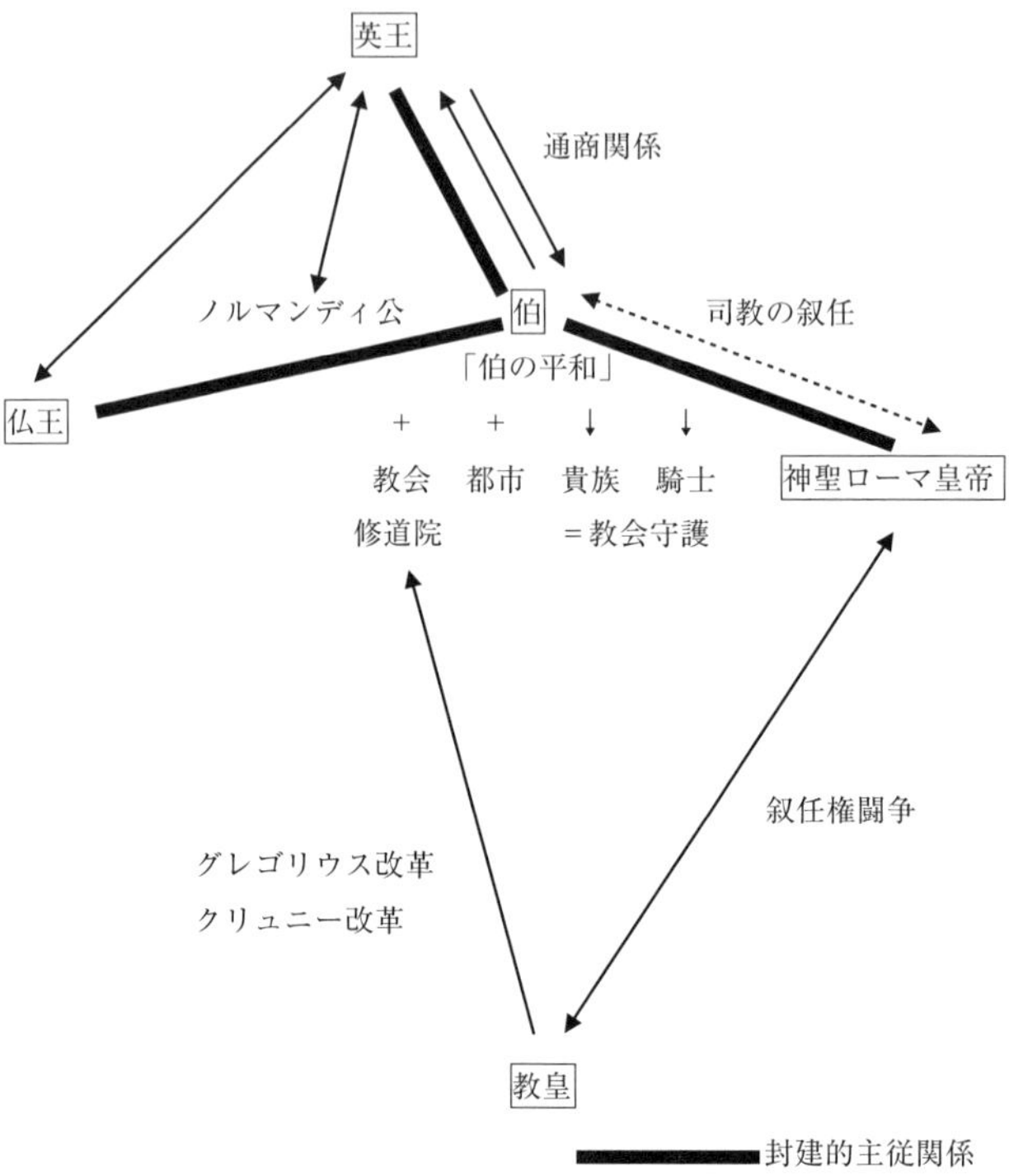

図表1　政治状況のイメージ

まず内政面では、一貫して「伯の平和」の確立が目指された。一世紀の間に、特に一二世紀初頭の混乱期を境に、平和を保つべく伯が保護を与える対象が、教会や修道院から都市や市場へと拡大していく。

次に、対外政策の面では、常に英仏両王の間でバランスをとりつつ、次第に親英反仏路線へと傾斜していった。この傾向は、フランス王の介入を退けた混乱期以降、決定的になる。

最後に、対外関係でもうひとつ重要であったのが、いわゆる「東方遠

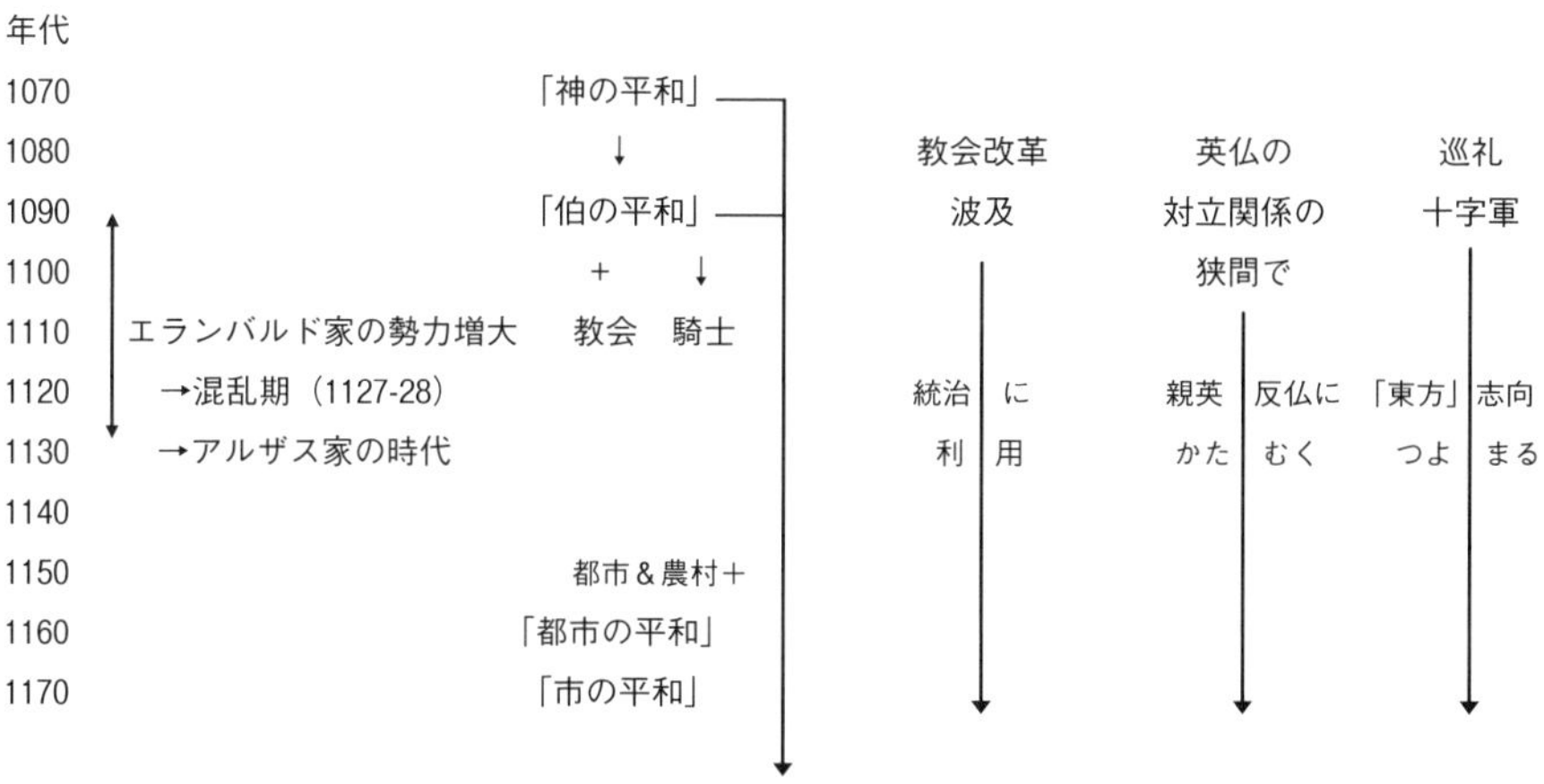

図表２　11–12世紀フランドルの政治史年表

征」である。一世紀の間に歴代六人の伯のうち実に四人が、十字軍や巡礼のためにパレスティナへ向かっている。加えてもう一人フィリプス伯も、本書の対象外の治世後半になると、十字軍に参加することになる。このように、十字軍の時代を背景に強まっていく「東方」志向は、本書で明らかにするように、内政にも大きな影響を与えたという意味で尚書部研究にとっても重要である。

第一部　尚書部役人の人的構成—制度として発達していくのか—

第一章　上層の実態

本書の対象とする一〇七一年から一一六八年までの約一世紀間に、まず、尚書部を率いる上位役人としては、どのような人物が存在したのだろうか。本章では、史料から得られる情報の再分析により、上位役人に関する通説の問題点を修正する。

通説によれば、上位役人の名乗る肩書きが不規則で流動的に変化する状態から「フランドルのカンケラリウス」へ統一されていく現象こそ、尚書部の急速な発達を反映している。肩書きが安定するにつれ、上位役人は地位を確立しリーダーシップを発揮できるようになっていく。この発達の端緒が極めて早い時期に見出されることが、フランドル伯の尚書部の先進性を表すとされる(1)。

このような通説の是非を問うために、まずは歴代の上位役人に関する情報を確定していこう。

第一節　草創期

上位役人が初めて現存史料に確認されるのは、一〇八〇年の伯の証書においてである。本書で言う通し番号五の証書に、副カンケラリウス（vice cancellarius）のライネルス（Rainerus）が確認できる。ゆえに、それ以前の一〇七〇年代に、すでにカンケラリウスという肩書きが存在していたことは確実である(2)。

しかし、その後一〇年近くの間、上位役人は現存史料から姿を消す。次にカンケラリウスという言葉が確認されるのは、一〇八九年の通し番号九の伯の証書なのである。この証書で、ブルッヘの聖ドナティアヌス律修参事会教会のプレポジトゥス（prepositus, 参事会長）が伯のカンケラリウスおよび所領収入の徴収役（cancellarium nostrum et omnium successorum nostrorum, susceptorem etiam et exactorem de omnibus reditibus principatus Flandrie）を兼ねることが、同教会に対して認められた(3)。

この措置がフランドル伯の尚書部の出発点とみなし得ることは明らかだが、さらに踏み込んだ位置づけをめぐっては、研究者たちの間に見解の相違が認められる。彼らの見解は、次の三種類に分類できる。①一般的に君主の証書が発給される場合によくあるように、現状の追認とみなす。②単なる追認ではなく、尚書部という組織の創設とみなす。③実際の効力はなくその後の尚書部の発達を予告するものであったと考える。一方、いずれの立場にも共通しているのは、この措置がとられた時期が早いことに着目し、領邦君主の尚書部としては先進的であると評価している点である(4)。

これらの見解の妥当性について判断するためには、はじめに、次の問題に対する解答を見つけなくてはならない。すなわち、ブルッヘの聖ドナティアヌス律修参事会教会のプレポジトゥスは、一〇八九年の措置によって初めて上位役人を兼ねるようになったのか、あるいは、措置以前から事実上上位役人の役割を果していたのか。

まず、**図表3**（次頁）を見てみよう。これは、一〇九〇年までの時期にブルッヘのプレポジトゥスとして確認される三人の人物が現存史料でどのような肩書きを名乗っているのか、その変化を図示したものである。同表から、歴代のプレポジトゥスは、順に、ロトベルトゥス、ライネルス、レトベルトゥスであったことが確認できる。

同**図表**で確かめられる最も貴重な情報は、一〇八〇年に副カンケラリウス、つまり尚書部の上位役人に次ぐ肩書きを名乗ったライネルスが、八八年にブルッヘのプレポジトゥスと名乗っていることである。同プレポジトゥスを上位役人とする措置がとられるのは、その翌年のことである。よって、一〇八九年の措置は、以前から同プレポジトゥスが事実上上位役人の役割を果していた実情を、伯の証書によって追認したものであったと考えられる。一〇八〇年代に、ライネルスは、副カンケラリウスからブルッヘのプレポジトゥスに「昇進」していたのである。

では、なぜ、ブルッヘの聖ドナティアヌス律修参事会教会の参事会長が、フランドル伯の尚書部の上位役人を務めることになったのだろうか。

律修参事会教会は、当時の教会改革の一環として教皇に推奨され、ヨーロッパ各地に広まりつつあった新たな形式の教会であった。一一世紀後半より、律修参事会教会運動の波はフランドルにも及び、伯は、伯領各地の律修参事会教会を統治の拠点として利用していったとされる(5)。

なかでも、聖ドナティアヌス教会は、伯領の政治的中心とみなし得るブルッヘにあったので、伯の統治にとって最も重要な律修参事会教会であった。一二世紀初頭の史料によれば、同教会は、伯の居城と一体となって建てられ、伯の菩提寺となっている。このように政治的に伯と深く結びついていた同教会に属する聖職者たちは、第一部第三章で明らかにするように、聖職者として有する能力をフル活用して伯の統治を支える役人でもあったのである。彼らを率いたのが、参事会長として同教会の頂点に立つプレポジトゥスであった(6)。

しかも、一〇八九年はロベルトゥス一世が聖地巡礼に行っている時期にあたる。その間息子のロベルトゥス二世が留守を預かっていた。この点は、ヘント大学の研究者たちが重視する通りである。彼らは、一二世紀の上位役人については、伯が十字軍などで長期にわたり伯領を留守にする間、統治を代行する伯妃や息子の補佐役の役割を果したとする(7)。とするならば、このロベルトゥス一世の聖地巡礼の場合も、同様の事態を想定してもよいのではないか。一〇八六年以来伯の不在が長期化するなか、ブルッヘの聖ドナティアヌス教会のプレポジトゥスが、父の留守を預かるロベルトゥス二世の補佐役の役割を果し続けた。その成果として、一〇八九年の措置がとられた可能性が高い。

加えて、**図表3**からは、一〇八九年の措置がとられた時期についても重要な手がかりが得られる。同措置を定めた証書は、ブルッヘのプレポジトゥスがライネルスからレトベルトゥスへと代替わりする直前に発給されているのである。一方、この証書の内容は、聖ドナティアヌス教会に対して、様々な特権や財産を授与あるいは確認するものである(8)。その一部として、同教会のプレポジトゥスを尚書部の上位役人とすることも認められている。したがって、この措置も含めて同教会に利益をもたらす諸々の案件が、プレポジトゥスの交代をきっかけに伯の証書によって確証されたと推定される。

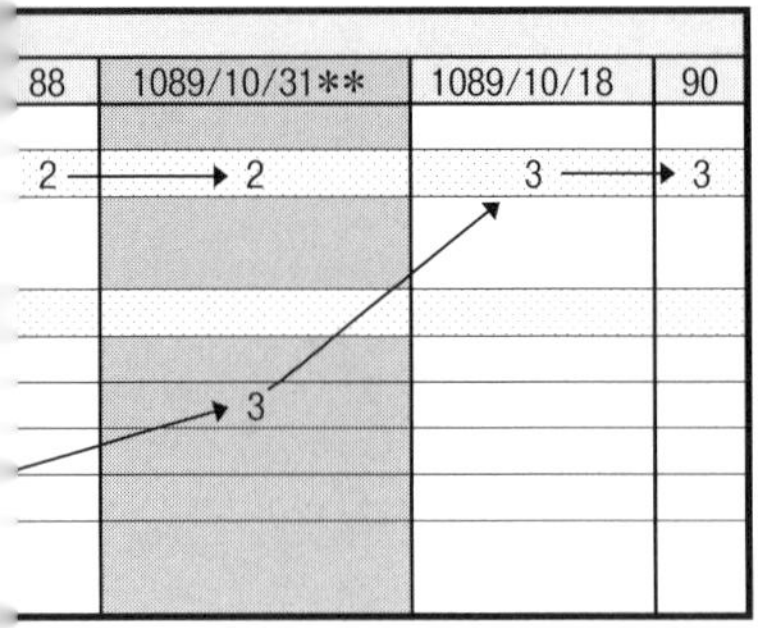

以上の情報を総合すると、草創期の上位役人については、次のような結論を出すことができる。一〇七〇年代から、ブルッヘの聖ドナティアヌス教会は、律修参事会教会と伯との

図表3　草創期の上位役人

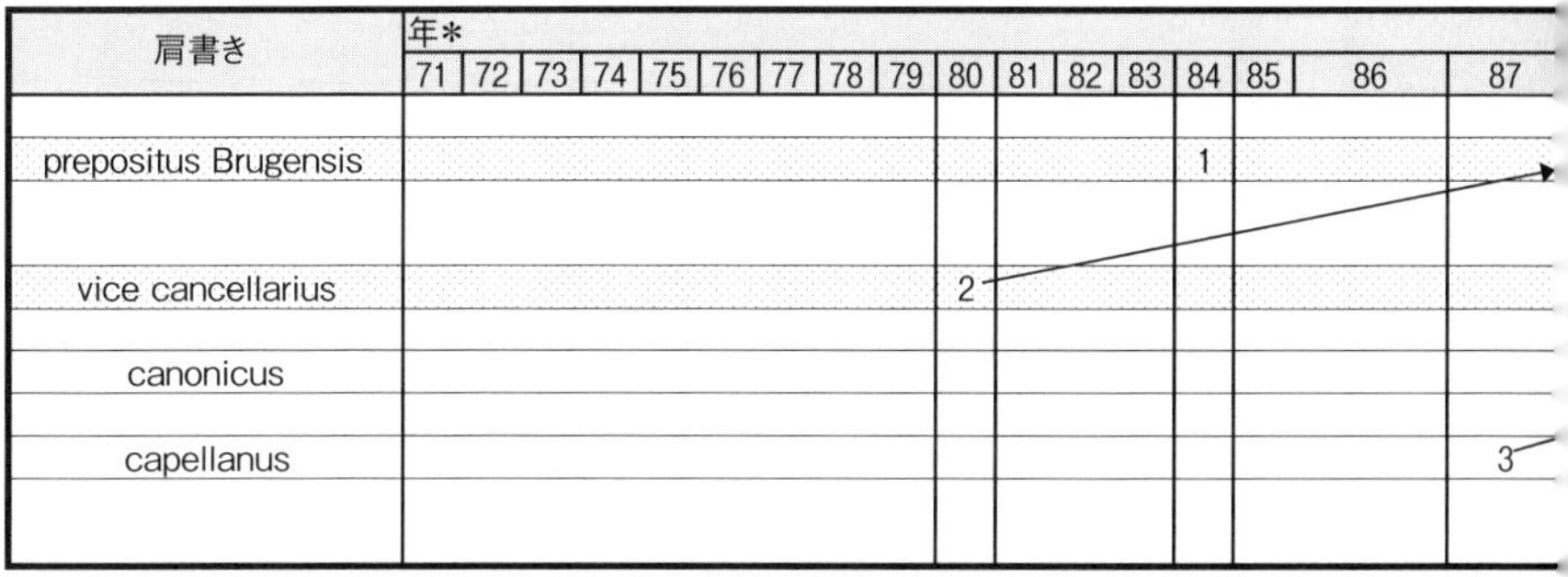

肩書き	年*																
	71	72	73	74	75	76	77	78	79	80	81	82	83	84	85	86	87
prepositus Brugensis														1			
vice cancellarius										2							
canonicus																	
capellanus																	3

＊年代の71は，1071年を意味している。72から88までの数字も同様である
＊＊1089年に発給された2通の証書は，記された日付とは逆の順序で作成されたと考えられている
10月31日に発給された証書が，通し番号9の証書である
1＝ロトベルトゥス（Rotbertus）
2＝ライネルス（Rainerus）
3＝レトベルトゥス（Letbertus）

結びつきが深まるにつれて、伯領統治の最も重要な拠点となりつつあった。同教会を率いるプレポジトゥスが、事実上伯の尚書部の上位役人とみなされるようになっていく。その後、一〇八〇年代後半、伯ロベルトゥス一世が聖地巡礼のため伯領を離れていた数年のうちに、統治を代行する伯の息子の補佐役としてプレポジトゥスの役割は、ますます重要になっていった。その結果、プレポジトゥスの交代を契機に、ブルッへのプレポジトゥスが尚書部の上位役人を兼ねることが同教会の特権のひとつとして公式に追認されたのであろう。

以上の結論より、一〇八九年の措置をめぐりこれまで提出されている三種類の見解のうち、尚書部を創設したとみなす第二の見解、および将来の発達の予告とみなす第三の見解は、退けられなければならない。先行する状況を追認したとする第一の見解が最も妥当であると判断できる。ただし、今までの諸研究に共通する評価、つまりこの措置を伯の尚書部の先進性の象徴とみなすのみの評価は、草創期当時の実情を十分に反映したものではない。本節の結論をふまえるならば、一〇八九年の措置は、むしろ一一世紀後半のフランドル伯領統治を規定した具体的な諸条件の融合作用の産物とみなされるべきである。なぜなら、当時尚書部を創り上げていった人びとにとって重要であったのは、それが先進的かどうかなどではなく、与えられた諸条件の下で眼前の諸問題をどう解決していくかということであったはずだからである(9)。

第二節　エランバルド家のベルトゥルフス

序論で見たように、エランバルド家は、一〇六〇年代以来様々な手段を用いて、伯に従属する不自由身分の一族から伯領随一の貴族家系へと成り上がってきた。同家の隆盛の頂点において、一〇九一年当主ベルトゥルフスがブルッへの聖ドナティアヌス律修参事会教会のプレポジトゥス職を、前任者から奪い取ったと伝えられる(1)。伯の証書に彼がブルッへのプレポジトゥスとして登場するのは、一〇九三年以降である。

ブルッへのプレポジトゥスがカンケラリウスと所領収入の徴収役を務めると定められたのは、一〇八九年のことであった。その二年後には、ベルトゥルフスが強引にプレポジトゥス職についたことになる。彼は、一〇八九年の措置により同プレポジトゥスが伯の行財政を統轄する最も重要な役職となったことを見定めて、そのような行動をとったのだろう。しかも、彼は、それ以前には、尚書部役人として確認されない(2)。ベルトゥルフスは、エランバルド家の権勢を背景に、尚書部の下位の役職をへることなくいきなり最上位の役職を手に入れたのである。

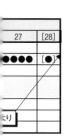

図表4からわかるように、以後ベルトゥルフスは、ほぼ一貫してブルッへのプレポジトゥスないしプレポジトゥスという肩書きを名乗っている。通説では、このように上位役人がカンケラリウスと名乗ろうとしない状態は、尚書部が組織として未熟であることの表れとみな

図表 4　Bertulfus の肩書きの変化

肩書き	年 1091	93	1100	01	02	04	05	09	10	13	14	15	16	19	21	22	23	24	26
prepositus Brugensis	[●]	●	●●	●	●	●	●	●	●●●	●	●	●●	●	●●	●	●		●	●
prepositus Brugensis et archicapellanus											●						●		
cancellarius																			

ガルベルトゥスの日記より

ガルベルトゥスの日記

されてしまう。しかし、カンケラリウスという肩書き以外の諸要素に目を向けるならば、ベルトゥルフスが実質的に尚書部を率いる立場にあったことは明らかである。

第一に、彼の肩書きが、二回だけ「ブルッヘのプレポジトゥス兼アルキカペラーヌス（archicapellanus, 司祭長）」となっていることに着目しよう。一〇八九年の措置では、次のことも定められていた。すなわち、ブルッヘのプレポジトゥスは、伯の宮廷のノタリウス、カペラーヌス、クレリクス、カノニクスを監督する。よって、アルキカペラーヌスとは、プレポジトゥスが下位役人としてのカペラーヌスの上長であることを表す肩書きなのである。

第二に、**図表4**からも明らかなように、彼が現存史料に現れる頻度が、七〇回近くと草創期の上位役人たちと比べて格段に高くなっている。彼と同時期に、これ程高い頻度で史料に確認できる尚書部役人は存在しない。彼に次ぐ頻度は、フロモルドゥス・セニオル（Fromoldus Senior）の二三回、続いてレイネルス（Reinerus）の一四回にとどまっている(3)。

第三に、彼の地位の高さは、伯の証書の証人リストにおいて占める位置に最もよく表れている。伯の証書の証人リストに姿を現すのは、通常伯の移動宮廷を構成する聖俗の役人や有力者たち、案件の当事者たち、および発給地近辺に住む聖俗の有力者たちである。原則として、上位に位置する証人ほど地位が高いとみなされる。ベルトゥルフスが証人となっている二一通のうち、彼は、一一通で全証人のトップに位置し、二通で二番目に位置している(4)。

以上の三つの手がかりから、ベルトゥルフスが他の尚書部役人よりもはるかに高い地位を有し彼らを統率していたことは確実である。彼は、カンケラリウスと名乗らなくても、尚書部を内包する伯の宮廷の最有力者たちの一人であり得たのである。

実際、ベルトゥルフスがプレポジトゥスとなってから三六年後の一一二七年頃には、エランバルド家は伯に対抗し得るほどの政治的影響力を有するようになっていた。カロルス伯が即位した一一一九年には、ベルトゥルフスが尚書部の上位役人となってからすでに三〇年近くが経過していたのである。当時の尚書部役人が伝えるところによれば、彼は、自分が同意しなければカロルスは伯として即位することもできなかったのだと自負していた。エランバルド家の権勢は、尚書部や聖ドナティアヌス教会だけでなく、尚書部以外の伯の役人たち、貴族層、城代をはじめとする騎士層、ブルッヘの都市民たち、主要な教会や修道院など、伯領内の多様な諸勢力に及んでいたと考えられる(5)。

ただし、これ程の隆盛は、エランバルド家が歴代の伯の統治に貢献し続けたからこそもたらされたものである。そもそも同家は、伯に忠実な側近として重用されたことから隆盛し始めた一族であって、はじめから伯に対抗していたわけではない(6)。とはいえ、ベルトゥルフスが上位役人となってから二〇年三〇年と経つうちに、たしかに同家は、次第に伯の統治を妨げる目障りな存在となっていく。

その覇権を嫌ったカロルス伯は、同家の抑圧を試みたため、ついに一一二七年三月同家によって暗殺された。同伯の治世末期には、尚書部も含めた伯の宮廷は、伯に忠実な者たちと同家に従う者たちとに二分され、分裂状態であったと考えられている(7)。同家は、伯の暗殺自体には成功したが、同家に反発し伯の復讐を誓う諸勢力によって滅ぼされることになる。ベルトゥルフスも伯の暗殺から約一か月後に処刑され、上位役人のポストは空席となってしまう。

以上の情報を総合すると、エランバルド家の隆盛期における上位役人については、次のようにまとめられる。同家を率いるベルトゥルフスは、ブルッへの聖ドナティアヌス教会のプレポジトゥス職が伯の宮廷で最大の影響力を発揮し得る役職となったことを見逃さなかった。彼は、一〇八九年の措置の直後に同職を奪取し、以後三七年もの間、上位役人として、「伯の平和」を目指す伯領統治に貢献する一方で、その立場を十二分に活かして一族の隆盛にも最盛期をもたらしていった。

このような実態を前にして、通説は、それを認めながらも、ベルトゥルフスがカンケラリウスと名乗っていないことを指摘する。その点を、尚書部発達の一般的な公式にてらして伯の尚書部の未発達の表れとみなすのである。しかし、もしカンケラリウスと名乗らずには上位役人の地位を維持できないのであれば、彼は確実にそうしていたはずである。というのも、彼をはじめとしてエランバルド家の人びとは、勢力拡大のためには常に手段を選ばず行動しているからである。よって、彼がカンケラリウスと名乗らなかったのは、そうできなかったためではなく、そうする必要を特に感じていなかったためであろう。彼が尚書部を率いるためには、ブルッへのプレポジトゥスという肩書きで十分であった。彼の念頭にあったのは、尚書部の理念的なモデルや発達の公式などではない。ベルトゥルフスは、一族の繁栄を維持する最良の手段を上位役人職に見出し、極めて現実的に行動し続けただけであったはずである。

では、その間、ベルトゥルフスは、尚書部全体を掌握し思い通りに動かしていたのだろうか。今までの研究でも、

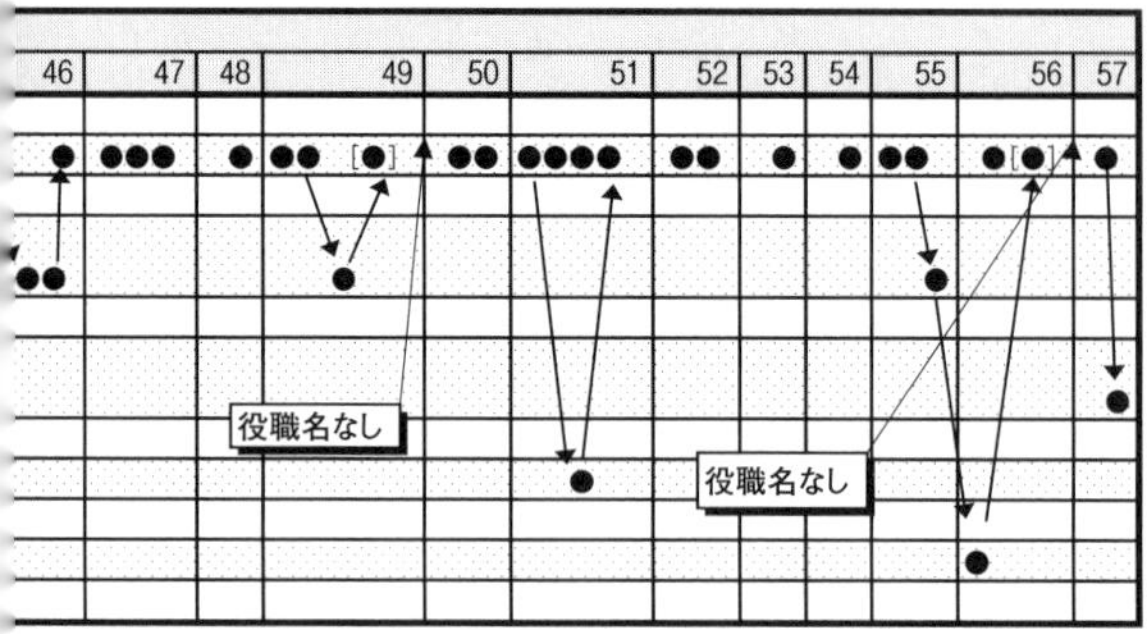

伯と対立した混乱期直前の時期を除けば、彼の率いる尚書部の有り様はそのようなイメージでとらえられている。たしかに、本節で見たように上位役人として彼が傑出した地位と影響力を有していたことを考えると、そうであったとしても不思議ではない。この疑問を解くためには、上位役人以外の役人たちの実態を解明する必要があるので、次章以降において改めて論じる。

第三節　ロゲルス

エランバルド家のベルトゥルフスは、一一二七年カロルス伯の復讐を誓った諸勢力との戦いに敗れ、四月一一日に処刑された。そこで、四月二五日、ロゲルスという人物が、フランス王ルイ六世とノワイヨン・トゥールネ司教シモン（Noyon-Tournai, Simon）によって、ブルッヘの聖ドナティアヌス教会のプレポジトゥスに任じられた。フランス王は、混乱するフランドルの政治情勢に介入し、領邦フランドルに対する影響力を拡大しようとしていた。そのため、同王は、ノルマンディ公の息子ウィレルムスを傀儡の伯として擁立するだけでなく、伯の統治を支える尚書部の上位役人のポストにも、自らの息のかかった人物を送り込んだと考えられている(1)。カロルス伯の暗殺に始まった政治的混乱は、フランス王の介入を領内の諸勢力が受け入れるかたちで収拾されようとしていた。

図表5　Rogerus の肩書きの変化

肩書き	年 1127	28	30	32	36	37	38	39	41	42	43	44	4
prepositus Brugensis	●●●●	●　●	●●	●	●●	●●	●	●●●●●●	●	●●●●●●	●	●	●●
prepositus Brugensis et cancellarius		●●			●								
prepositus Brugensis et cancellarius Flandrie													
Flandrie prepositus													
cancellarius													

上位役人に関する通説を見直そうとする際最大の問題点となるのは、前任のベルトゥルフスと同様に、ロゲルスの場合も彼の肩書きである。

肩書き　プレポジトゥスとカンケラリウス

図表5からわかるように、ほとんどの場合、彼はブルッへのプレポジトゥスと名乗っているが、稀に「プレポジトゥス兼カンケラリウス」や「カンケラリウス」と名乗ることもある。これは、尚書部の上位役人としては、初めてのことである。現存史料では、前任者たちは、カンケラリウスを含む肩書きを一度も名乗っていない。従来の研究では、上位役人がカンケラリウスと名乗り始めるこの現象こそ、肩書きのみならず様々な点で完成された尚書部へ向かう発達の指標とみなされる。はたして、それは妥当な見方であろうか。

まず、伯の証書に初めて彼が現れる通し番号一三八の証書を見てみよう（一一二八年）。この証書では、ロゲルスは、証人として「ブルッへのプレポジトゥス兼伯のカンケラリウス」と名乗っている。この証書は、彼の率いる聖ドナティアヌス教会にあててブルッへで発給されたものである。ゆえに、ロゲルスは、プレポジトゥスに任じられて間もない頃、受給者と発給地の点で自分に直接関わる証書の発給に際し、上位役人として強く自己主張する肩書きを使っている。しかも、証書の末尾には、「伯のカンケラリウスであるロゲルスのプレポジトゥス職二年目」（Rogeri cancellarii comitis prepositure anno II）という文言まで記されている。このように、就任当初のロゲルスは、自分はプレポジトゥスであると同時にカンケラリウスであると強く意識し、肩書きや末尾の文言の表現にその自意識をたしかに投影させていた。

しかし、その後、彼は、大部分の証書でブルッへのプレポジトゥスと名乗るようになる。そのような状況のなか彼が稀にカンケラリウスと名乗ることもあったのは、なぜだろうか。通説の言うように、それは尚書部の発達の表れなのだろうか。しかし、該当する事例を検討してみると、必ずしもそうではないことが明らかになってくる。

彼がカンケラリウスと名乗る七つの事例には、いくつかの共通点が認められる。まず、五つの事例では、証書の案件が伯が受給者に所領を与える、あるいは受給者である大修道院を伯の保護下におくといった内容となっている(2)。このような案件は、受給者に対し第三者により行われた寄進を伯が確証するような案件と比べると、より直接伯が関与している内容である。また、二つの事例では発給地がブルッへであり、うち一例では受給者が聖ドナティアヌス教会である(3)。これら二例では、伯はもちろんロゲルス率いる尚書部が関与する度合いも相対的に高い。このように、ロゲルスがカンケラリウスを含む肩書きを名乗った証書の大部分は、何らかの点で伯もしくは尚書部との関連が通常より深いものなのである。

ただし、このような関連性は、通し番号一六六と二八〇の証書には認められない。これら二通には、別の共通点が認められる。二通の受給者は、ともにフールネ（Veurne）の聖ニコラウス（Nicholaus）教会なのである。一般に、この時期の伯の証書は、ほとんどが受給者作成文書であるとみなされている。したがって、受給者が同一である証書に何らかの共通点が認められる場合、その原因は受給者にも求められる。ロゲルスにカンケラリウスという肩書きを付したのが文書を作成した聖ニコラウス教会であっても不思議ではないのである。何らかの理由で、同教会に

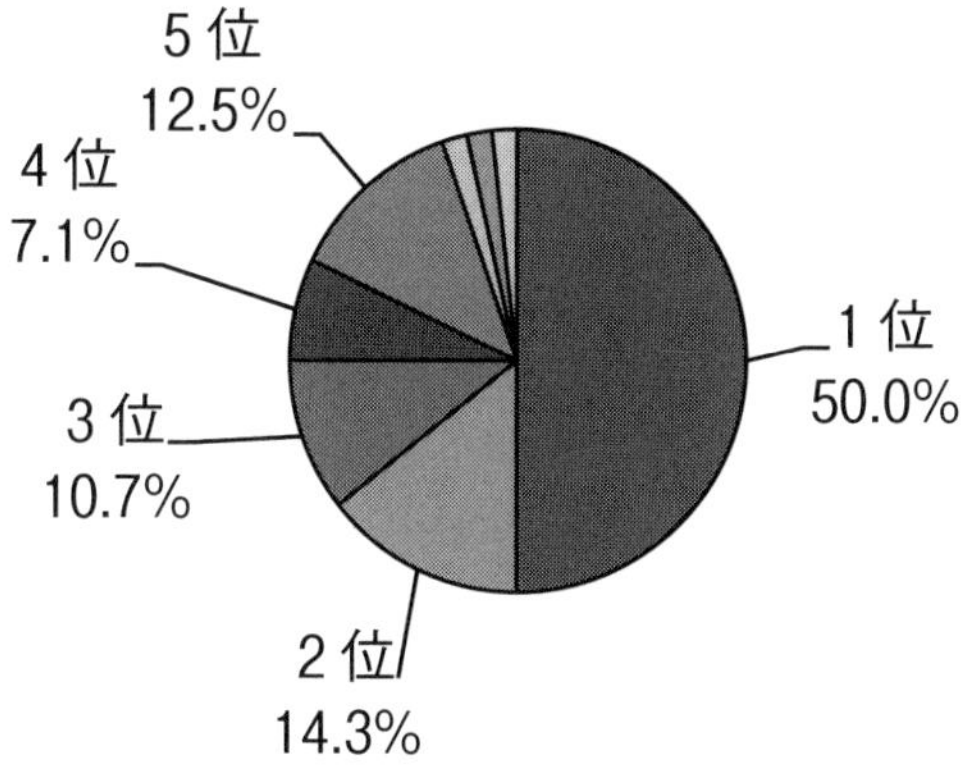

図表6　ロゲルスの証人リスト中の各順位の割合

は、伯の証書とすべく文書を作成する際に上位役人にカンケラリウスという肩書きを付す慣習が存在したのかもしれない(4)。

以上のように、同時代史料の情報を見る限り、通説のようにカンケラリウスという肩書きが一義的に尚書部の発達を表すとは言い切れない。ロゲルスがカンケラリウスと名乗る背景には、むしろ、証書の発給に対する伯や尚書部の関与もしくは特定の受給者の関与が想定されるのである。

証人リスト中のロゲルス

肩書きにカンケラリウスが含まれているかどうかにかかわらず、伯の証書の証人リストからは、ロゲルスが、三〇年もの間、伯の宮廷において飛び抜けて高い地位を保持し続けたことが明らかになる。彼は、一一二七年から死去するまでの三〇年間伯の証書の証人リストにおいて上位に位置し続けた。**図表6**からわかるように、彼は、証人リスト中一位から五位程度の上位を占め続けた。さらに、全事例のうち、彼が筆頭の証人になっている例が五〇%、証人として三番目までの上位を占めている例が七五%となっている。

ここではロゲルスが証人のなかで何番目に位置しているかだけを問題としているが、もちろん証書毎に証人総数は異なっている。したがって、より正確には、彼が全証人のうち上位何%の位置を占めているかを問題としなければならない。しかし、ロゲルスの場合証人総数にかかわらず最上位の証人となる事例が圧倒的に多いので、彼についてては順位だけを分析した。一位五〇%、二位一四%、三位一一%。このように、肩書きとは無関係に、たしかに彼は、終生尚書部を含む伯の宮廷における最有力者たちの一人であった。

ただし、ベルトゥルフスと違って、ロゲルスに関する情報を含む叙述史料はほとんど現存しない。その原因は、起伏に富む歴史をもつエランバルド家を率いたベルトゥルフスと異なり、ロゲルスは年代記や聖人伝に記されるような出来事に巻き込まれなかったからであろう。ヘンプティンヌも、ロゲルスは三〇年間大きな問題を起こすこともなく、伯に仕え続けたと考えている(5)。結局彼は、ウィレルムス伯とテオデリクス伯の二人の伯に仕えている。

上位役人就任の経緯

ところで、本節冒頭で述べたように、そもそもロゲルスは、フランス王の意向を受けてフランドルにやって来た外来者であったと考えられている。いわば「よそ者」であった彼が、なぜ、二人の伯の治世を通して上位役人の地位を保持し得たのだろうか。この疑問を解く鍵は、就任当初の経緯にある。

彼が上位役人となる前の経歴については、現存史料からは明らかにならない。それでも、当時の政治情勢をふまえ、ヘンプティンヌたちは、彼をノルマンディ出身の人物ではないかと推測している。彼らは、ロゲルスという名前も典型的なノルマン人の名前であると考えている。この見解を支える傍証として想定されているのが、フランス王が擁立したウィレルムス伯も、ノルマンディ公ロベールの息子で、イングランド王によって父が公領を追われて以来フランス王の庇護を受けていたという事実である(6)。彼らの見解に従うならば、ロゲルスは、ノルマンディからフランスをへてフランドルにいたるまでウィレルムスと行動を共にしたお付きの聖職者であったことになる。

現存史料を調べてみると、たしかに、ロゲルスは、上位役人になった時に初めて存在が確認される。それ以前の時期には、彼は、伯の証書にもガルベルトゥス（Galbertus）の日記にも現れてこない。一方で、ロゲルスと同時期に尚書部役人を務めた者たちの一部は、彼が上位役人となる前の時期から史料に確認される(7)。よって、もし彼もフランドル出身の聖職者であれば、以前から伯の宮廷に出入りしていたはずで現存史料にも一度は確認されてよい。なぜなら、伯の宮廷の末席も占められないような地元の下位聖職者が、いきなり尚書部の上位役人に抜擢されるとは考えにくいからである。したがって、ロゲルスは、たしかに外来の聖職者で、プレポジトゥスに任じられた時に初めて伯の宮廷および尚書部の一員となったのであろう。

ただ、彼がどこからやって来たのかに関しては、現存史料に手がかりは見出されない。とはいえ、上述のような状況のなかで彼が上位役人となった経緯を考えれば、ヘンプティンヌたちが推測するように、ウィレルムス伯と同様彼もノルマンディ出身であったというのが最も現実的な仮説である。

また、上位役人となった時、ロゲルスは、若いクレリクス（clericus）であったとも伝えられている(8)。クレリクスは、書記や聖職者などの様々な意味をもつ言葉で、一〇八九年の措置では上位役人の部下として位置づけられている。この場合クレリクスがどの意味で使われているのかははっきりしないが、彼がそう呼ばれていることから少なくとも次のことは確実である。彼は、上位役人になる前は、聖職者として特筆されるような役職、たとえば聖ドナティアヌス教会のカノニクス（canonicus、参事会員）のような役職にはついていなかった。彼のキャリアは、ウィレルムス伯を支える人材としてフランス王に登用されたことで、飛躍的に上昇したのである。

成功の理由

ところが、ウィレルムス伯は、即位の翌年一一二八年には、都市を中心に反乱を起こした諸勢力との戦闘において命を落としてしまった。続いて伯として即位したのは、反乱同盟に支持されたアルザス家のテオデリクスであった。このように、ウィレルムス伯のもとで上位役人となったロゲルスは、すぐに主君を失い、主君と敵対していたテオデリクスを新伯として迎えることになったのである。それにもかかわらず、ロゲルスは、その新伯のもとでも、プレポジトゥス職を失うことなく、一一五七年に亡くなるまで上位役人を務めることになる。

なぜ、ロゲルスは、対立し合っていた二人の伯の治世を通して上位役人を続けることができたのだろうか。現在までの研究では、この疑問に対する解答は示されていない。しかし、即位直後の新伯テオデリクスを取り巻く状況を考慮すると、その答えも見えてくる。ロゲルスは、失職の危機を何とか逃れたというにとどまらず、むしろ新伯を支える人材として積極的に必要とされたのである。

というのも、まず、アルザス・ロレーヌ地方からやって来たテオデリクス伯は、ロゲルスと同様に外来者で、即位の後はフランドル出身の貴族や聖職者たちに取り囲まれることになった。そのような地元出身の有力者たちは、たとえ表面的には伯に従っていたとしても、見えないところで従来からの人間関係や利害関係の要となっている。しかも、テオデリクス伯が即位したのは、一年半続いたフランドルの政治的混乱期がようやく終わった時であった。混乱期には、暗殺、復讐そして反乱と、その時々の伯に逆らう動きが次々と起こっていた。そのような混乱期を潜り抜けてきたフランドルの貴族や聖職者たちは、新伯との関係が悪くなれば状況次第で伯に反逆するに違いない。テオデリクス伯も、そのような現実を十分認識していたはずである。なぜなら、伯自身、前伯に反逆した諸勢力に支持されてようやく念願の伯位を手に入れていたからである。

だからこそ、新伯は、地元に地盤を有する有力者より格段に使いやすく安心して身近における人材として、同じ外来者のロゲルスを進んで登用していったのではないか。実際、ロゲルスは、フランドルに来てから一年余りしか経っておらず、地元の聖俗有力者たちの勢力関係にもそれ程深入りしていなかったと考えられる。そのような意味で、彼は、伯にとって格好の手垢のついていない人材であった。

さらに、ロゲルスがノルマンディ出身であったとすれば、君主に仕える聖職者としての彼の能力そのものが、伯にとって極めて魅力的であったはずである。序論でも述べたように、王や皇帝以外の世俗君主のものとしては、ノルマンディ公の尚書部は、フランドル伯のそれとならんで最も早く発達したと評価されている(9)。ノルマンディ公の息子である前伯とロゲルスが行動を共にしていたならば、彼もまた、公の尚書部を構成するレベルの聖職者たちに囲まれて成長し一人前の聖職者となった可能性が高い。とするならば、フランドルにやって来た時点で、彼が尚書部の上位役人を務めるに足る能力や素養を備えていたとしても不思議ではない。

加えて、新伯テオデリクスが即位するまでには、彼は、上位役人として一年余りの経験を積んでおり、伯の宮廷や尚書部の伝統や慣習にも一定程度通じていたはずである。したがって、たとえ新伯の周辺に彼以上に有能な聖職者がいたとしても、能力に加えて経験を有しているという点で、ロゲルスは、テオデリクス伯にとって最良の上位役人であったのである。

まとめ

以上により、混乱期初頭から三〇年間上位役人を務めたロゲルスについては、次のようにまとめられる。通説では、上位役人として初めて彼がカンケラリウスと名乗ったという事実が重視され、公式通りの尚書部の発達の表れとみなされてきた。しかし、本節における分析の結果、上位役人として彼を評価する際重要なのは、カンケラリウスという肩書きや尚書部の発達の一般的公式ではないことが明らかになった。彼は、混乱期の政治的変動の狭間で「よそ者」ゆえに有用性の生じた人材であって、政治史の具体的文脈においてこそ評価されるべき存在なのである。

すなわち、ロゲルスは、前任者ベルトゥルフス率いるエランバルド家のひき起こした政治的混乱の渦中で、当初の主君のライヴァルであるテオデリクス伯の上位役人となった。その後三〇年間新伯との間で問題を起こすこともなく有能な上位役人として務め上げることができたのは、彼が、混乱期を勝ち抜いた新伯のもとで形成された新たな統治システムに最適の人材であったからであろう。尚書部に限って考えてみても、三七年間隆盛を誇ったエランバルド家の多大な影響力が排除されて生じた真空状態のなかで、外来の新たな上位役人と彼を迎えた古参の役人たちが、新しい時代の要請に応える尚書部をつくり上げていくことになったに違いない。

第四節　トロイカ体制

一一五七年一月、三〇年間上位役人を務めてきたロゲルスが死去した。以後、約一〇年の間、尚書部は、三人の上位役人がならび立つトロイカ体制をとることになる。

この体制下の時期に関する通説の見直しのためまず検討しなければならないのは、やはり三人が名乗る肩書きの実態である。通説の描くイメージに従うならば、前任者のロゲルスが上位役人として初めてカンケラリウスと名乗ったのだから、続く三人も、カンケラリウスという肩書きを頻繁に使っているはずである。

ところが、カンケラリウスを含む肩書きを複数回名乗っているのは、三人のうち一人にすぎないのである。以下では、まず、三人それぞれの個人情報について肩書きを中心に整理しその過程で浮上する問題点について検討していこう。

（一）デシデリウス

一一五七年四月、ロゲルスの死から約三か月後、デシデリウス（Desiderius）という人物が、プレポジトゥス兼フランドルのカンケラリウスとして伯の証書の証人となっている。先述のカンケラリウスと複数回名乗っている唯一の上位役人とは、彼である。

一一五七年までの経歴

デシデリウスは、尚書部役人としてだけでなく高位聖職者として華やかな経歴をもつ人物であった。彼は、一二世紀初頭に、コルトライク（Kortrijk）の城代の息子として生まれ、若いうちにリール（Lille）の聖ペトルス（Petrus）律修参事会教会に属する聖職者となり、一一三二年から六九年まで同教会のプレポジトゥスを務めた。デシデリウスは、上位役人となる前に、二つの教会のプレポジトゥス職と助祭長職（archidiaconus）を兼職する有力な高位聖職者だったのである(1)。

肩書き

図表7（次頁）に明らかなように、彼は、上位役人となってからもカンケラリウスを含む様々な肩書きを名乗っている。この点は、ほぼ常にブルッへのプレポジトゥスと名乗っていた従来の上位役人とは大きく異なっている。このような変化は、何らかの点で尚書部自体が変化した証拠とみなし得るのだろうか。ヘンプティンヌたちによれば、特にカンケラリウスという肩書きおよび「フランドルの」という修飾語こそ、尚書部が完成された形態に近づいていきたことを示す指標なのである。デシデリウスの場合、これは、妥当な見方であろうか。

図表7　Desiderius の肩書きの変化

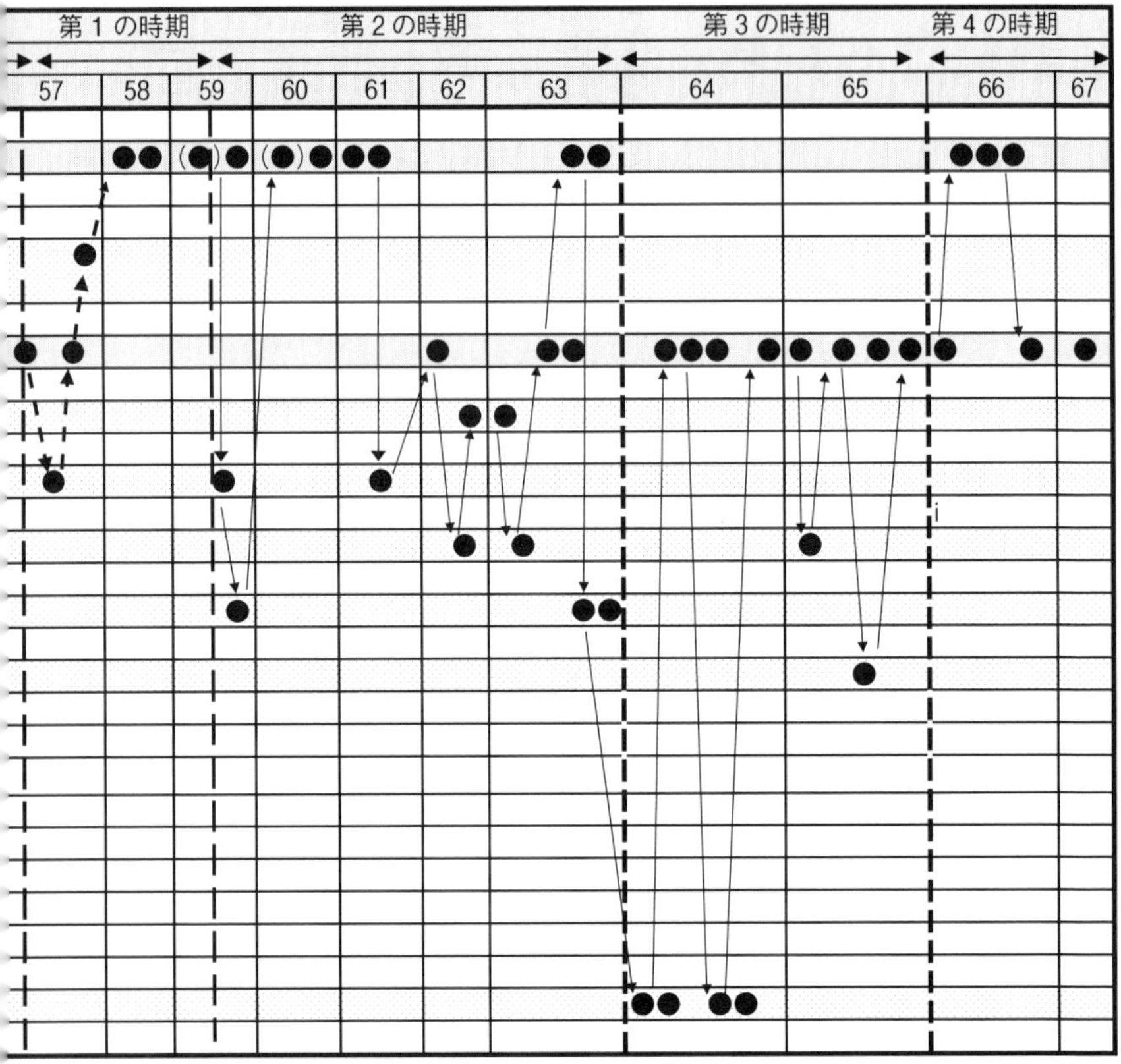

実は、彼は、上位役人となる前から、フランドルにおいて最も有力な高位聖職者の一人として伯の証書の証人となっていた。そこで、そのような事例も含めて、**図表7**を作成した。彼が上位役人となる一一五七年の前後を比較すると、二つの相違点が認められる。第一に、彼は、一一五七年以前には、**図表**中粗い網かけで示した上位役人を指す肩書きを一度も使っていない。第二に、上位役人となると、伯の証書の証人となる頻度が以前よりも明らかに高くなっている。このように、彼の肩書きは、たしかに上位役人職

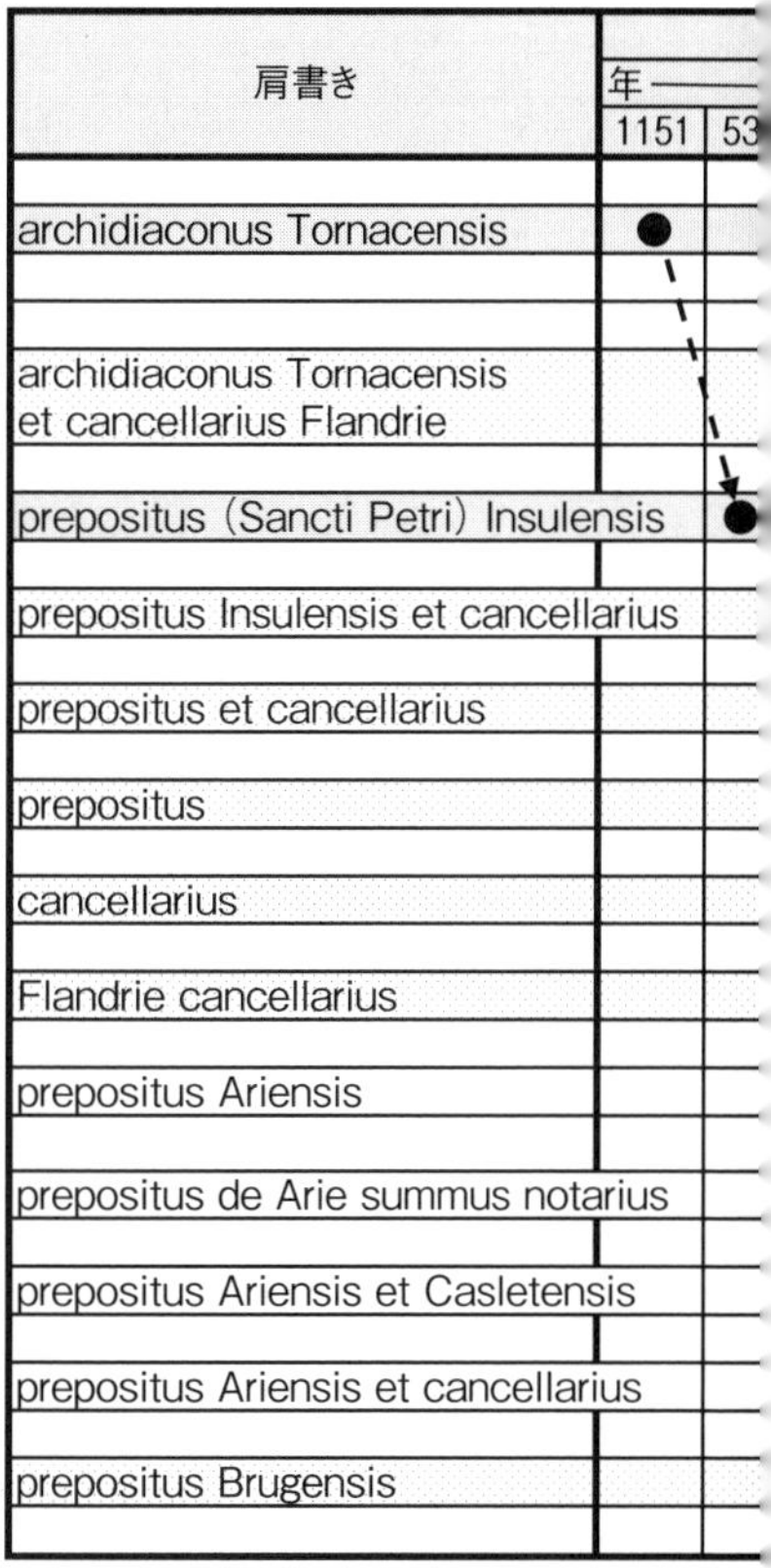

肩書き	年 1151	53
archidiaconus Tornacensis	●	
archidiaconus Tornacensis et cancellarius Flandrie		
prepositus (Sancti Petri) Insulensis		●
prepositus Insulensis et cancellarius		
prepositus et cancellarius		
prepositus		
cancellarius		
Flandrie cancellarius		
prepositus Ariensis		
prepositus de Arie summus notarius		
prepositus Ariensis et Casletensis		
prepositus Ariensis et cancellarius		
prepositus Brugensis		

への就任にふさわしい変化を示しているように見える。

ところが、彼の肩書きには、上位役人にふさわしからぬ特徴もはっきりと認められるのである。というのも、彼は、上位役人となった後も、**図表7**のグレーで示したように、少なくとも二回に一回は以前と変わらない肩書きを名乗っている。デシデリウスの肩書きは、上位役人を務めている時期にこそ多様に揺れ動いているのである。彼は、三人の上位役人のうち唯一人複数回カンケラリウスと名乗った人物であった。その彼の肩書きでさえ、通説の想定する公式に反して、上位役人就任の後カンケラリウスという肩書きに統一されるどころか、逆に多様性を増していったのである。

カンケラリウスを含む肩書き

それでは、彼が、特にカンケラリウスを含む肩書きを名乗る場合には、何らかの特別の理由が存在したのだろうか。この問題を解くために、該当する事例の情報を見てみよう。

すると、該当する事例には二つの共通点があることがわかる。まず第一の共通点として、案件の内容という面で、一〇の事例のうち七例において、伯自身が案件の主体ないし当事者となっている。この点から、証書に記された法的な行為に伯自身が深く関与している場合に、彼がカンケラリウスを含む肩書きを用いることが多かったことがわかる。次に発給地という面で、一〇の事例のうち二例について、ブルッヘで発給されたという共通点が認められる。伯の移動宮廷に属するデシデリウスは、通常は部下である尚書部役人たちを率いて伯とともに伯領内を移動している。その彼が、ブルッヘつまり伯領統治および尚書部の本拠地に戻った時にもカンケラリウスを含む肩書きを名乗ることが多かったのではないかと考えられる(2)。

このように、デシデリウスがカンケラリウスと名乗ったのは、何らかの点で伯もしくは尚書部が証書の発給に通常以上に深く関与している場合であった。この現象は、前任者のロゲルスの場合と共通している。デシデリウスの肩書きもまた、従来の研究が主張するように、尚書部の発達を示す「フランドルのカンケラリウス」という肩書きに収斂する方向で使い分けられていたわけではなかったのである。

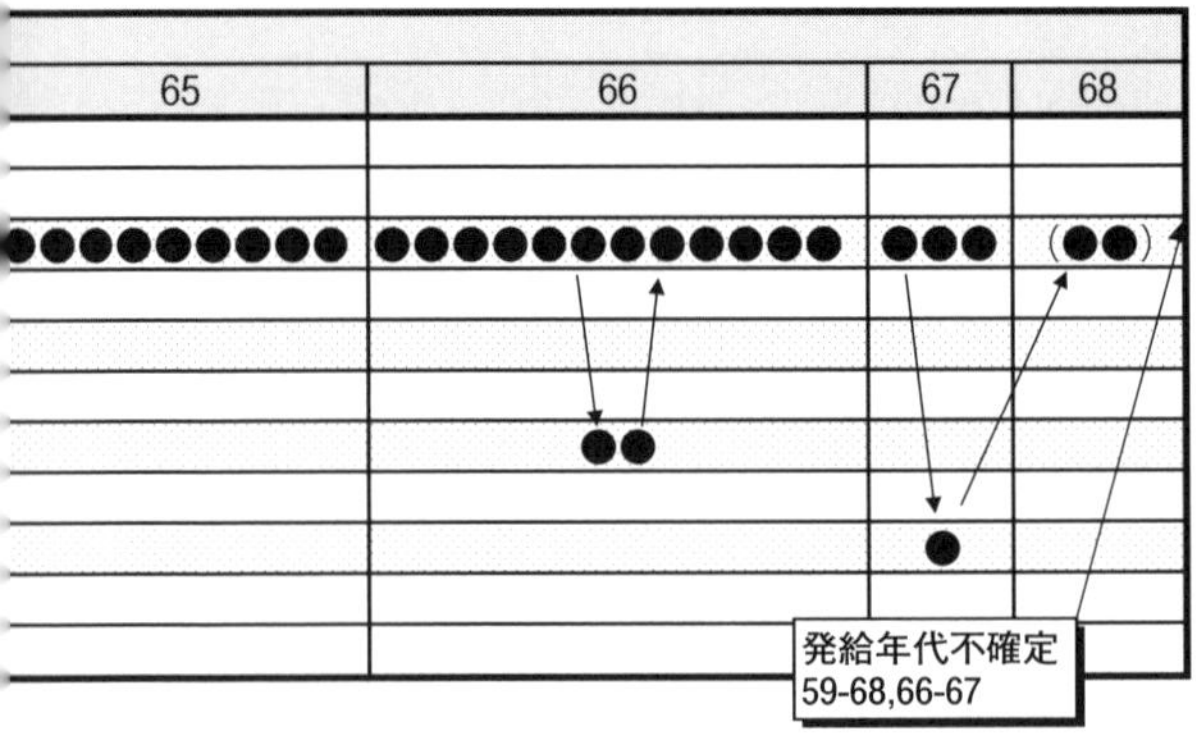

(二)　ロベルトゥス

トロイカ体制下では、デシデリウス以外にもう一人の上位役人が一回だけ、カンケラリウスを含む肩書きを名乗っている。その上位役人とは、一一五七年に初めて伯の証書に現れるロベルトゥスという人物である。

一一五七年までの経歴

彼は、鍛冶屋の息子とも伝えられており、決して高貴な生まれではなかった。その上、彼は、フランドルの出身ではなく、おそらく一一五〇年代にフランスからフランドルへ到来した外来の聖職者であった。にもかかわらず、彼は、テオデリクス伯の息子フィリプスから特別の寵愛を受け、伯の宮廷における影響力を急速に増大させていった。その結果、一一五七年には、エールの聖ペトルス律修参事会教会のプレポジトゥスとして、伯の証書に現れることになったのである(3)。

肩書き

図表8からわかるように、ロベルトゥスは、ほとんどの事例でエールのロベルトゥスと名乗っている。例外的な肩書きのひとつとして、エールのプレポジトゥス兼カンケラリウスが一一六七年に一度だけ確認できる。

では、その唯一の事例の場合、彼がカンケラリウスと名乗らなくてはならない理由が特に存在したのだろうか。その理由は、当該の伯の証書を確認すると直ちに明らかになる。彼は、一一六七年通し番号四一四の伯の証書でカンケラリウスと名乗っているが、証人としてではない。この場合、彼は、証書の文面を最終的に仕上げた責任者として、通常の肩書きに加えてカンケラリウスと名乗っている

図表8　Robertusの肩書きの変化

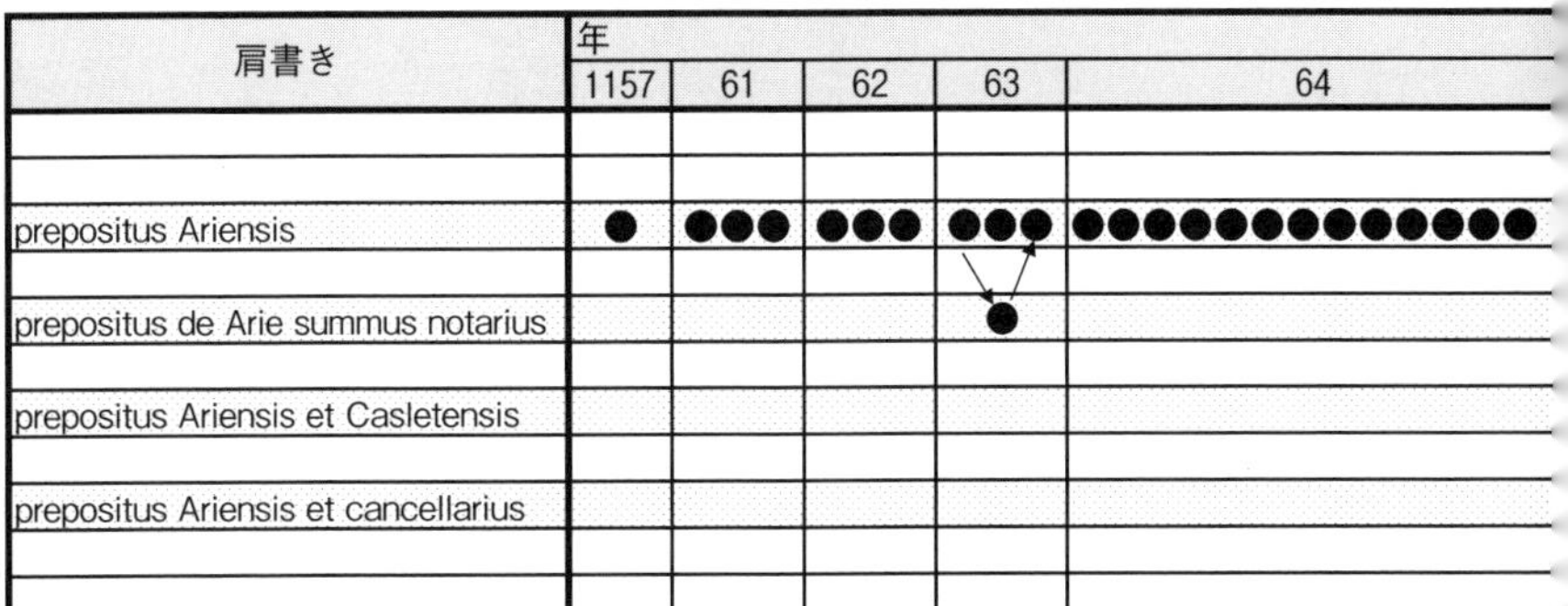

肩書き	年				
	1157	61	62	63	64
prepositus Ariensis	●	●●●	●●●	●●●	●●●●●●●●●●●●●●
prepositus de Arie summus notarius				●	
prepositus Ariensis et Casletensis					
prepositus Ariensis et cancellarius					

のである。これ以外の事例では、彼が伯の証書に現れるのはすべて証人としてである。したがって、唯一の事例で彼がカンケラリウスと名乗ったのは、証書の作成責任者として通常よりはるかに深くその発給に関わったからであったに違いない(4)。

とするならば、伯の証書の大部分が受給者作成文書であった時期に、なぜ、この証書は、尚書部の上位役人によって作成されたのだろうか。これこそ、通説の言うように、すべての証書を作成する完成された尚書部へ向かう発達の兆候なのだろうか。その答えを得る手がかりは、この証書の受給者にある。

この証書を受け取った修道院は、政略結婚の結果フィリプス伯が新たに自らの所領としたヴェルマンドワ伯領にあった。そのため、この場合、受給者がフランドル伯の証書の様式に通じておらず、代わって尚書部の上位役人がその文面を仕上げたと推定されるのである。よって、この証書の作成に尚書部が関与したのは、そのような特殊な事情によるのであり、尚書部の発達の帰結というわけではない。というのも、通説では、尚書部の発達とは、受給者による作成に何ら障害のない証書も含めてすべての証書を尚書部が系統的に作成できるようになることだとみなされているからである(5)。

このように、ロベルトゥスの場合も、デシデリウスの場合とほぼ同様に、カンケラリウスという肩書きが示すのは、尚書部の証書発給への関与の深さであって尚書部の発達の早さではない。

(三)　ペトルス

最後に、もう一人上位役人とみなされるのは、テオデリクス伯の息子であるペトルスである。彼は、フィリプス伯の弟で、ロゲルスの死後約三か月後、若干一二歳でブルッヘのプレポジトゥスとして伯の証書に現れる(6)。彼は、三人のうち最も早く上位役人として現存史料に確認される。

彼の事例は、ヘンプティンヌらが指摘しているように、伯の家系に属する者が、伯領統治にとって最も重要な役職である尚書部の上位役人職についた最初の例である。テオデリクス伯は、自らの即位以前に上位役人となっていたロゲルスの死に伴い、ようやく自分で選んだ人物を上位役人に任じることが可能になった。その時、伯が同職を与えたのは、幼少の頃より聖職者となるべく育てられていた末息子であった(7)。

このような経過を考えると、彼は、上位役人の名乗りうる肩書きのなかでも最も公式の肩書きを名乗っていたはずである。現存史料を見る限り、それは、カンケラリウスではなかった。彼は、カンケラリウスとは一度も名乗らず、すべての事例でブルッヘのプレポジトゥスと名乗っている。よって、当時の伯の宮廷において上位役人が名乗るべき肩書きとみなされていたのは、カンケラリウスではなくむしろブルッヘのプレポジトゥスであったのである。

(四)　上位役人たちの肩書き

以上のように、トロイカ体制下の上位役人の肩書きは、カンケラリウスに統一されようとはしていない。上位役人の肩書きとして最も代表的なものは、ブルッヘのプレポジトゥスであった。カンケラリウスという肩書きは、何らかの点で伯もしくは尚書部が証書の発給に通常以上に深く関与している場合に使用されている。このような傾向は、トロイカ体制以前から変わっていない。

通説によれば、上位役人の肩書きがフランドル限定のブルッヘのプレポジトゥスから西ヨーロッパ標準のカンケラリウスへと統一されてこそ尚書部は成熟したと言えるのであった。しかし、フランドル伯の尚書部は、そのような意味で成熟していなくても、十分機能していたのである。だからこそ、上位役人の肩書きについても、フランドルに独自の慣習が保たれていた。地域限定の肩書きから普遍的な肩書きへと発達するのではなく、地域に固有の肩書きプレポジトゥスを軸として、カンケラリウスもまたフランドル独自の意味を込めて使用されていたと言えよう。このカンケラリウスは、西欧標準の一般的な肩書きではなく、プレポジトゥスと同様の地域固有の肩書きなのである。

（五）証人リスト中の位置

一方、肩書きにカンケラリウスが含まれているかどうかにかかわらず、三人の上位役人たちは、伯の証書の証人リスト中極めて上位に位置し続けている。この事実こそ彼らが上位役人であったことを証明するのであって、カンケラリウスという肩書きが証明するのではない。三人のうち、証書に頻出するデシデリウスとロベルトゥスのデータを確認してみよう。

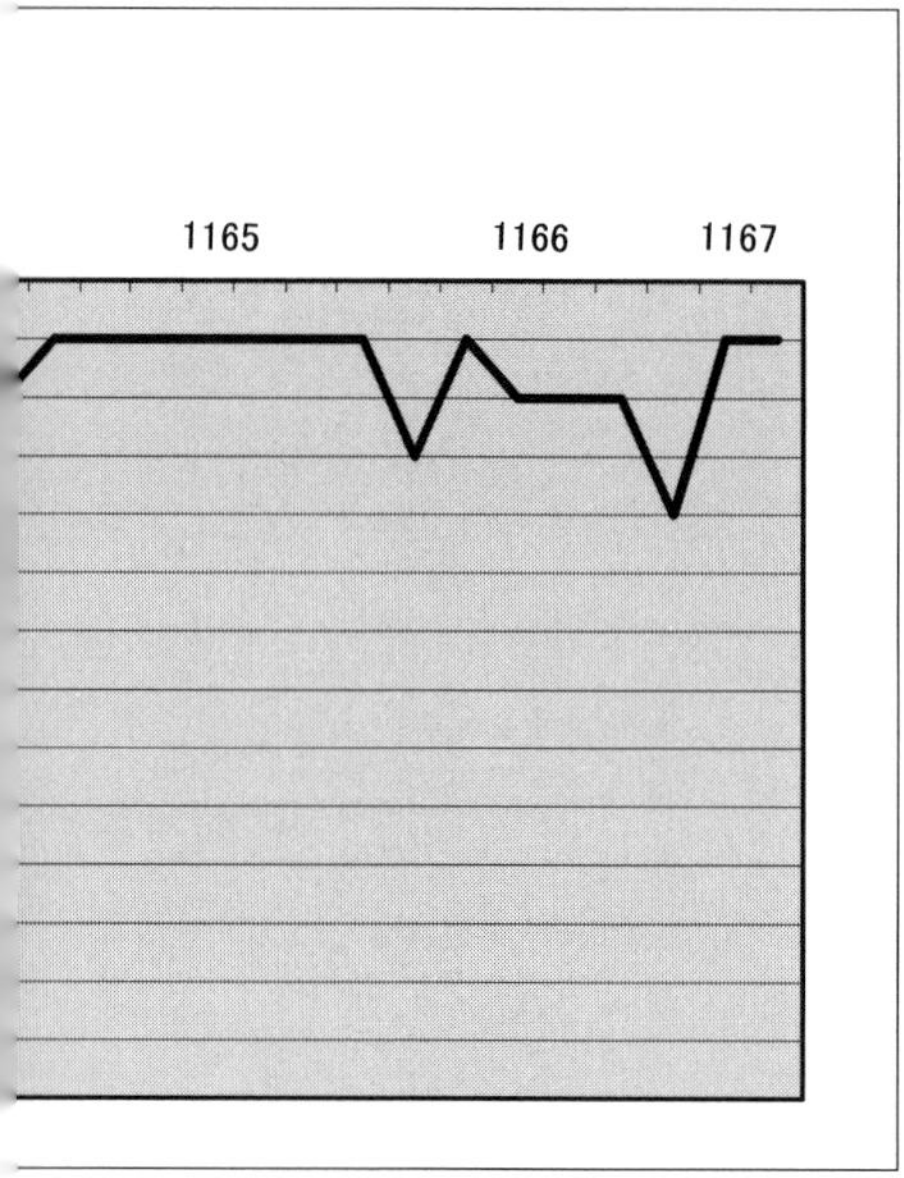

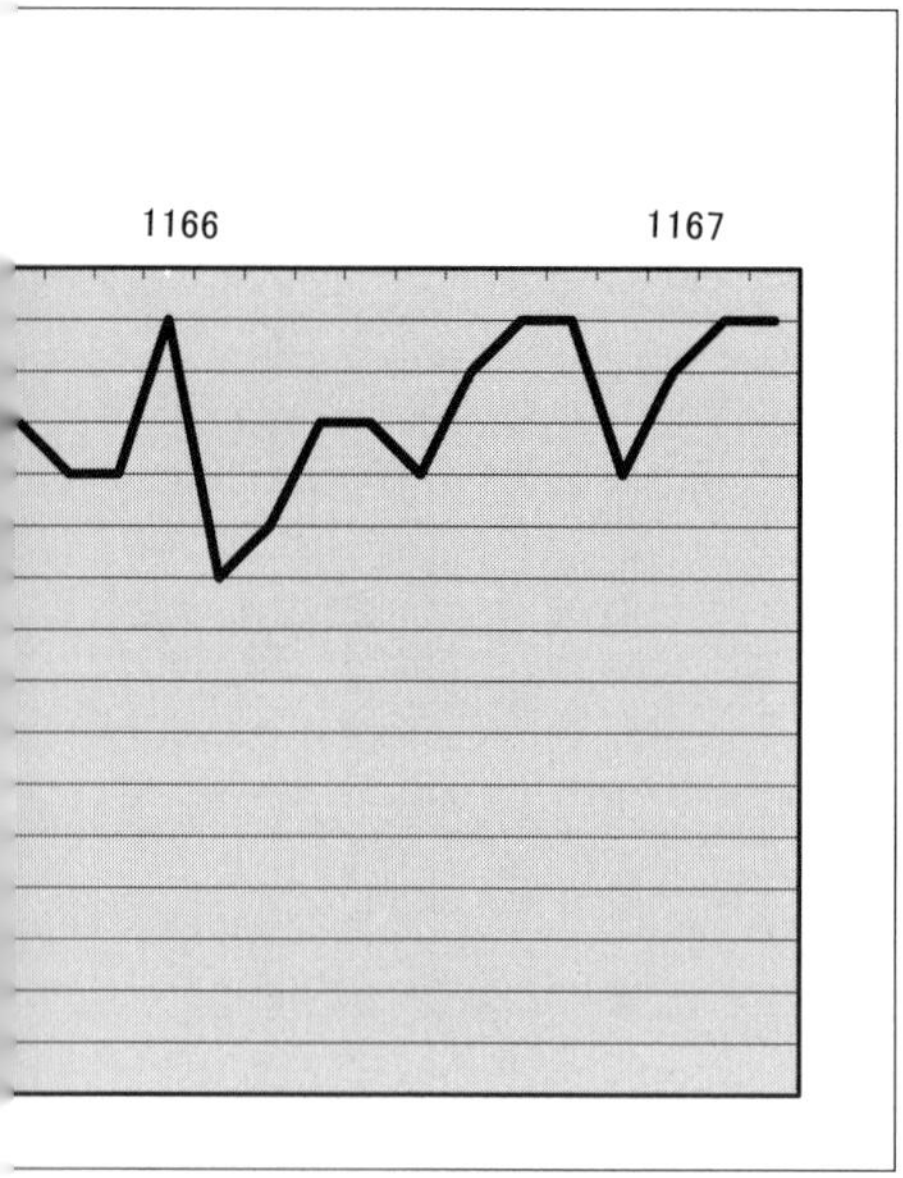

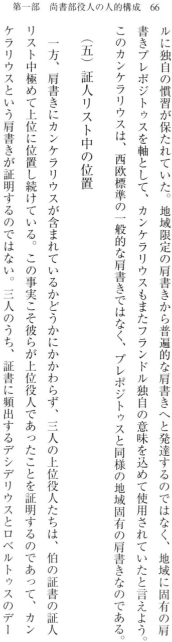

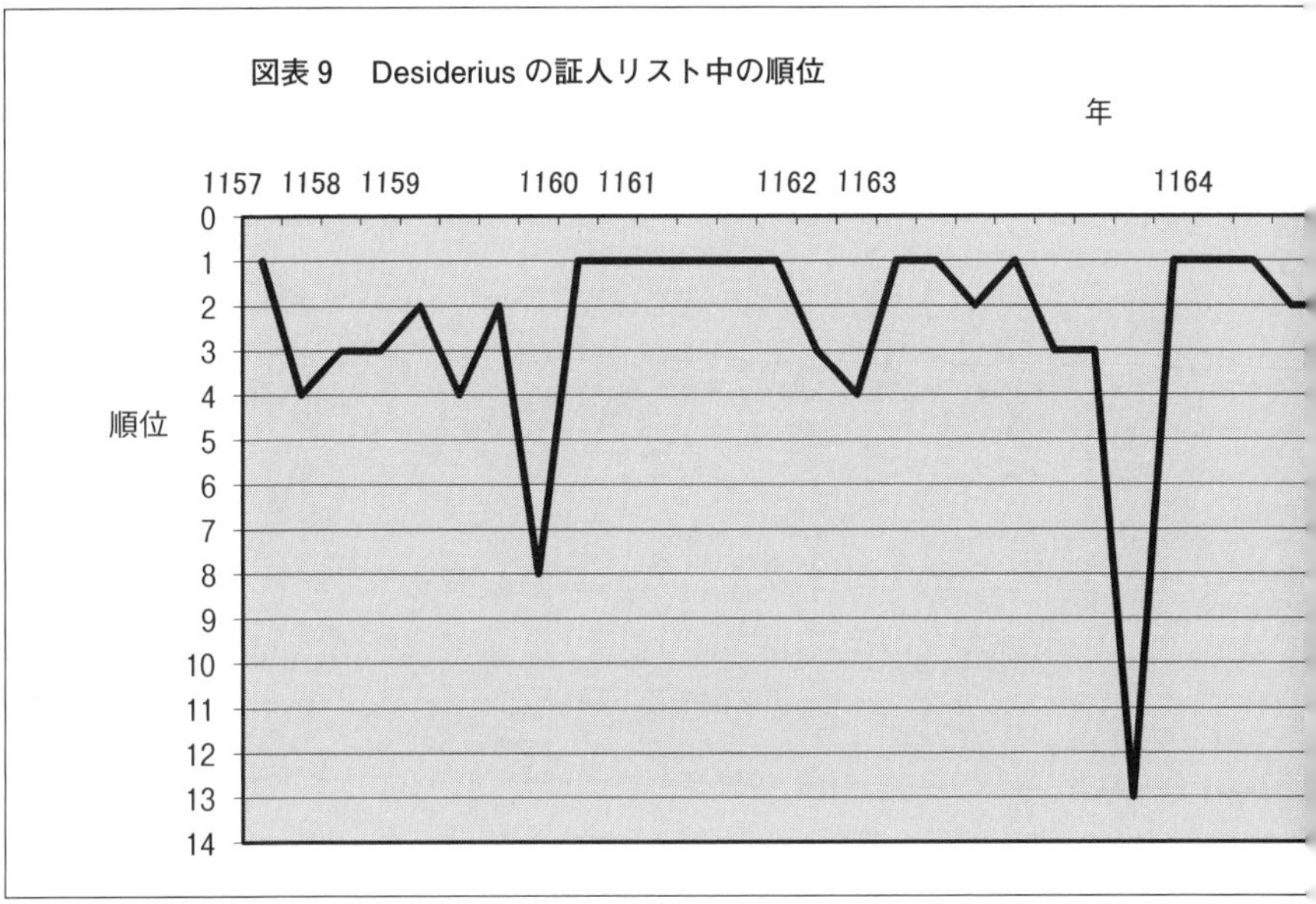
図表 9　Desiderius の証人リスト中の順位
年
1157 1158 1159 1160 1161 1162 1163 1164
順位
0
1
2
3
4
5
6
7
8
9
10
11
12
13
14

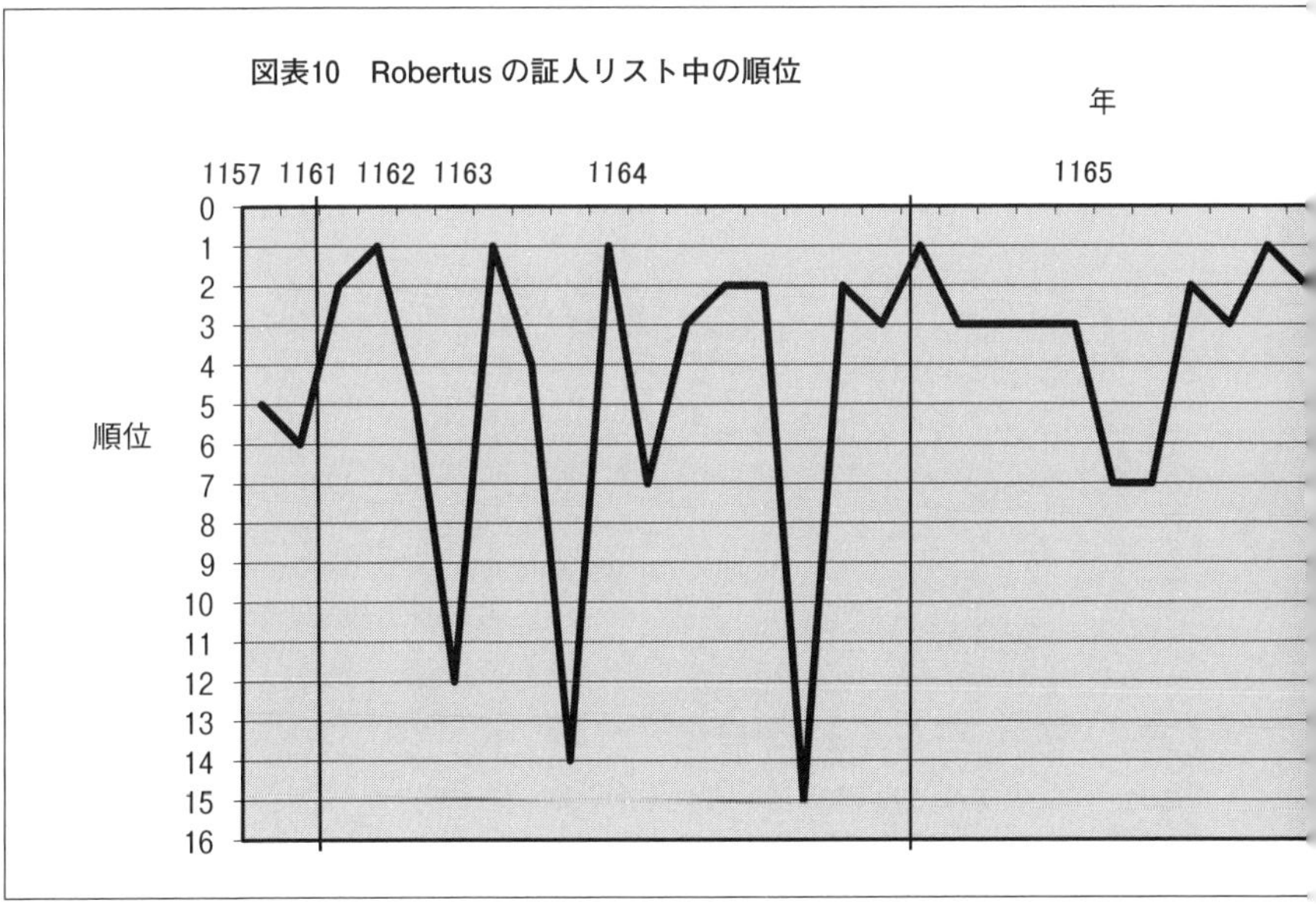
図表10　Robertus の証人リスト中の順位
年
1157 1161 1162 1163 1164 1165
順位
0
1
2
3
4
5
6
7
8
9
10
11
12
13
14
15
16

図表11　上位役人３人の証人リスト中の順位

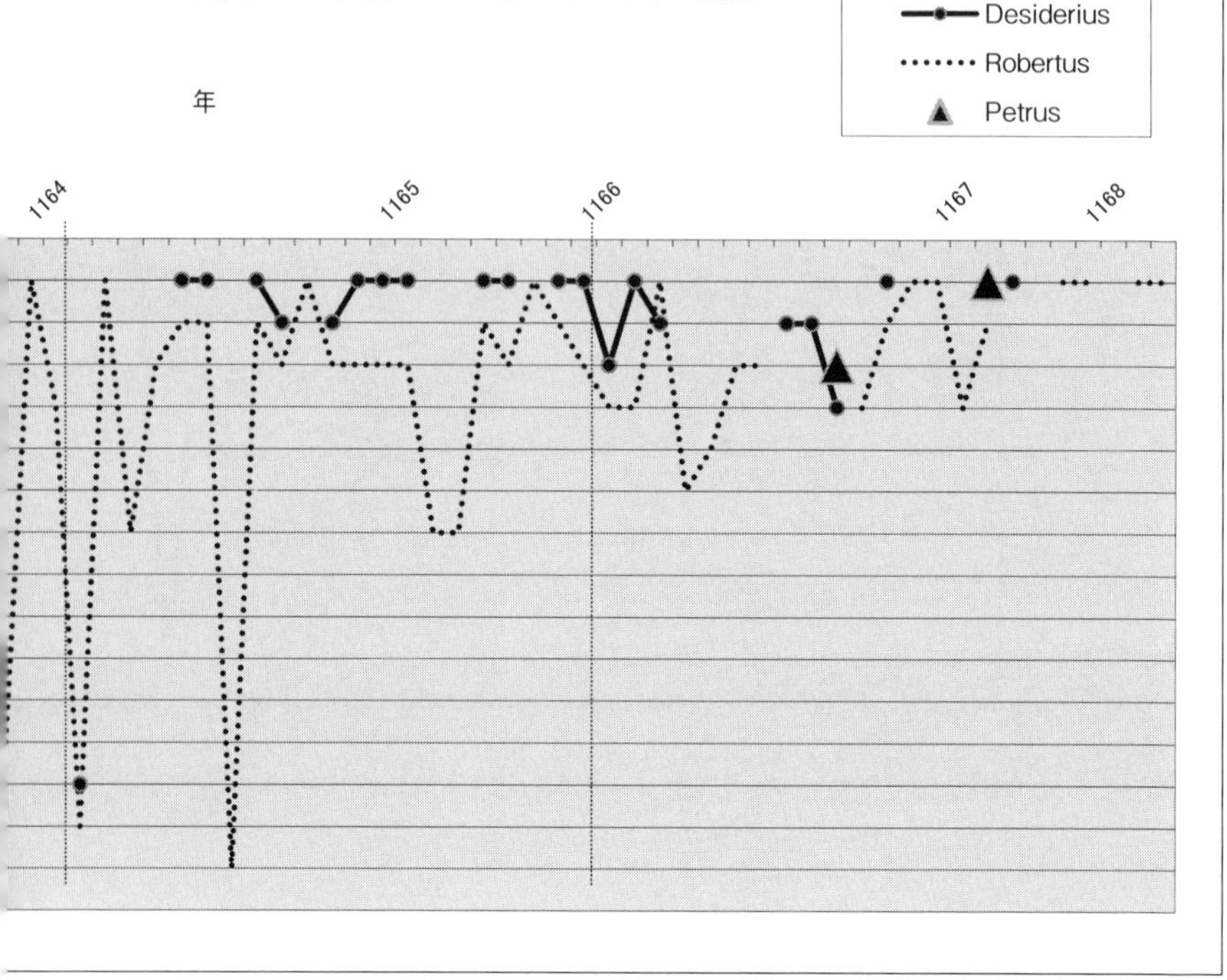

まず、デシデリウスは、上位役人となって以来一〇年の間、伯の証書の証人として上位に位置し続けている。**図表9**に示したように、彼は、二度の例外を除いて、常に一位から四位までの上位の証人となっている。さらに、彼が筆頭の証人となっている例が全事例の約五二%を占め、四位までの証人となっている例が約九六%を占めている。このように、たしかに、彼は、伯の尚書部を含む宮廷における最有力者の一人であった(8)。

次に、ロベルトゥスの順位を見てみよう。すると、一一五七年以降の一〇年間を通して、約七六%の事例において、ロベルトゥスが証人として一位から四位までの上位を占めていることがわかる(9)。また、**図表10**からは、彼が、一一六一年と六四年と二つの画期をへて次第に順位

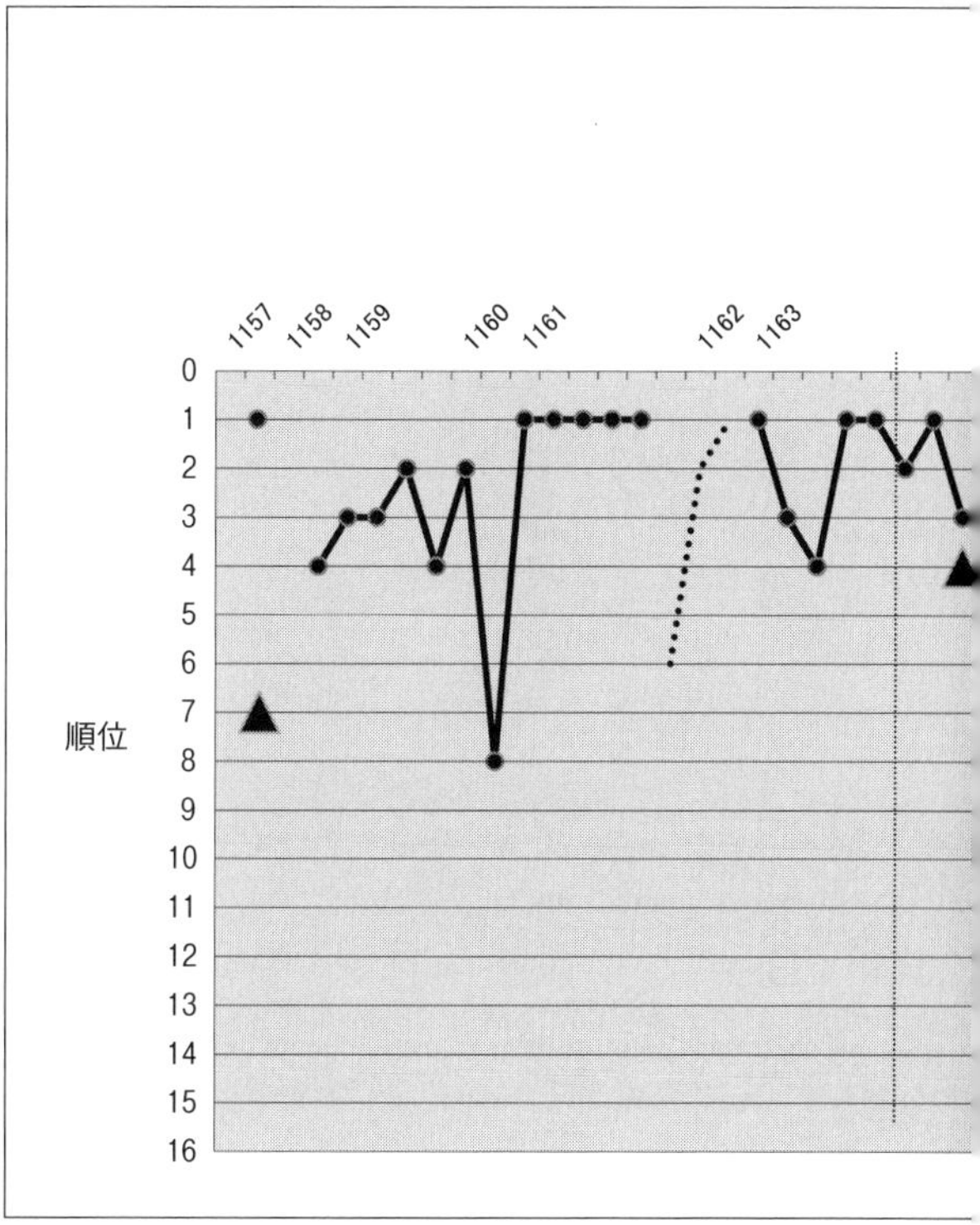

を上げていったことがわかる。したがって、ロベルトゥスもまた、伯の宮廷において徐々に地位を上昇させながらデシデリウスと同様の最有力者の一人となっていったのである。

さらに、史料に数回しか確認できないペトルスのデータを加えて、三人の順位の変遷をまとめてみると図表11のようになる。

(六) トロイカ体制の実態

この図表を一見すると、主たる上位役人はデシデリウスとロベルトゥスで、ペトルスは上位役人として振舞う機会はほとんどなかったようである。通説でも、ペトルスの存在理由は、上位役人の地位を伯家が掌握することであって、その役割は名目上のものにすぎなかったとされる。通説の描く図式によれば、テオデリクス伯が実際に最も信頼していたのはデシデリウスで、彼に対抗して新伯フィリプスはロベルトゥスを登用していった。次第に前者が後者に凌駕されていき、一〇年間でトロイカ体制は終わることになる。

ペトルスとデシデリウス

しかし、ペトルスとデシデリウスの関係に着目してみると、この図式が妥当ではないことが明らかになる。そもそも、トロイカ体制の発端は、一一五七年にデシデリウスがペトルスと重なるようにして上位役人となったことにある。その経緯は、ヘンプティンヌらによって次のように説明されている。二人が上位役人として初めて確認される一一五七年四月は、テオデリクス伯が東方へ向けて伯領を出発する直前の時期であった。出発準備の一環として、すでにペトルスが上位役人となっていたにもかかわらず、デシデリウスも彼とほぼ同様の肩書きを与えられることになった。というのも、ペトルスが若干一二歳と若かったため、テオデリクス伯は、彼に代わって実際に尚書部を統轄する役割をデシデリウスに託したのであった。その上結局ペトルスも東方に向かう父親に同行することになったので、尚書部の統轄はデシデリウスに一任されることになった。以上が、ペトルスは、名目上の上位役人にすぎなかったとされる所以である(10)。

実際ペトルスは、一一五七年に上位役人となった後、六年もの間現存史料に確認されなくなってしまう。従来の研究では、この事実を根拠に、彼は、この間父とともに三年にわたり東方に向かい伯領を離れていたと考えられている。

たしかに彼は、就任直後一度はブルッヘのプレポジトゥスと名乗っているので、その後フランドルに留まっていたとすれば、伯の公文書である証書に姿を現す方が自然である。なぜなら、息子をブルッヘのプレポジトゥスに任じたテオデリクス伯の狙いは、公の場で伯の家系に属する者を上位役人として振舞わせることであったはずだからである。ゆえに、ヘンプティンヌらの推定通り、ペトルスはこの間伯領を離れていたと考えてよい。

しかし、だからといって、最後まで彼が名前だけの上位役人にすぎなかったとは考えられないのである。というのも、東方からの帰国後一一六〇年代になると、彼は、少しずつ上位役人として振舞い始めているからである。その証拠は、彼がブルッへのプレポジトゥスとして証人となっている三通の伯の証書である。これら三通の場合、伯の息子の彼が上位役人として証人となるべき特別の理由が存在した。

はじめに、三通のうち一一六三年の通し番号三五三の場合、その理由は明白である。この証書は、ブルッへの聖ドナティアヌス教会とある教区教会との間の様々な取り決めを確証するもので、ブルッへで発給されている。ペトルスは、案件の当事者である同教会を代表して、証人としてだけでなく発給者としてもブルッへのプレポジトゥスと名乗っている(11)。残る二通は、一一六六年に発給された通し番号三九八と、翌六七年の通し番号四〇七の証書である。ペトルスが証人となっているこれらの証書では、伯自身および伯の家系に属する者が案件の当事者となっている(12)。

このように、三通の証書でペトルスが証人となっているのは、聖ドナティアヌス教会もしくは伯の家系が案件の当事者であったからだと考えられる。よって、一一六〇年代に入ると、少なくとも同教会や伯家との関わりの深い案件を扱う証書の場合には、彼が上位役人として証人となる機会が増えつつあったのである。

この現象は、ペトルスの成長を考えるならば、極自然なことであった。就任時には一〇代前半であったペトルスも、一一六〇年代半ばには二〇歳前後に達している。そうなれば、東方より帰国した彼が、一一六〇年代初頭に少しずつ公の場で上位役人として振舞い始めていたとしても、決して不思議ではない。一一六〇年代後半になってようやく、父テオデリクス伯の思惑通り伯家の一員が上位役人を務めるという役割を、ペトルスは確実に果し始めていたのである。

とするならば、同時に、デシデリウスの上位役人としての役割も終わりに近づくことになる。なぜなら、デシデリウスがテオデリクス伯に必要とされたのは、ペトルスが若年および東方への出立のため上位役人としての役割を果せなかったためだったからである。実際、**図表11**に明らかなように、一一六〇年代にペトルスが証書に姿を現す度に、それと機を一にして、デシデリウスは証書から姿を消し始める(13)。したがって、デシデリウスが上位役人としての役割を終える理由は、やはりペトルスの成長および帰国であったと考えられる。

よって、その理由を新伯フィリプスと寵臣ロベルトゥスによる追放であったとする通説は、その妥当性を失う。それだけでなく、尚書部の実権を握るため二人が追放したのは、デシデリウスではなくむしろペトルスであったと考えられるのである。

ペトルスとロベルトゥス

というのも、テオデリクス伯の構想では、新伯として即位した兄フィリプスの下で尚書部の上位役人を務めるべきは弟のペトルスであったからである。この構想に反して、新伯フィリプスは、自ら選んだロベルトゥスを三人目の上位役人として積極的に登用していった。その軌跡は、**図表11**に明らかである。したがって、一一六〇年代後半に二人の野望の前に立ち塞がっていたのは、代役デシデリウスを必要としなくなっていたペトルスであった。

最終的に、ペトルスは、ほどなく尚書部を離れることになる。一一六七年、彼は、カンブレ司教となるべく兄のフィリプス伯によって尚書部の外へ送り出されるのである。従来の研究では、彼のカンブレ司教就任については、同司教職は伯の家系にとって上位役人よりはるかに重要な役職であったためにとられた措置であると説明されてきた。たしかに、序論で見たように、カンブレ司教職は歴代の伯が皇帝と争って手に入れようとしてきたポストなので、この説明は間違いではない。ただし、先述のようにフィリプスとロベルトゥスにとってペトルスが目障りな存在であったとすれば、彼の司教就任は尚書部からの追放をも兼ねていたと考えられる。この人事は、新伯とその寵臣にとって一石二鳥の好機であったのであろう。

ロベルトゥスの台頭

ここにいたって、テオデリクス伯の当初の構想は破綻せざるを得ない。その最大の要因は、彼の構想にはなかったロベルトゥスの予想以上の台頭であった。**図表11**からわかるように、ロベルトゥスが最有力の上位役人となるのは、一一六三年から六四年にかけてのことである。彼は、この時期、首席書記を意味するスムス・ノタリウス（summus notarius）と名乗り、また新たな政策の実施に際しても大きな役割を果している。

まず、伯の周辺で企画された地域開発計画が実施される現場において、彼は中心的な役割を果している。一一六三年、伯は、新港を建設するための土地として、サン・トメールのサン・ベルタン（Saint Bertin）修道院から砂丘地を強引に奪った。その際、ロベルトゥスは、親族の騎士を使ってその強奪を成功させたという。同時に、新港の南方における沼沢地帯の干拓事業も進められた。ロベルトゥスは、この干拓事業の指揮をとり、干拓された地域の中心に新たに村落を建設したとも伝えられている(14)。

さらに、同じ一一六三年に着手された「大特許状」の発給においても、ロベルトゥスは重要な役割を果した。これは、「大特許状」と呼ばれる刑罰規定の発給を通じて都市に対する統制を強化しようとする政策であったとみなされている。フィリプス伯のブレーンとしてこの政策の立案と実行に際し中心的な役割を果したのも、彼であったと推定されているのである(15)。

ところが、山田雅彦氏によれば、その後の研究では、新港建設は、伯の主導する「経済政策」というよりも、都市を核とする地域社会のエネルギーに伯がつき動かされた結果であったとみなされるようになっている(16)。したがって、ロベルトゥスの役割も、むしろ地域社会の要請を巧みにくみあげて伯の施策として結実させることであったと考えられよう。とするならば、同時期の「大特許状」の場合も、彼は、伯のブレーンというだけでなく伯と都市の間の仲介役としての役割を果していた可能性が高い(17)。

このように、ロベルトゥスは、一一六〇年代前半に、伯の宮廷と地域社会とのパイプ役として伯の施策の成功に不可欠の役割を果した。その結果、特に新伯フィリプスの右腕として、彼は最有力の上位役人の地位を手に入れることになったのである。

この予想外の状況を受けて、テオデリクス伯は、一一六四年から再びペトルスを伴って東方へ向かう際、留守を任せるデシデリウスに、フィリプスとロベルトゥスのお目付け役をも期待することになった。その結果生じた変化が、**図表11**に確認できる。一一六三年以降ロベルトゥスの台頭の陰にかくれていたかのように見えるデシデリウスが、一一六四年から翌年にかけて再び上位役人として存在感を増している。その間、デシデリウスは、常にロベルトゥスよりも上位の証人となっており、上位役人として最も有力な地位を取り戻している。

しかし、この間、ロベルトゥスも、フィリプスの傍らで上位役人として着実に力を蓄えつつあった。彼の成長には、イングランド王ヘンリ二世のカンケラリウスであったカンタベリ大司教トマス・ベケットとの交流も、大きな影響を与えたと考えられている。トマスは、同王との対立が深刻になると、一一六四年大陸へ逃亡せざるを得なくなった。フィリプス伯とロベルトゥスは、彼の逃亡を助け、後にトマスから感謝の意を表されている。その後も、同伯は、トマスとヘンリ二世との和解をとりもとうと努めるなど、トマスを支援し続けた。その過程で、おそらく、伯とロベルトゥスは、トマスから、世俗君主の尚書部について、そしてカンケラリウスの役割について、何らかの示唆を受けたのではないかと推定されている(18)。

そして最終的に、フィリプス伯とロベルトゥスは、再び父とともに東方に向かっていたペトルスが帰国後の一一六七年に実質的に上位役人として振舞い始めた途端に、彼を尚書部から排除することに成功したのである。

以上のように、トロイカ体制の実態についても、通説は修正される必要がある。新伯フィリプスとロベルトゥスが対抗しなければならなかったのは、テオデリクス伯とデシデリウスではなかった。デシデリウスがいずれ尚書部を去ることは、テオデリクス伯の構想に織り込み済みであった。伯の構想の実現を阻んだのはたしかにフィリプスとロベルトゥスであったが、最終的に二人が対抗する必要があったのは、臨時の上位役人デシデリウスではなくようやく成長しつつあった公式の、伯家の血をひく上位役人ペトルスであったのである。

第一章まとめ

本章冒頭で述べたように、通説によれば、上位役人の肩書きが「フランドルのカンケラリウス」に統一されていくにつれ、そのリーダーシップが確立し尚書部全体も発達していくのであった。しかし、ここまで見てきたように、このような一直線の発達のプロセスは、実際には存在しなかった。歴代の上位役人は、それぞれ異なる政治状況に直面しつつ、そのなかで自らと伯領が生きのびるための方策を何とか見出していった。そのような試みが少しずつ集積した結果、尚書部全体の発達も可能となったはずである。

第二章　中間層の実態

第一節　中間役人の誕生

序論で述べたように、従来の研究では、尚書部の人的構成は、上位役人と彼に従う下位役人からなる二層のピラミッド型として把握されている。そこでは、唯一ブルッへの聖ドナティアヌス教会のデカヌス（副参事会長）が、上位役人の補佐役として位置づけられるにすぎない。しかし、伯の証書をはじめとする現存史料を再調査すると、尚書部には、中間役人と呼び得る役人たちが存在していたことが明らかになる。

その存在が初めて確認されるのは、エランバルド家のベルトゥルフスが上位役人であった時期の後半つまり一一〇年代から二〇年代までの時期である。この時期には、ブルッへのデカヌス以外に、上位役人と一般の役人の中間に位置する役人が三人存在する。彼らを共通して中間役人と位置づけ得る根拠として、まず次の二点があげられる。

証人リスト中の順位

第一に、伯の証書の証人としての順位である。はじめに、一人目の中間役人とみなし得る、フールネのプレポジトゥスのフロモルドゥス・セニオルの順位を見てみよう。多くの事例で、彼は上位役人ベルトゥルフスの直後に位置している(1)。これと同様の傾向が、他の二人の中間役人にも認められるのである。

では、二人目の中間役人サン・トメールのプレポジトゥスのオゲルス（Ogerus）の順位を見てみよう。彼が、同プレポジトゥスとして確認できる二一通の証書のうち九通において、他のプレポジトゥスとならんで記されていることがわかる(2)。プレポジトゥスたち相互の順位を検討すると、常に彼より上位に位置しているのは、上位役人のブルッへのプレポジトゥスだけである。したがって、サン・トメールのオゲルスもまた、一人目のフロモルドゥスと同様に、上位役人に次ぐ有力な尚書部役人であったと言えよう(3)。さらに、三人目の中間役人ドロンヘン（Drongen）のプレポジトゥスのオゲルスも、確認される回数は少ないものの、上位役人や他の中間役人に次いで上位に位置する尚書部役人たちの一人であった(4)。

肩書き

すでに明らかなように、三人は、ともにプレポジトゥスという共通の肩書きを名乗っている。この点が、三人を一括して中間役人とみなし得る第二の根拠となる。いずれの場合も、プレポジトゥスとは、上位役人と同じく律修参事会教会の参事会長を意味している。律修参事会教会は、修道院改革の影響を受けて生まれた新しい形式の教会で、フランドル伯領では一一世紀後半に広まったものであった。ここで、三人の肩書きの変遷を確認しておこう。

まず、**図表12**（79頁）に示したように、一人目のフロモルドゥスは、一一一〇年までは、肩書きから尚書部の下位役人であったと考えられる。彼の名乗るカノニクスやノタリウスなどの肩書きは、いずれも一般の下位役人を表している。一一一一年以降になると、彼の肩書きは、ほとんどの場合フールネのプレポジトゥスつまりフールネの聖ワルブルギス（Walburgis）律修参事会教会の参事会長を指す肩書きとなる。

次に、図表13に示したように、二人目のオゲルスの肩書きは非常に特徴的である。すなわち、彼の肩書きは、約三〇年の間サン・トメールのプレポジトゥスつまりサン・トメールの聖マリア律修参事会教会の参事会長でほぼ一定しているのである。ヘンプティンヌによると、彼は、当初はおそらくノタリウスかクレリクスとして伯に仕えており、その後、伯への奉仕の報奨として同プレポジトゥスに任じられたと推定される(5)。

最後に、三人目の中間役人オゲルスの肩書きを確認しよう。図表14に示したように、彼の場合も、初めて史料に現れる一一一五年には、下位役人の肩書きであるクレリクスを名乗っている。その後二回目以降の肩書きは、いずれもドロンヘンのプレポジトゥスつまりドロンヘンの聖マリア律修参事会教会の参事会長となっている。

移動する中間役人

このように、三人の中間役人たちは、初めは下位役人の肩書きを名乗っていたが、最終的には伯領各地の律修参事会教会の参事会長職を手に入れ、尚書部内で上位役人に次ぐ地位を占めるようになっている。このような事態は、彼らがプレポジトゥスとして任地に定住していてはあり得ない。なぜなら、伯の宮廷が伯領内を移動している限り、彼らもその構成員として巡回していなければ、中央役人として上位役人に次ぐ立場に位置し得ないからである。

実際、フールネのフロモルドゥスについては、プレポジトゥスとなった後も尚書部役人としての役割を果していたと考えられている。その根拠のひとつは、彼が、時にノタリウスのような以前と同様の肩書きを名乗ることがあったという事実である。加えて、彼が証人となった伯の証書の発給地は、伯領の主要諸都市に及んでおりフールネに限定されていない(6)。またサン・トメールのオゲルスについても、プレポジトゥスとなった後も頻繁に伯の証書の証人となっているので、以前と同様に領内を常に移動する伯に随行していたと判断されている。フロモルドゥスと同じく、彼が証人となっている証書の発給地も、サン・トメールだけに集中してはいない(7)。最後に、

図表12　Fromoldus Senior の肩書きの変化

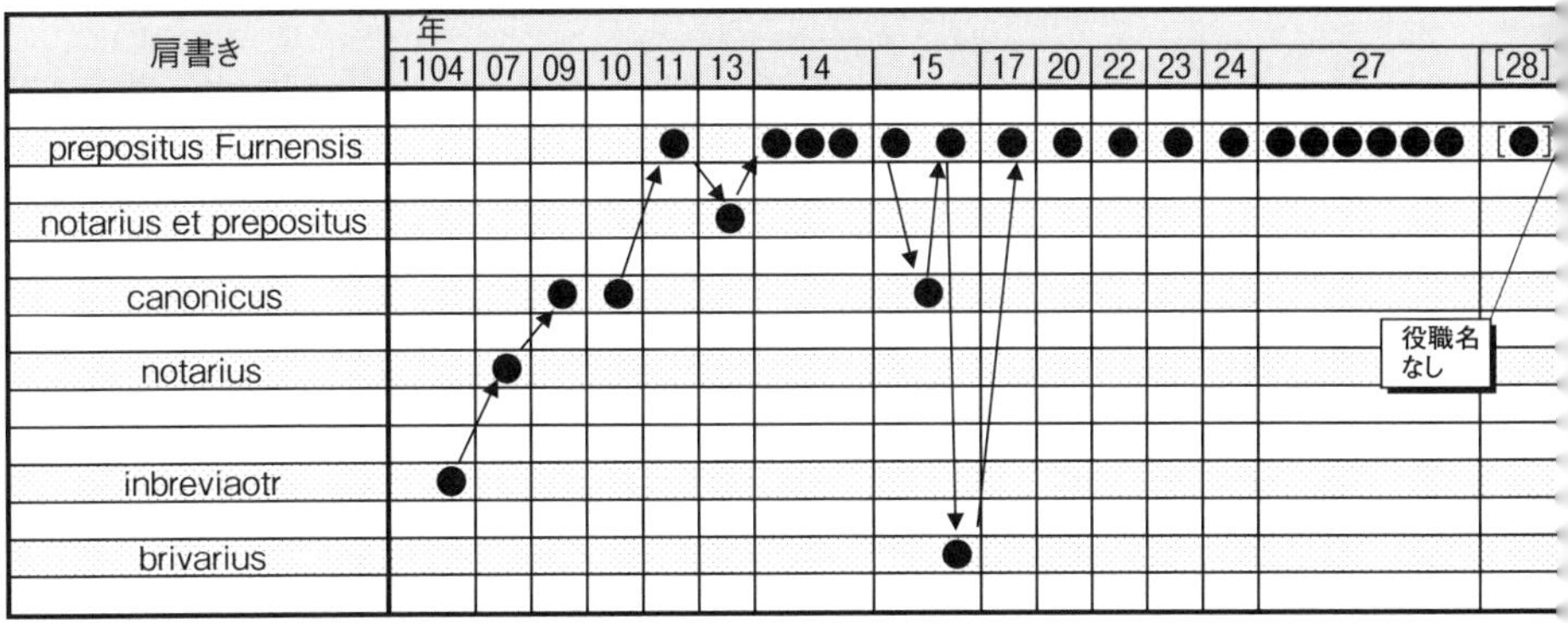

図表13　Ogerus の肩書きの変化

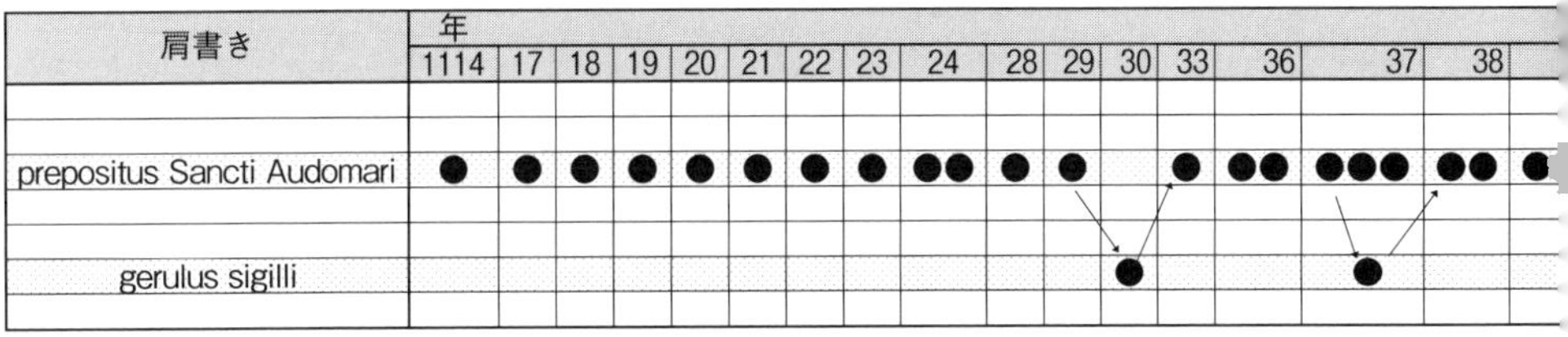

図表14　Ogerus の肩書きの変化

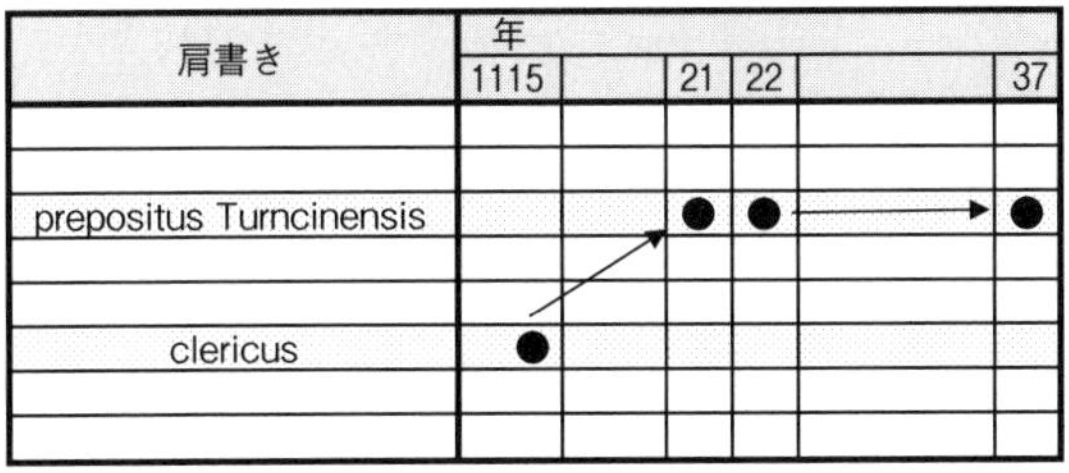

ドロンヘンのオゲルスの場合も、情報は少ないが、おそらく二人と同じく任地に定住していなかったと推定される。彼が証人となっている伯の証書四通のうち発給地が明記されているのは二通だが、いずれもドロンヘンではない(8)。

その他の情報

以上のように、三人は、上位役人に続く中間役人として、彼と同じく伯とともに伯領内を巡行していたのである。このような中間役人としての地位を示唆する情報は、すでに指摘した以外にも見出される。各人について、そのような情報を確認していこう。

はじめに、フロモルドゥス・セニオルに関して、ガルベルトゥスの日記に次のような記述がある。まず、フロモルドゥスは、上位役人に暗殺されたカロルス伯の埋葬の際に段取りを取り仕切るなど中心的な役割を果していた⑼。さらに、第二部で見るように、伯暗殺の直後上位役人に要請して財務記録を聖ドナティアヌス教会から避難させた尚書部役人がいたのだが、実はそれがフロモルドゥス・セニオルであった⑽。彼は、財務記録の重要性を深く理解し上位役人に直接働きかけているのである。よって、彼は、平素より財務に携わり、上位役人に次いで重要な役割を担っていたと推定される⑾。

加えて、カロルス伯の聖人伝で、フロモルドゥスは、伯の暗殺後に生じた騒動の目撃者として、聖ドナティアヌス教会のデカヌスと二人で名前をあげられている。このことからも、彼は、上位役人直属のデカヌスとほぼ同列に位置し、上位役人に次ぐ有力な立場にあったと考えられる⑿。

次に、サン・トメールのオゲルスに関しては、伯の証書にさらなる情報が見出される。まず、彼は、一一三〇年に一度だけだが、ゲルルス・シギリ（印章保管係）と名乗っている。また、一一三七年には、サン・トメールのプレポジトゥスとして、実際彼が証書への印章の添付を行った事例も存在する⒀。したがって、オゲルスは、一一三〇年代になると、印章の管理と添付にも携わるようになり、この重要な役割を果すことによって尚書部における地位を上昇させたのではないかと推測される。

最後に、ドロンヘンのオゲルスについては、彼の家系に関する情報が示唆的である。ヘンプティンヌらによれば、彼は、同プレポジトゥス職を父親から事実上世襲した。彼の父は、教会の参事会の反対にもかかわらず、伯に助けられて同プレポジトゥスとなった人物であった。また、彼の兄弟も、エールの聖ペトルス律修参事会教会のプレポジトゥスとなったと推測されている。よって、彼は、伯の寵愛を受けた有力な聖職者家系を率いる立場にあったと考えられるのである(14)。そのような立場にあったことが、尚書部役人としての彼の地位を押し上げることになったのではないか。加えて、この仮説の傍証として、次節で見るように、彼の息子も彼以上に有力な尚書部役人となることになる。

三人の中間役人と律修参事会教会

以上のように、伯の尚書部には、上位役人のブルッヘのプレポジトゥスに次いで有力な三人のプレポジトゥスの存在が確認される。第一章の分析結果だけを考えると、ベルトゥルフスが上位役人であった時期の尚書部では、他の役人たちに対し彼一人が飛び抜けて優位に立っていたような印象をもってしまう。しかし、**図表15**（次頁）に明らかなように、彼の任期の後半一一一〇年代になると、上位役人と下位役人たちの中間に位置づけられる役人たちが現れてきていたのである。

しかも、そのような役人たちは三人ともプレポジトゥスと名乗っていた。プレポジトゥスと呼ばれる参事会長が率いる律修参事会教会については、フランドルには一一世紀後半に次のような独特の方法で導入されたと考える研究者も存在し、かつてはその見解が通説となっていた。すなわち、フランドルでは、伯が、伯領各地の主要都市に律修参事会教会を配置し、伯領全体を統治する際の拠点として利用しようとしていたと考えられていたのである(15)。

図表15　上位役人と中間役人の任期

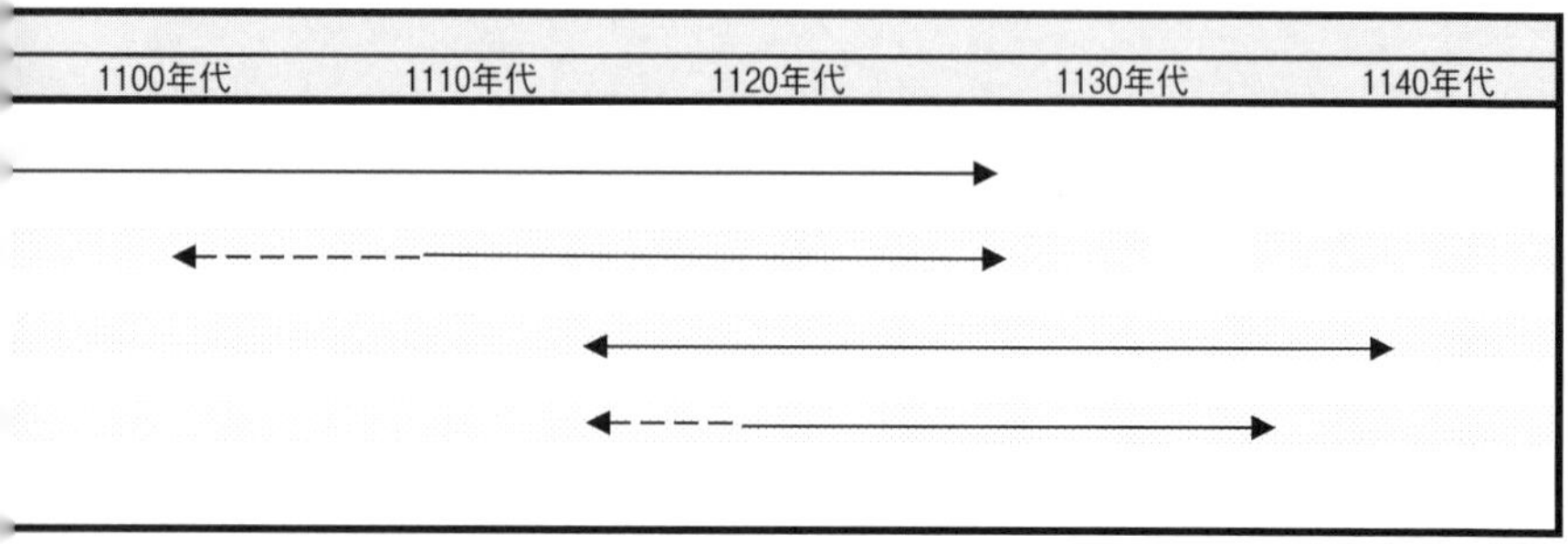

しかし、ドーント（Dhondt, J.）の唱えたこの説に対しては、すでに次のような批判が加えられている。各地の律修参事会教会が専ら伯領統治の拠点として伯主導の下設立されたと、一概には言い切れないという主旨の批判である。この批判と本節の分析結果を考え合わせるならば、律修参事会教会について次のように新たな位置づけを想定することができよう。すなわち、フランドルにおける律修参事会教会は、かつて言われたような領域統治の拠点としてではなく、むしろ尚書部の中間層を占める有力かつ有能な聖職者が配されるべき教会として伯の統治を支えていたのである。

図表15からわかるように、三人のプレポジトゥスたちは、エランバルド家が一一二七年に滅んだ後も中間役人の立場を維持していくことになる。中間役人が出現した一一一〇年代以降、尚書部の人的構成は、上位役人のブルッヘのプレポジトゥスの下に、ブルッヘのデカヌスだけが位置するのでなく、ブルッヘ以外のプレポジトゥスたちが中間役人として続くかたちをとるようになった。その他の下位役人たちを含めると、尚書部全体としては明確に三層構造をとるようになったのである[16]。

第二節　中間役人の変質

肩書き	年 1090年代
prepositus Brugensis	←
prepositus Furnensis	
prepositus Sancti Audomari	
prepositus Turncinensis	

一一一〇年代に誕生した中間役人は、三人とも伯領各地の律修参事会教会を率いるプレポジトゥスたちであった。ところが、このような特質は、一一二七年から翌年にかけての混乱期の前後から少しずつ変化し始める。その結果、新しいタイプの中間役人が三人生まれることになった。

証人リスト中の順位

新しい中間役人たちも、尚書部内で上位役人に次ぐ地位を占めていたという点では、第一世代と同様である。この点は、やはり伯の証書の証人リストから確かめられる。

まず、フロモルドゥス・ユニオル（Fromoldus Junior）という役人が、一一二八年から四一年まで、証人リストにおいてプレポジトゥスやデカヌスに次ぐ位置を占め続けている(1)。名前の示す通り、彼は、第一世代の中間役人フロモルドゥス・セニオルの甥であった。**図表16**（次頁）に示したように、彼は、おじと入れ替わるようにして中間役人の地位についたのである。

さらに、一一四〇年代初めにフロモルドゥスが証人リストに確認できなくなると、今度は彼に替わるようにして、証人として上位役人に最も近い位置を占めるようになる役人が現れてくる。それが、二人目の新しいタイプの中間役人ワルテルス（Walterus）である(2)。

彼が証人となっている一四通の証書のうち一二通において、上位役人のロゲルスが、彼より上位の証人としてともに確認される(3)。しかも、彼の経歴の後半、ほとんどの事例が、証書中に証人や作成者として確認される尚書部役人が上位役人ロゲルスと彼の二人だけ、ないし彼ら以外に一人だけという事例になる(4)。このことから、ワ

図表16　Fromoldus Senior と Fromoldus Junior の比較

	Fromoldus Senior	Fromoldus Junior
···		
1104	○	
1105		
1106		
1107	○	
1108		
1109	○	
1110	○	
1111	○	
1112		
1113	○	
1114	○○○	
1115	○○○○	
1116		
1117	○	
1118		
1119		
1120	○	
1121		
1122	○	
1123	○	
1124	○	
1125		
1126		
1127	○○○○○○	●●●●●●
1128	○	●
1129		
1130		●●
1131		
1132		●
1133		●●
1134		
1135		
1136		
1137		●
1138		
1139		●●●●
1140		
1141		●
···		

○●＝２人が現存史料（伯の証書とガルベルトゥスの「日記」）に確認される回数を表す

ルテルスは、上位役人に次ぐ位置を保持しながら、徐々に上位役人との関係をより緊密なものにしていったと推定される。

最後に、一一四二年以降、今度はオゲルスという人物が、上位役人の直後に続くような極めて有力な尚書部役人となる。とりわけ一一四五年以降に発給された七通の証書のうち四通では、彼は、証人リスト中唯一の尚書部役人であるか、または証人となっている尚書部役人が上位役人のロゲルスと自身の二人だけであるかのどちらかである。よって、一一四五年以降、オゲルスは、尚書部役人のなかでも飛び抜けて上位役人に近い位置を占めるようになったと考えられる(5)。

図表17　Fromoldus Junior の肩書きの変化

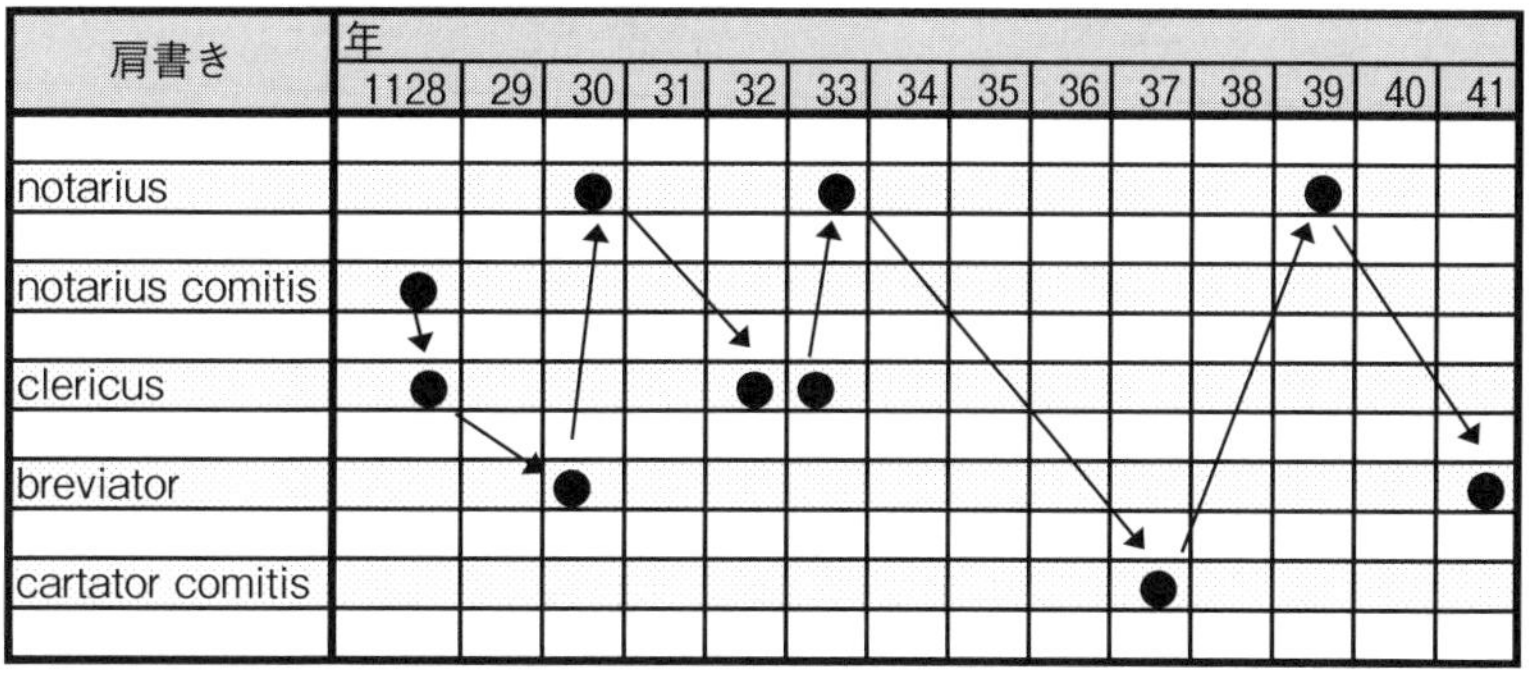

以上のように、三人は、上位役人に次ぐ地位を占めていたという点では、第一世代の中間役人と共通した特徴を備えている。その一方で、大きく変化したのは、彼らの肩書きである。第一世代の中間役人の肩書きは、いずれもプレポジトゥスであった。では、新世代の中間役人たちは、どのような肩書きを名乗っていたのだろうか。

肩書きの変化

まず、**図表17**に明らかなように、フロモルドゥス・ユニオルは、約一五年間を通して様々な肩書きを用いているが、プレポジトゥスとは一度も名乗っていない。彼の特徴は、ノタリウス、ブレヴィアトル、カルタトルといった「書記」を意味する肩書きを名乗る機会が多いことである。このような肩書きには、二つの特質がある。第一に、これらは、プレポジトゥスと異なり、より下位の役人たちも用いる一般的な肩書きなのである。第二に、それらは、プレポジトゥスやデカヌスのように本来は聖職者としての地位を表す肩書きではなく、尚書部役人に固有の肩書きである。

次に、二人目のワルテルスの肩書きを確認しよう。彼の場合、肩書きが三段階をへて変化していく。

まず、一一二七年から四九年までの二〇数年の間は、彼の肩書きは、下位役人を表すカノニクスとクレリクスである。この時期が終わる頃には、彼は、「ブルッへのプレポジトゥスの」クレリクスと名乗っているので、下位役人のなかでも上位役人と特別に近い関係にある抜きん出た存在になっていたと推測される(6)。

続いて、一一五〇年から五四年までは、ワルテルスは主にカペラーヌスと名乗っている。この時期に彼は一〇回史料に現れるが、そのうち六つの事例では、伯の証書に自分がその証書の作成に関与したことを明記している(7)。一一五〇年代初頭になると、ワルテルスは、専らカペラーヌスとして頻繁に伯の証書の作成に携わっていたのである。

最後に、第三の時期は、一一五四年から五七年までである。彼は、一一五四年に、フールネの聖ワルブルギス律修参事会教会のプレポジトゥスとなった。ヘンプティンヌたちは、同職が伯によって彼に与えられたのは、尚書部役人としての彼の功績に報いるためであったと考えている。ただし、彼らの見解では、この時期のワルテルスは、もはや尚書部役人とはみなされない(8)。

しかし、史料を見直してみると、彼は、フールネのプレポジトゥスとなってからも重要な尚書部役人であり続けたことが明らかになった。というのも、彼は、プレポジトゥスとなってからも上位役人のロゲルスと極めて近い関係にあったからである。むしろ、プレポジトゥスに任じられて以降、証人リストで上位役人の直後に位置する機会が増えており、二人の関係は、以前にもまして緊密になったと言える(9)。

このように、ワルテルスの場合、たしかにキャリアの最終段階では、第一世代と同様にプレポジトゥスと名乗るようになっている。とはいえ、それ以前には、フロモルドゥスと同じく、より下位の役人と変わらない肩書きを名乗りながら、実質的に中間役人としての地位を確立してきていた。その点において、彼もまた、第一世代とは大きく異なっているのである。

図表18　Ogerusの肩書きの変化

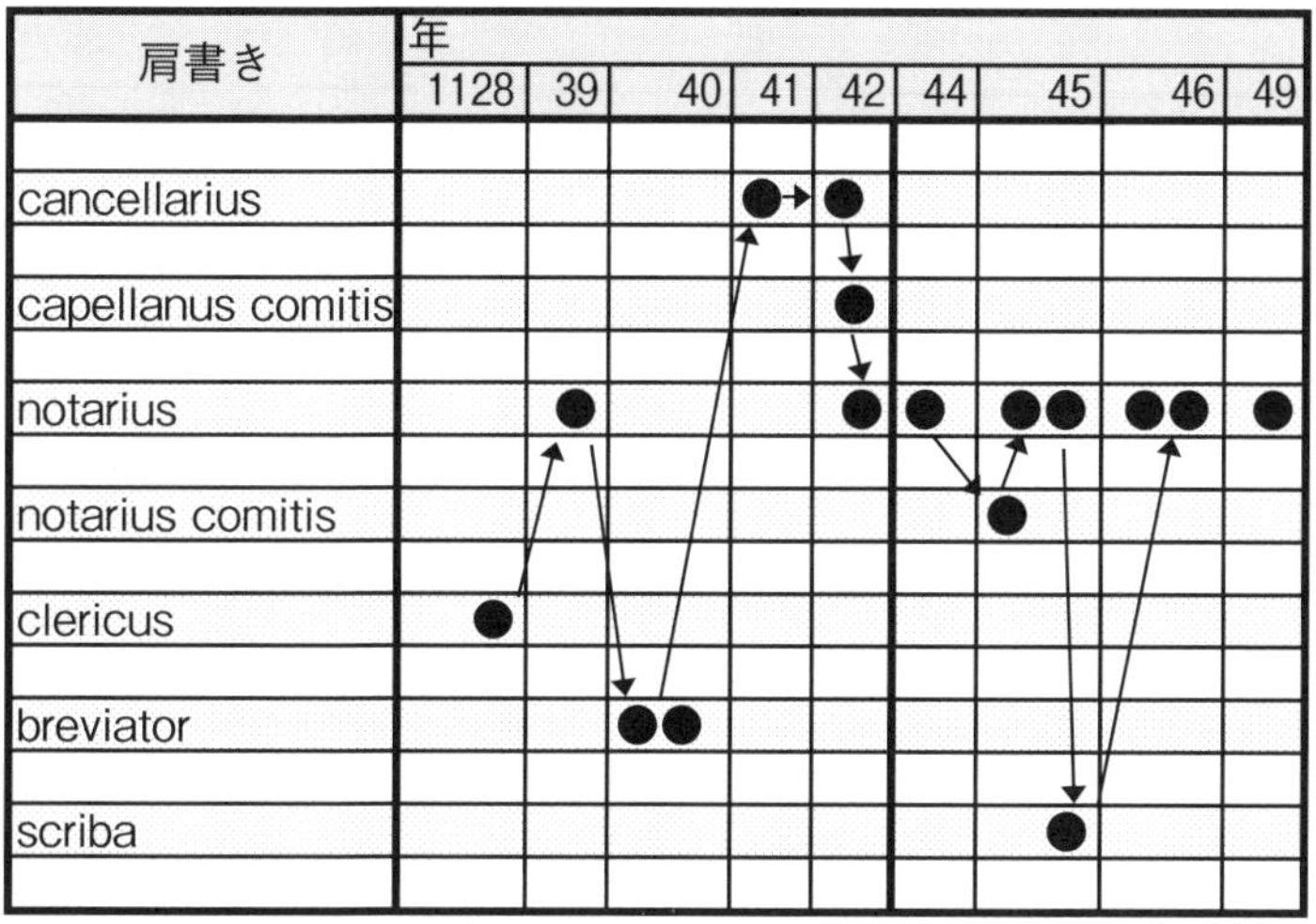

最後に、三人目のオゲルスについては、図表18からわかるように、彼の肩書きは一一四二年を境にはっきりと変化している。一一四二年以前には、彼の肩書きは、三九年以降約四年の間に、ノタリウスが二回、ブレヴィアトルが二回、カンケラリウスが二回、伯のカペラーヌスが一回と、次々と変わる。ところが、一一四二年以後になると、一回だけスクリバ（書記）という例外があるだけで、彼の肩書きは、約八年の間に、ノタリウスが七回、伯のノタリウスが一回とほぼ安定してくる[10]。

　このように、オゲルスも、先の二人と同じく、プレポジトゥスと名乗ることはなく、自分よりも下位の役人と同様の肩書きを名乗っている。最も特徴的なのは、時間の経過とともに、本来は聖職者の地位を表した肩書きが使われなくなり、最も尚書部役人らしい肩書きと言えるノタリウス（書記）が専ら用いられるようになっていく点である。

　以上のように、新たな中間役人三人の肩書きには明らかな共通点が存在する。いずれの場合も、主要な肩書きは、プレポジトゥスではなく、下位の役人と変わらぬ一般的なものであった。加えて、三人中二人には、尚書部に固有の肩書きが聖職者としての肩書きにとってかわっていく傾向も共通して認められる。このような肩書きに関する共通点は、第一世代とは大きく異なるものである。

移動する中間役人

もう一点新世代の共通点としてあげられるのは、三人の移動性である。彼らは、一定の場所に定住することなく、伯の移動宮廷に属している。これは、第一世代から変わらぬ中間役人の特徴である。

この点は、彼らが証人となっている伯の証書の関連情報を見れば明らかである。いずれの場合も、証書の発給地や受給者などの関連情報に、大部分の証書に決定的に共通する特性は認められない。三人は、特定の発給地や受給者に偏ることなく様々な証書で、すでに見たように上位役人に続く証人となっているのである。ゆえに、各人とも、伯領内を巡回する伯に随行していたと考えられる(11)。

以上により、第二世代の中間役人は、次のような特徴を備えていたと言える。まず、肩書きの点では、第一世代のプレポジトゥスから大きく変化し、主に「書記」を意味する一般的な肩書きが使われていた。彼らは、肩書きについては、より下位の役人たちと大差ない。しかし、第一世代と同じく、第二世代の中間役人たちも、宮廷および尚書部における地位という点では、一般の役人とは一線を画し、上位役人に続く地位を占める役人として、領内を巡行する伯に随行していたのである。

そのような中間役人としての地位は、次の二人については、さらなる個別情報によっても確かめられる。

まずフロモルドゥス・ユニオルについて、先述のように、彼は、第一世代の中間役人フロモルドゥス・セニオルの甥であった。ユニオルは、すでに一一二七年の時点で、おじを上回る政治的影響力を有する尚書部役人であったと考えられる。というのも、ガルベルトゥスの日記によれば、彼は、エランバルド家の姻戚であったが、同家と対立するカロルス伯に忠実であり続けたという。彼は、宮廷で伯に仕える者たちのなかで、最も伯と親密で特別に重

図表19　中間役人の変質

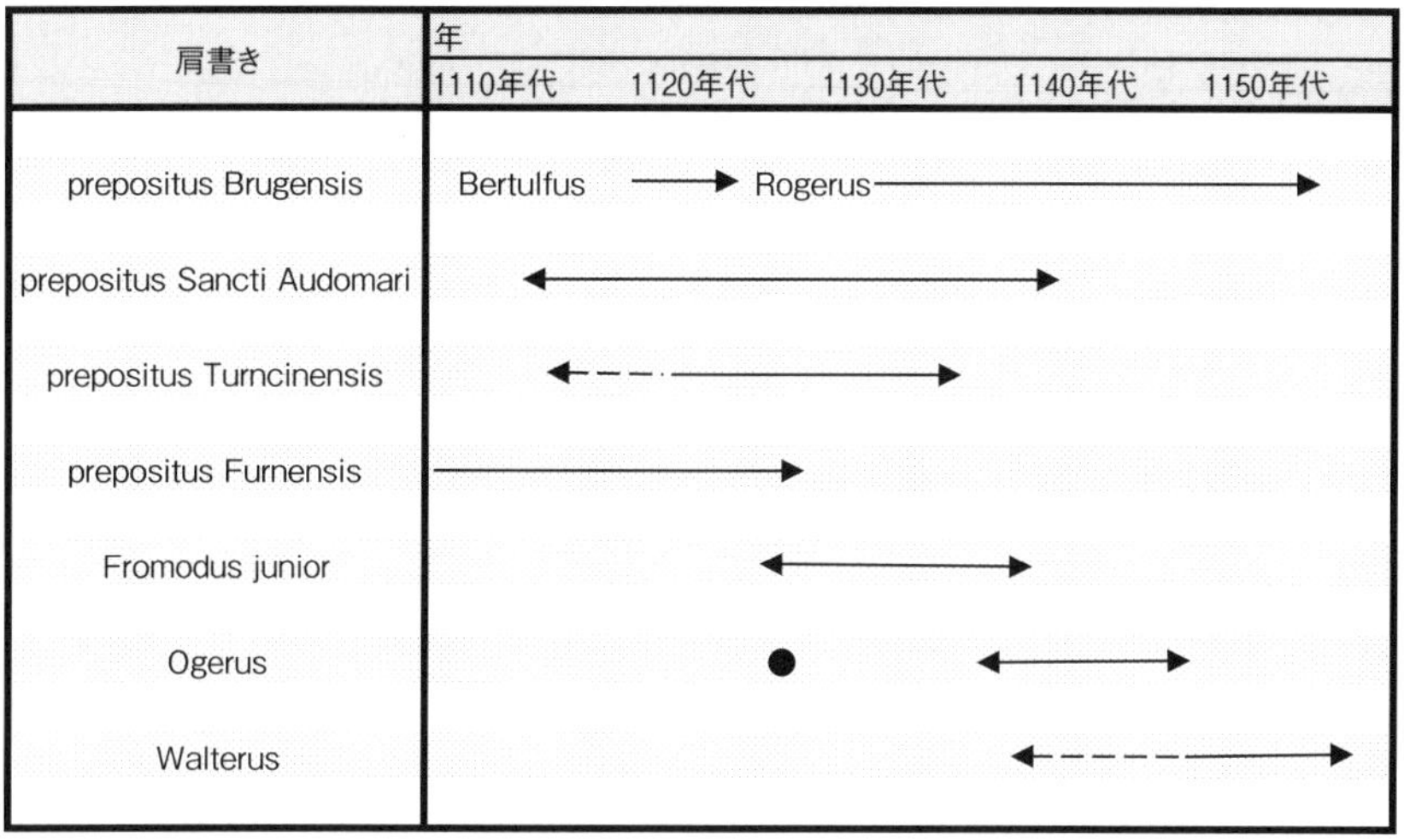

上段4つの肩書きは，1100年代以来の中間役人を表している
下段3つの役人名は新しいタイプの中間役人を表している

用されていたと伝えられている[12]。しかも、カロルス伯は、エランバルド家のベルトゥルフスに代えて、フロモルドゥス・ユニオルを上位役人に任じようとしていた[13][14]。

次に、オゲルスについて、彼の父親は、一一二〇年代から三〇年代にかけての第一世代の中間役人と位置づけられるドロンヘンのプレポジトゥスである。さらに、一一二七〜二八年に書かれたガルベルトゥスの日記において、彼自身も「伯の」クレリクスとして言及されている。よって、彼は、すでに混乱期直前の一一二〇年代後半には、中間役人の父親に従うかたちで、おそらく最有力の下位役人としての立場を有していたと推定されるのである[15]。

中間役人の変質

以上のような新たな中間役人の誕生を受けて、**図表19**に示したように、混乱期の後一一三〇年代末から四〇年代になると、上位役人に続く中間役人が全部で四人確認できるようになる。従来のタイプの中間役人であるサン・トメールのオゲルスと、新しいタイプの中間役人三人である。

彼らに着目すると、一一二〇年代末から五〇年代末までの約三〇年間は大きく二つに分けられる。おおよそ一一四二年を境に、前半にはフロモルドゥス・ユニオルとサン・トメールのプレポジトゥスのオゲルスが確認され、後半にはノタリウスのオゲルスと、カペラーヌスのワルテルスが確認される[16]。

まず前半の時期には、上位役人の補佐役を務めたのは、サン・トメールのオゲルスではなくフロモルドゥス・ユニオルであった。なぜならば、実は、サン・トメールのオゲルスが同様の役割を果したのは、特定の案件を扱う場合に限られていたからである。**図表20**で、彼が確認される伯の証書の関連情報を前節以上に綿密に検討してみよう。すると、彼が伯の証書の発給に関与するのは、当該の証書が発給地や受給者の点で任地のサン・トメールを含む北海沿岸部に関わっている場合に集中していることがわかる。彼は、いわば沿岸部担当の中間役人なのであり、同地域に関わる問題に関しては彼が上位役人の補佐役を務めたと推定される。続いて一一

受給者
Zonnebekeの大修道院
Voormezeeleの大修道院
Saint-Martin de Tournaiの大修道院
Saint-Bertinの大修道院
GandのSaint-Pierre大修道院
Bourbourgの大修道院
GandのSaint-Bavon大修道院
Furnesの教会の参事会
YpresのSaint-Martin教会
Wattenの大修道院
EnameのSint-Salvator大修道院
Ter Duinenの大修道院
Oudenburgの大修道院
AffligemのSint-Pieter大修道院
Ter Duinenの大修道院(Clairmaraisの大修道院)
Walburgaの参事会,VeurneのSint-Niklaas大修道院
Wattenの大修道院
BroekburgのO.-L-.Vrouw大修道院
Ter Duinenの大修道院(Clairmaraisの大修道院)
Ham-lez-Lillersの大修道院
Drongenの参事会
Sint-Bertijnの大修道院
Eaucourtの大修道院

図表20　Ogerus が確認される証書の関連情報

No.	通し番号	発給年代	発給地	発給者
1	67	1114	Ypres	Baudouin VII
2	85	1117	Abbaye Saint-Pierre de Gand	Baudouin VII
3	88	1118	Watinie	Baudouin VII
4	89	1119	Aire	Baudouin VII
5	97	1120	Arras/Gand	Charles le Bon
6	107	1121	Saint-Omer	Charles le Bon
7	110	1122	Bruges	Charles le Bon
8	117	1123	Furnes	Charles le Bon
9	119	1124	?	Charles le Bon
10	120	1124	?	Charles le Bon
11	139	1128	Diskmuide, Sint-Niklaas教会で	Diederik
12	141	1129	Veurne	Diederik
13	144	1130	Oudenburg, H. Apostelenの教会で	Diederik
14	155	1133	Diskmuide	Diederik
15	165	1136	Veurne	Diederik
16	166	1136	?	Diederik
17	167	1137	?	Diederik
18	169	1137	Broekburg	Diederik
19	171	1137	?	Diederik
20	175	1138	?	Diederik
21	179	1138	Aire	Diederik
22	193	?[1128-1142]	?	Diederik
23	194	?[1134-1142]	?	Diederik

（網掛け）サン・トメール周辺および北海沿岸部に関連している

四二年以降の後半になると、特に五〇年以降は明らかに、最有力の中間役人の地位は、ノタリウスのオゲルスからカペラーヌスのワルテルスへ移行していった(17)。

　四人の中間役人には、いずれも一一一〇年代以来の第一世代の中間役人の系譜上にあるという共通点が認められる。もちろん、サン・トメールのオゲルスは、彼自身が第一世代の中間役人の一人である。加えて、フロモルドゥス・ユニオルは、フールネのプレポジトゥスとして第一世代の中間役人であったフロモルドゥス・セニオルの甥である。ノタリウスのオゲルスも、第一世代の中間役人であったドロンヘンのプレポジトゥスの息子であった。最後に、ワルテルスは、一一五〇年代後半に、第一世代と同様にフールネのプレポジトゥスという役職を手に入れている。

このように、四人は、たしかに一一一〇年代に誕生した中間役人の伝統を継承している。しかし、その一方で、従来と異なる点も指摘し得る。すなわち、新たなタイプの三人は、律修参事会教会のプレポジトゥスという役職にこだわらず、むしろ一般的な肩書きを名乗りながら実質的に上位役人の補佐役として行動している。唯一フールネのプレポジトゥスとなったワルテルスも、それ以前からカペラーヌスという一般的な肩書きで上位役人を補佐し続けていた。

とりわけワルテルスの場合、他の三人のように、はじめから第一世代の系譜上に位置していた結果として中間役人になったわけではない。彼は、キャリアの最終段階に到達してはじめてプレポジトゥスと名乗り、その結果第一世代以来の系譜に連なることになった。彼は、おそらく下位役人として彼自身の能力だけを頼りに上位役人との一対一の関係を構築していき、最終的にその補佐役つまり中間役人の地位にまでのぼりつめていったと推測される(18)。

以上のように、混乱期の後一一二〇年代末から五〇年代末の尚書部には、上位役人の下に、彼に従うブルッへのデカヌスと前後するかたちで四人の中間役人が存在した。彼らは、上位役人の補佐役として、一般の下位役人を上回る地位を占めていた。四人は、いずれも一一一〇年代以来の第一世代の中間役人の伝統を継承している。と同時に、うち三人は、従来の中間役人と異なり、律修参事会教会を率いるプレポジトゥスとしてではなく、上位役人に単独で仕える秘書官として行動していたと言える。中間役人は、伯領統治と律修参事会運動が重なり合う領域に誕生した第一世代のタイプから、上位役人ロゲルスの三〇年もの長い任期中に、彼に直属する有能な補佐役として行動する新しいタイプへと変質していったのである。

第三節　中間役人の消滅

一一五七年に上位役人ロゲルスが死去した際、彼に直属する補佐役として傍らに控えていたのは中間役人ワルテルスであった。第一章で見たように、ロゲルスの死の直後には、三人の上位役人たちが姿を現してくる。このトロイカ体制のもと、ワルテルスは、どのような位置を占めることになるのだろうか。

ロゲルスの死後、突然彼は史料から姿を消してしまう。その後約七年間の空白期間をへて、彼は、一一六四年と六五年に二度だけ、以前と同じくフールネのプレポジトゥスとして伯の証書に姿を現している。したがって、彼は、ロゲルスが死去した後の尚書部では、中間役人としての地位を失ってしまったと考えざるを得ない(1)。

この彼の失脚もしくは引退は、いかなる理由によるものであったのだろうか。

手がかりを求めて、例外的にワルテルスが証人となっている二通の証書を確認してみよう。すると、特に一一六五年の通し番号三八九の証人リストでは、彼は、以前と何も変わっていないかのように上位に位置している。このことから、史料にほとんど現れなくなってしまうとはいえ、彼は新たな上位役人たちと対立していたわけではなかったと推定される(2)。よって、彼が事実上尚書部を去ったのも、何らかの理由で彼らに追放されたためではなかったと考えられよう。

それでは、何が原因となったのだろうか。

まず考えられるのは、ワルテルスの年齢である。ロゲルスが死去した一一五七年の時点で、ワルテルスが最初に下位役人として史料に確認されてから約三〇年間もの歳月が経過していた。ワルテルスは、約三〇年もの間仕えてきたロゲルスが他界した時点で、少なくとも五〇歳前後には達していたと推定される。その時彼はすでにフールネのプレポジトゥスの職も得ていたので、高齢を押してまで中間役人の地位に固執する理由はなかったのかもしれない。加えて、新しい上位役人たちの参入後の尚書部には、長年仕えた上長を失った高齢の古参役人が活躍する余地はもう残されていなかった可能性が高い。

こうしてワルテルスが中間役人の地位から引退した後には、中間役人とみなされる役人は一人も確認されない。図表21に示したように、三人の上位役人たちと下位役人たちの間には、たしかにデカヌスのハケトゥス（Haketus）が存在する。とはいえ、彼一人では、ロゲルスが上位役人を務めた約三〇年間のように、またそれ以前の二〇年間のように、尚書部全体の人的構成において中間層が形成されていたとは言えないだろう。

したがって、一一五七年に長年尚書部を率いたロゲルスが死去すると、従来の三層構造は維持されず消滅の方向へ向かったのである。つまり、一一五〇年代末から六〇年代にかけて、一一一〇年代以来その内実を変化させながら枠組みとしては維持されてきた尚書部の三層構造が、約五〇年振りに変形し始めたのである。

まとめ

本章冒頭で述べたように、通説では、尚書部の人的構成は、本書の対象としている一一世紀半ばから一二世紀半ばまでの一世紀を通して、二層のピラミッド型を維持したととらえられていた。しかし、ここまでの考察の結果、この通説に反し、一一一〇年代から五〇年代末までは、尚書部には中間役人が存在し、人的構成は三層構造を成していたことが明らかになった。しかも、一一二〇年代末の混乱期以降、中間役人は、第一世代から第二世代へと、尚書部の内外の状況の変化に応じて、その特質を変化させ世代交代を遂げていたのである。

戦争のない世界を目指して

刀水書房最新ベスト

〒101-0065 千代田区西神田2-4-1東方学会本館 tel 03-3261-6190 fax 03-3261-2234 tousuishobou@nifty.com（価格は税込）

刀水歴史全書 101
トルコの歴史〈下〉
永田雄三 著

オスマン帝国の寛容な民族統治から一転，「近代」西欧列強との相対化の中で，中央集権化と国民国家化を強めて成立した「トルコ共和国」まで

四六上製　336頁　￥2,970

刀水歴史全書 101
トルコの歴史〈上〉
永田雄三 著

世界でも傑士のトルコ史研究者渾身の通史完成。東西文化が渾然一体と融合した文化複合世界の結実。上巻は騎馬遊牧民国家誕生から中世まで

四六上製　304頁　￥2,970

近代ドイツ農村社会の誕生
領地文書から見た開発・紛争・教育
山崎 彰 著

中世から現代まで続く東部ドイツの村落社会。2村の手稿史料をもとに近代市民社会へ転化しえた秘密を解明

A5上製　262頁　￥5,500

ベトナム首都ハノイの
都市人類学
長坂康代 著

宗教・文化・社会・経済・都市・歴史をテーマとして，ハノイの民衆生活の動態を，20年余りのフィールドワークに基づき考察

A5上製　488頁　￥5,720

複合国家イギリスの地域と紐帯
岩井淳・道重一郎 編

統合の紐帯は16〜18世紀にどのように変遷し，王権や議会以外にもどのような役割を果たしたか

A5上製　380頁　￥5,500

北欧中世史の研究
サガ・戦争・共同体
阪西紀子 著

急逝した阪西の業績集成。アイスランド語文献を根本料として，北欧社会の在りを明らかに

A5上製　300頁　￥4,9

【世界史の鏡　0巻】
歴史家たちのユートピアへ
国際歴史学会議の百年
樺山紘一著

1900年にパリで創設大会が開かれて以来，2005年シドニー大会までの歴史家たちの苦悩と喜悦を振り返る

四六並製　168頁　￥1,760

ポーランド
中近世史研究論集
井内敏夫 著

ポーランド研究の第一人者が，半世紀にわたり問い続けた全論考の記念碑的集成

A5箱　960頁　￥15,400

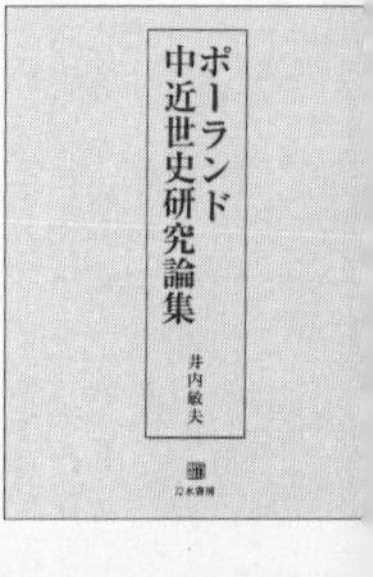

図表21 トロイカ体制下の尚書部役人の活動時期

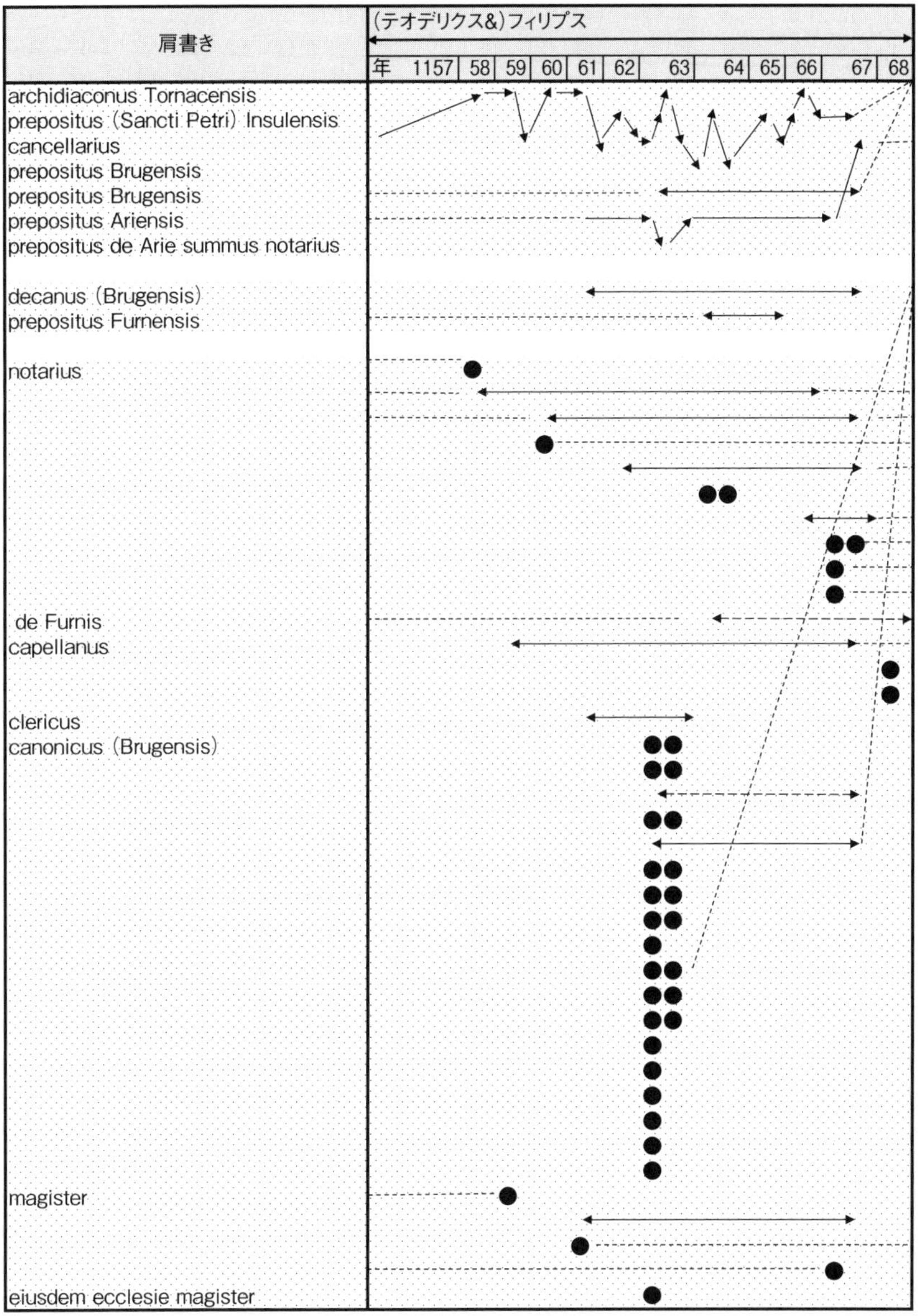

肩書き
(テオデリクス&)フィリプス
年 1157 58 59 60 61 62 63 64 65 66 67 68
archidiaconus Tornacensis
prepositus (Sancti Petri) Insulensis
cancellarius
prepositus Brugensis
prepositus Brugensis
prepositus Ariensis
prepositus de Arie summus notarius
decanus (Brugensis)
prepositus Furnensis
notarius
de Furnis
capellanus
clericus
canonicus (Brugensis)
magister
eiusdem ecclesie magister

第四節　位置づけの変化

中間役人の世代交代が進みその特質が変化するにつれて、尚書部における彼らの位置づけも根本的に変わっていったはずである。各世代の中間役人たちは、尚書部全体の人的構成においてどのような位置を占めていたのであろうか。尚書部をとりまく政治状況の変化を考慮しながら、以下この問題について見ていこう。

(一) 第一世代

第一世代の中間役人たちは、主に一一一〇年代から二〇年代に確認される。尚書部全体における彼らの位置づけについて検討してみると、ある特徴が認められる。それは、彼らが数人の下位役人を従えている場合が多いということである。

第一に、フールネのプレポジトゥスであったフロモルドゥス・セニオルの事例を確認しよう。彼は、まず一一〇〇年代に、自身が下位役人の一人として確認される。彼が一一一〇年代にフールネの聖ワルブルギス教会のプレポジトゥスとなると、同教会のデカヌスとカノニクスも彼に従うかたちで史料に現れてくる。さらに興味深い点は、彼ら二人も、フロモルドゥスと同様、以前は尚書部の下位役人であったのである(1)。フロモルドゥス・セニオルは、数人の同僚たちを従えてフールネのプレポジトゥスへと昇進し、彼らを部下として、尚書部内に有力な内部集団を形成したと言える。

加えて、フロモルドゥス・セニオルが率いる集団には、甥のフロモルドゥス・ユニオルも属していた。世代交代が進むにつれ、ユニオルは、おじが率いていた集団をも受け継ぎ、エランバルド家に対抗するようになっていったと考えられる。

第二に、ドロンヘンのプレポジトゥスであったオゲルスに関しても、同様の現象が確認される。フロモルドゥスと同じく、彼にも、尚書部役人を務めた同名の親族がいた。彼の場合は、甥ではなく息子である。父のオゲルスが一一二〇年代初頭に下位役人からドロンヘンのプレポジトゥスになったのに続き、二〇年代末に息子のオゲルスが現れる。オゲルス親子は、混乱期の後にもそろって尚書部役人を務めており、しかも、その時期になると、息子のオゲルスは、第二世代の中間役人と位置づけられるようになるのである。

ただし、フロモルドゥスの場合と異なり、父と息子二人の周辺に他の尚書部役人は確認できない。とはいえ、息子のオゲルスにはフルコ（Fulco）という弟がおり、第二部で見るように、彼は、後の一一三〇年代末に下位役人として確認され、一時的にカンケラリウスと名乗ることになる。この点も合わせて考えるならば、オゲルスたちもまた、尚書部内で中間役人のポストを世襲し、専ら血縁に基づく内部集団を形成していたと言えよう。

ところで、第一世代の中間役人が確認される時期は、まさに上位役人ベルトゥルフスに率いられたエランバルド家の隆盛期にあたる。よって、この時期の尚書部の人的構成にも、当然同家の勢力増大の影響が明白に認められるのではないかと予想される。ところが、実際史料を分析してみると、尚書部に関する限りこの時期は単なるエランバルド家の隆盛期ではなかったことが明らかになったのである。

もちろん、尚書部の上位役人は同家の当主である。しかし、役人たちの人的構成のあり方やその変化を見てみると、尚書部役人のすべてが同家の絶対的な影響下にあったわけではない。すでに明らかにしたように、一一一〇年代以降形成された三層構造において、中間役人のなかにはエランバルド家とは別の内部集団を率いる者も存在した。さらに一一二〇年代末になると、第一世代の中間役人フロモルドゥス・セニオルが率いる内部集団は、エランバルド家と対立する伯に対しフロモルドゥス・ユニオルを第二世代の中間役人として提供し、同家の抵抗勢力として機能するようになっていくのである。

第一世代の中間役人は、尚書部の三層構造において、**図表22**の上段に示したような位置を占めていたと言える。彼らは、エランバルド家より少し下位に位置し、同家に盲従するのではなく、時には自らの内部集団を率いて独自に行動することもあった。唯一サン・トメールのオゲルスだけは、内部集団を率いていない。とはいえ、彼の背後には、第二部で見るように、伯領随一の豊かさを誇るサン・トメール文化圏が控えている。あるいは、この文化圏が、オゲルスを介して尚書部の外延に位置することによって、内部集団が他の中間役人にそう作用したように自律的に行動する力を彼に与えていたのかもしれない。ともあれ、中間役人の内部集団は、常に上位役人に従うわけではなく、政治状況次第では一一二〇年代末におけるフロモルドゥスのグループのように、上位役人を飛び越えて伯に直属する可能性をも秘めていたのである。

さらに、エランバルド家および同家に忠実な下位役人たちをも上位役人の率いる最大の内部集団とみなすならば、**図表22**に表したように、一一一〇年代から二〇年代にかけての尚書部には、三つの内部集団が存在していたことになる。そのリーダーたちは、ベルトゥルフスをはじめすべて律修参事会教会のプレポジトゥスなのである。以上のように、第一世代の時代つまり一一一〇年代から二〇年代までの時期は、尚書部全体にとっても、「エランバルド家の時代」と見えて、実は「律修参事会教会のプレポジトゥス率いる内部集団の時代」であった。なかでも、中間役人の内部集団は、上位役人の内部集団との対立を深める伯にとって、頼るべき人材をプールする場として機能していたと言えよう。

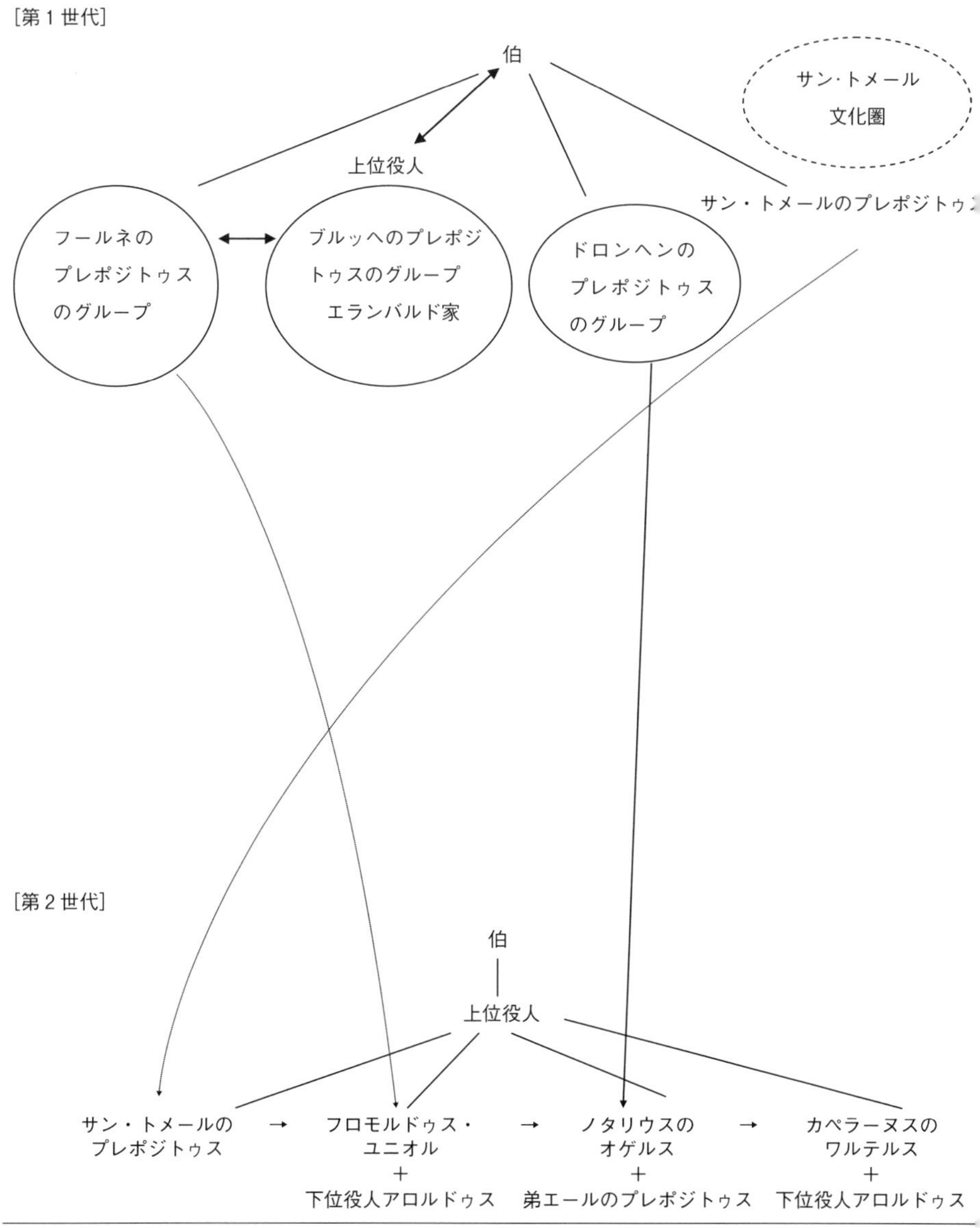

図表22　中間役人の位置づけの変化

（二）第二世代

それでは、一一二〇年代末の混乱期以降中間役人の世代交代が進むにつれて、エランバルド家も含めた内部集団はどのように変化していったのだろうか。

まず、エランバルド家は、基本的には、混乱期中に、同家に暗殺された伯の復讐に立ちあがった諸勢力との戦闘に敗れて没落した。ただし、一部の者たちは、混乱期の後も、たとえば聖ドナティアヌス教会のデカヌスとして伯の証書に確認される(1)。このように、エランバルド家は、根絶やしにされたわけではなかったのだが、尚書部内で相当の影響力をもつ内部集団を形成しているとは言えなくなってしまう。

次に、ドロンヘンのプレポジトゥスが率いる内部集団にも、混乱期の後になると、大きな変化がもたらされていく。まず、父親のオゲルスは、一一三〇年代後半に一度確認されるだけで姿を消し、一一三八年には、彼がプレポジトゥスを務めていたドロンヘンの聖マリア律修参事会教会は、伯と伯妃によって大修道院へ改組されてしまう(2)。

そして、第二節で見たように彼の二人の息子たちのうち、兄のオゲルスの方は、一一三〇年代には有力な下位役人として、さらに四〇年代には上位役人と非常に近い関係にある第二世代の中間役人として確認される。一方、第二部で見るように弟のフルコは、兄と同じく一一三〇年代に下位役人として確認された後、四〇年代前半にはおじの跡を継いでエールの聖ペトルス教会のプレポジトゥスとなり、一度だけ伯の証書の証人として確認される。

このように、一一四〇年代になると、兄のオゲルス一人だけが中間役人として傑出した立場にある状態となり、二人の兄弟がまとまって内部集団として機能していたとは言えなくなってしまう。ゆえに、中間役人のオゲルスの地位も、第一世代のように内部集団を率いる立場にあることに拠るのではない。第二節で検討したように、彼自身の能力あるいは上位役人との一対一の緊密な関係に基づくものへと変質していったのである。

では最後に、フールネのプレポジトゥスを中心とする内部集団には、混乱期の後どのような変化が生じたのだろうか。混乱期直前の一一二〇年代末には、この集団は、エランバルド家に対抗する勢力となっていた。混乱期にエランバルド家の隆盛が終わると、フールネのプレポジトゥスが率いる集団は、唯一の内部集団となる。混乱期直後に姿を消すフロモルドゥス・セニオルに代わって、第二世代の中間役人フロモルドゥス・ユニオルが集団の中心人物となっている(3)。

では、彼らをリーダーとして仰ぐ集団構成員たちには、変化はもたらされたのだろうか。

まず混乱期の前には、この集団のメンバーとして、フールネの聖ワルブルギス教会のデカヌスのレインリヴス(Reinlivus)とカノニクスのフゴ(Hugo)の二人が存在していた。混乱期の後になると、フゴは、二通の証書に現れるもののすぐに姿を消してしまう。一方、レインリヴスの方は、現存する証書に確認できる回数は一回にすぎないものの、一一三〇年代半ばまで有力な下位役人であった(4)。

そのレインリヴスが姿を消すと、フールネのカノニクスのアロルドゥス(Aloldus)が、史料に頻出するようになる。彼は、一一三〇年代半ばから五〇年代末まで、同時に尚書部の下位役人でもあった。先のレインリヴスとこのアロルドゥスには、肩書きについて共通点が認められる。二人とも、聖ワルブルギス教会の聖職者としてデカヌスやカノニクスと名乗ることもあれば、ノタリウスなどの下位役人としての肩書きを名乗ることもある。この共通点は、尚書部とフールネの聖ワルブルギス教会とがいかに深く関わりあっていたのかを示唆していると言えよう(5)。

このように、フールネの内部集団だけは、中間役人の第一世代の伝統を受け継ぎながら、混乱期の後も残存している。ただし、この集団についても、エランバルド家の抵抗勢力として機能した混乱期の前ほどの存在感は感じられなくなってしまう。

尚書部の三層構造において、第二世代の中間役人は、先の図表22（99頁）の下段に示したような位置を占めていたと言える。上段と比べるならば、第二世代にいたると、人的構成における内部集団の比重がいかに失われてしまったかが見てとれよう。たしかに、尚書部全体の人的構成のなかで、世代交代が進んでも変わることのない中間役人の役割は存在する。それは、一般的には、伯もしくは上位役人のサポートをすること、そして下位役人たちを統轄することであったろう。しかし、第二世代の中間役人たちは、次の二つの点で本質的な変化を遂げた。第一に、彼らは、弟ないし下位役人を従えていることはあるものの、内部集団のリーダーであるがゆえに中間役人として重きをなしたわけではない。第二節で明らかにしたように、各人が、一人の役人として有能な人材と評価されたからこそ中間役人の地位についたのである。第二に、第二世代の中間役人は、第一世代のように伯と直接関係を取り結ぶことはなく、上位役人の補佐役の立場に徹している。つまり、彼らは、下位役人や伯とではなく誰よりも上位役人と緊密な関係を保ち、その秘書官の役割を果したのである。

以上のように一一三〇年代を境に中間役人の位置づけは大きく変化していくのだが、これは一体なぜだろうか。その要因は、混乱期をはさむ政治状況の変動に対応して、尚書部の人的構成も変わらざるを得なかったことに求められる。**図表23**に表したように、混乱期をへて尚書部のみならず伯領統治の頂点に立ったのは、外来者であった。ともに外来者である伯と上位役人は、当面は統治および行財政運営を手探りで進める他ない。フランドル出身の聖俗の有力者たちに取り囲まれながら、二人は、政治的混乱の渦中で手に入れた自らの立場を死守するための対策をたてる必要にせまられていく。

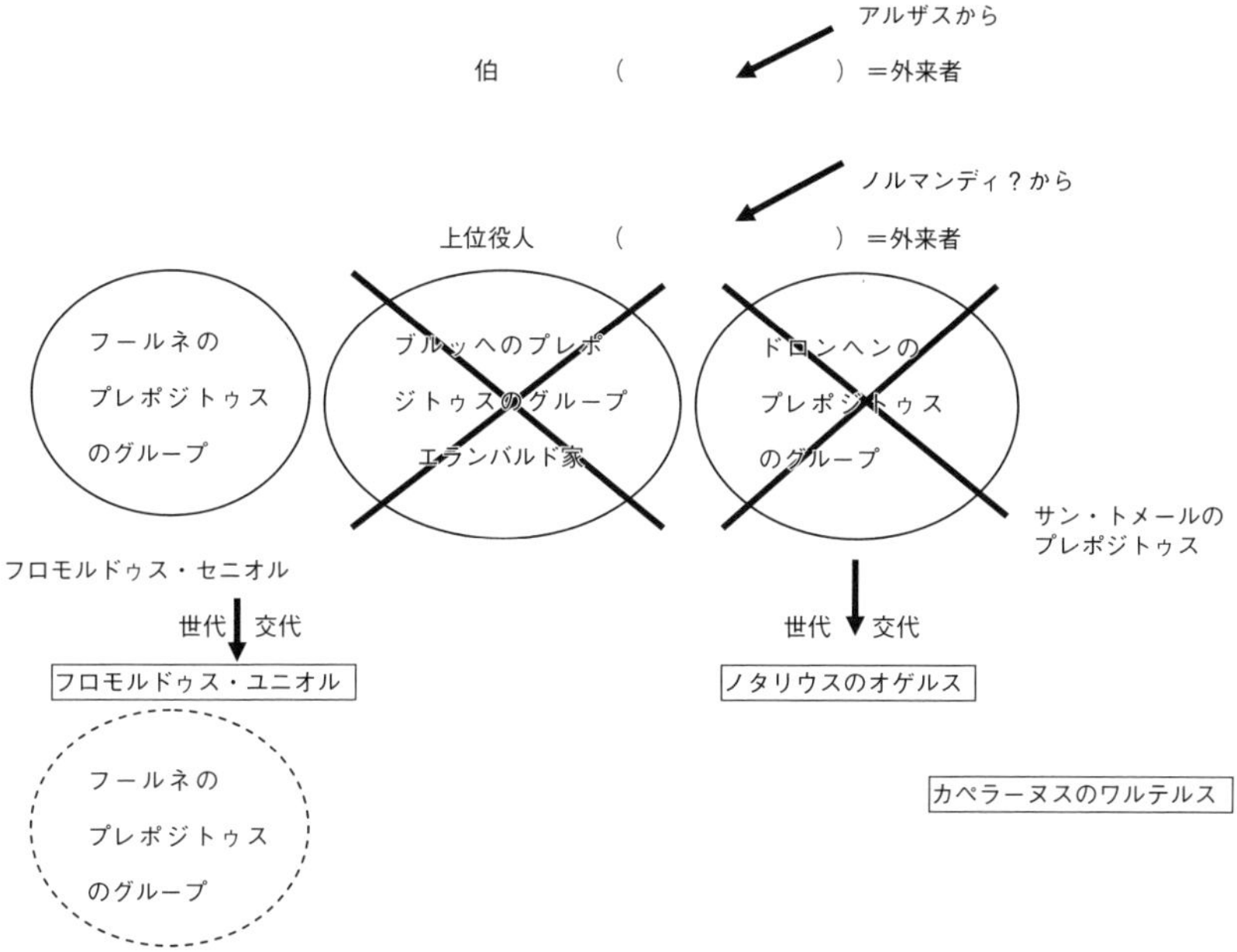

図表23　世代交代期の人的構成

その対策の一環として、フランドルにいかなる地盤ももたない上位役人ロゲルスは、尚書部の内情に通じている補佐役を必要とした。そこで、彼は、有力な尚書部役人のなかから、第一世代以来の内部集団に属しながらも確実に信頼できる人材を選び、「私設」秘書として重用していったのではないだろうか。その時期は、同時に律修参事会運動の波が引いていくなかで中間役人の世代交代が進む時期でもあった。最終的に、最後の中間役人ワルテルスには、第一世代と直接のつながりが全く確認されなくなってしまう。ワルテルスにいたって、中間役人の世代交代は完成されたのである。

第三章　下層の実態

改めてここで、尚書部役人のうち、上位役人でもなく中間役人ともみなされない一般の役人たちを、下位役人と呼ぶこととする。

下位役人に関する従来の研究は、役職毎ないし人物毎に基本的な情報を整理しているにすぎず、十分とは言えない。特に下位役人がカンケラリウスとなのる事例は、肩書きをめぐる一般的な原則に反した不規則な事例とみなされている。このような見方は、尚書部のあるべき姿を前提とした図式的な発展史観の産物であり、そのまま受け入れることはできない。

そこで以下では、まず第一節で、カンケラリウスも含めて下位役人の肩書きをタイプ別に分類し、各肩書きの特徴を確認する。その上で第二節において、それらの肩書きを時系列的に分析することによって一世紀間の変化を明らかにする。

第一節　役職毎の分析

（一）一〇八九年の措置

現存史料で彼らが尚書部役人として初めてはっきりと言及されるのは、一〇八九年の通し番号九の伯の証書である。この証書では、ブルッへの聖ドナティアヌス教会のプレポジトゥスが、上位役人として下位役人の監督を行うよう定められており、その文面には、下位役人を表す肩書きが四種類確認される(1)。そこにあげられている順に、現存史料より得られる情報から各々の肩書きの特徴を抽出していこう。

①　ノタリウス

ノタリウス（notarius）は、「書記」と訳し得る肩書きである(2)。この肩書きは、次にあげる二種類の役人のいずれかを指している。第一のタイプは、伯領内を巡回する伯に随行して行財政に携わる中央役人で、明らかに尚書部役人とみなされる。第二のタイプは、伯領各地の主要都市において、行財政の末端において役割を果していた地方役人である。彼らは、伯の所領経営に加えて、伯の移動宮廷が任地に滞在中は証書発給にも携わっていたと考えられている。第二のタイプのノタリウスは、任地の地名とともに「～〔地名〕のノタリウス」（notarius de ～）と呼ばれることが多い(3)。

とはいえ、二つのタイプのノタリウスは、中央役人と地方役人とに判然と二分されるわけではない。なぜなら、任地に定住する後者のタイプのノタリウスも、伯の宮廷が任地に移動してくれば、移動する前者のタイプのノタリウスたちに混じって中央役人としての役割を果すことになったからである。

このように、ノタリウスは、移動宮廷という当時の統治形態にとっては不可欠な柔軟性もしくは利便性を備えた役職であった。とするならば、この特徴は、後代と比して制度の未分化や未発達の現れとして否定的に評価されるべきものでは決してないのである。

②　カペラーヌス

カペラーヌス（capellanus）は、本来「君主の宮廷付きの聖職者」という意味をもつ肩書きである。さらに「伯の」（comitis）という修飾語を付けて、伯のごく身近で仕えるという特性を強調している事例も確認される(4)。カペラーヌスは、専ら伯とともに移動する中央役人を指すという点で、任地に定住する地方役人をも意味し得るノタリウスとは本質的に異なる肩書きであった。

③　クレリクス

クレリクス（clericus）は、本来は「聖職者」という広い意味を有する言葉である。なかでも君主の役人としての役割を果している聖職者については、ノタリウスと同じように「書記」と訳し得る肩書きである。なお、クレリクスの場合も、「伯のクレリクス」と表記される事例がある。その場合は確実に、伯の身近で書記としての役割を果す尚書部役人を意味していると考えられる(5)。

加えて、デクレルク（Declercq, G.）によって、クレリクスがもうひとつの意味をもつ可能性も指摘されている。彼によれば、一二世紀初頭には、クレリクスが次に見るカノニクスの意味で使われることも多かった。ガルベルトゥスも、日記のなかで、カノニクスの意味でクレリクスという言葉を使っているという。この指摘は、すでに史料の随所で見られたように、尚書部役人の肩書きの意味や使用法は常に揺れ動いているので、十分説得的と判断し得る(6)。とはいえ、クレリクスがカノニクスの意味で使われていても、尚書部の下位役人であるという点には変わりはないのである。

いずれにしろ、クレリクスは、一部の伯の証書にもあるように俗人と対比させて「聖職者」の意味で使われていなければ、広く下位役人を意味する肩書きであった。「広く」と言えるのは、ノタリウスが中央と地方の重なり合う領域で使われ、カペラーヌスは主に中央の宮廷で使われるとすれば、そのような使い分けの傾向はクレリクスには認められないからである。

④　カノニクス

カノニクスは、ブルッへの聖ドナティアヌス律修参事会教会の参事会員のことである。一〇八九年に同教会の参事会長であるプレポジトゥスが上位役人に任じられた。それに伴い、参事会員として参事会長に従うカノニクスたちについても、彼らが伯の宮廷に加わった時はカペラーヌスと同等の権利を有すると定められている(7)。

カノニクスについて最も特徴的なのは、特定の証書に一〇人前後まとまって証人となっていることである。そのような証書は、五通現存するが、すべて発給地か受給者のどちらかの点で、ブルッへあるいは聖ドナティアヌス教会に関連している。だからこそ、それらの証書の証人に同教会のカノニクスが多く含まれているわけである。ゆえに、これらの事例では、彼らは尚書部役人というよりは聖ドナティアヌス教会の参事会員としてまとまって証人になっている可能性が高い。特に、証書が伯ではなく司教によって発給されている場合は、その可能性が高い。なぜなら、司教の下では、彼らも、伯の尚書部役人としてではなく、やはり聖職者として行動していたと考えられるからである(8)。

それでも、発給者が伯の場合は、次の理由により、彼らは、伯の尚書部役人とみなされ得る存在である。というのも、少数ではあるが、単独もしくは少人数のカノニクスが伯の証書の証人になっている例もあるからである。そのような事例では、証書の関連情報も、いかなる点においても聖ドナティアヌス教会に関係していない。よって、それらのカノニクスたちは、先の司教の証書の場合とは異なり、教会の参事会員というよりも、伯に仕える有力な聖職者つまり尚書部役人として行動している可能性が高い(9)。

以上のように、聖ドナティアヌス教会のカノニクスたちは、全員が常に行財政に携わっていたわけではない。そのように尚書部役人としてアクティヴであったのは、一部の数人であったようである。では、残りの一般のカノニクスたちは、尚書部役人として行動することは一度もなかったのだろうか。

この問題を解く手がかりとなるのが、先のノタリウスの特性なのである。すでに述べたように、地方役人とみなされるノタリウスも、伯の宮廷が任地近辺に移動してきた時に限り中央役人としての役割をも果した。そのことから類推すると、カノニクスたちも、常に伯に仕える中央役人ではないものの、そのようなノタリウスと同じく尚書部の末端に緩やかに連なる存在であったのではないだろうか。彼らは、いわば潜在的な尚書部役人であって、必要があれば行財政にもアクティヴに関与する可能性をも秘めていた。このような特性をよくふまえていたのが、一〇八九年の証書における「カノニクスは、伯の宮廷にやって来た時にはカペラーヌスの権利を手に入れる」という規定であったと考えられよう。

このように、カノニクスという肩書きは、恒常的に尚書部で働く下位役人を指すとともに、必要に応じて教会のみならず尚書部でも仕事をし得る潜在的な下位役人をも指すものであった。

以上が、最も伝統的な肩書き四つのそれぞれの特徴である。

(二)　聖職者としての肩書き

一〇九〇年代以降になると、その他の肩書きも確認できるようになる。まず、聖職者としての役職や地位を表す言葉が下位役人の肩書きとして用いられている場合がある。たとえば、プレスビテル（presbyter, 司祭）やディアコヌス（diaconus, 助祭）などである。このような肩書きを用いる下位役人たちは、他の機会には、カペラーヌス、クレリクス、カノニクスといった伝統的に尚書部役人を表す肩書きを不規則に名乗っている(10)。彼らの意識のなかでは、聖職者としての立場と尚書部役人としての立場は明確に区別されてはいなかったと推定される。このタイプの肩書きは、尚書部役人のほぼすべてがラテン語の識字能力を有する聖職者であったという当時の実情をよく象徴するものであった。

（三）尚書部役人としての肩書き

一方で、聖職者としてではなく尚書部役人としての役職や地位を端的に表す言葉が用いられている事例も確認できる。

まず、「書記」と訳し得る様々な肩書きが存在する。すなわち、所領経営の一端を任されたと考えられるインブレヴィアトル（inbreviator）、ブリヴァリウス（brivarius）(11)、およびブレヴィアトル（breviator）(12)、次に、伯の証書係を意味する「伯のカルタトル」（cartator comitis）、最後に、一般的な書記を意味するスクリバ（scriba）である。

さらに、マギステル（magister）という、単なる「書記」以上の意味をもつ肩書きも存在する。彼らについては、ヘンプティンヌらによって、大学や司教座聖堂参事会教会の付属学校で教育を受けた聖職者で、尚書部役人としての役割をも果していたことが明らかにされている。なかには、自らが属する教会のスコラティクス（scolaticus, 付属学校長）を務める者もいた。マギステルという肩書きは、下位役人のなかでも特に高度の教育を受け卓越した学識を身につけていたという意味で特殊な役人を指すものとして使われていたと考えられる(13)。

このような尚書部に固有の肩書きは、実際下位役人の全員が聖職者であったとしても、彼らの意識のなかで聖職者としての立場よりも役人としての立場が強く意識されている状態を表すものである。

(四) 二つの役職の組み合わせ

以上の三タイプが、下位役人の肩書きのうち基本的なものである。加えて、それらが組み合わされて一度に二つの肩書きが併記されることも珍しくなかった。その組み合わせには、いくつかのパターンが認められる。

［1］

まず、聖職者としての肩書きと尚書部役人としての肩書きが組み合わされるパターンがある。一例としては、一一一九年には、バルドゥイヌスという下位役人が、プレスビテル（司祭）兼カペラーヌスと名乗っている。また、同じバルドゥイヌスが、一一二七年のガルベルトゥスの日記でも、カペラーヌス兼サケルドス（sacerdos, 司祭）と呼ばれている。そう呼んだガルベルトゥスも、尚書部の下位役人であった。よって、このパターンが示唆するのは、尚書部内部で当該の役人が聖職者であるだけでなく尚書部役人でもあるという意識を自他ともにもっていたという状況である。尚書部役人たちは、二つの立場を区別した上で兼任可能だと考えていたのだろう(14)。

［2］

また、尚書部役人としての肩書きが二種類組み合わされるパターンも存在する。たとえば、一〇九六年には、クレリクス兼カペラーヌスという肩書きが確認される(15)。このパターンからわかるのは、当該の役人が、個々の役職の差異を認識しその上で両者を兼任していると自覚しているということである。通常、下位役人の肩書きは不規則かつ流動的に用いられ、互いに高い互換性を有している。しかし、このパターンの事例では、二つの肩書きの違いが意識されていたからこそわざわざ併記されたと考えられる。

［3］

さらに多くの事例が確認されるのが、マギステルと別の肩書きが併記されるパターンである。たとえば、一一三〇年の通し番号一四七の伯の証書にはマギステル兼ブルッヘのカノニクス、一一五〇年代前半の通し番号三〇二の伯の証書には、マギステル兼カノニクスが確認される。各役職がすでに確認したような特徴を備えていることをふまえると、いずれも、聖ドナティアヌス教会の参事会員で特に高度な教育を受けた者であることを意味する事例であろう。このパターンが利用されるようになったのは、下位役人のなかにも高等教育を受けた者が増えたからこそであろう。しかも、その学歴は、通常の肩書きに加えてマギステルと意図的に名乗ることによって、積極的にアピールする価値のあるものとみなされつつあったということになる(16)。

なお、一一五〇年代前半の通し番号三〇一の伯の証書には、マギステル兼伯妃のクレリクス（magister clericus comitisse）という珍しい肩書きも確認される。これは、高度な教育を受けた聖職者で、伯ではなく伯妃専属の役人を指していると考えられる。このような役人は、十字軍などのため伯が伯妃に統治を代行させていた時期には大きな役割を果したはずである。

［4］

二つの肩書きが組み合わされるパターンには、最後にもうひとつカノニクスと別の肩書きが併記されるパターンがある。たとえば、一〇九三年の通し番号一二の伯の証書には、カノニクス兼カペラーヌスという肩書きが確認される。これは、聖ドナティアヌス教会の参事会員であると同時に尚書部の下位役人であることを表している。この事例の四年前一〇八九年には、カノニクスを宮廷ではカペラーヌスと同一視すると定めた証書が発給されていた。

この措置を受けて、カノニクスと他の肩書きが併記されるパターンが生まれたと考えられよう。

次に同様の事例が現れるのは、七〇年後の一一六三年に発給された通し番号三五三の伯の証書である。この証書の証人リストでは、二〇人のカノニクスたちが、デカヌス、マギステル、プレスビテル、ディアコヌスといった、主に聖職者としての役職や地位を表す言葉とともに確認される(17)。この証書はブルッヘで発給され、聖ドナティアヌス教会が案件の当事者である。よって、この場合、カノニクスたちは尚書部役人というよりは同教会の参事会員として証人となっている可能性が高い。それでも、先に確認したように、カノニクスという肩書きは、潜在的尚書部役人も含めて聖ドナティアヌス教会の参事会員を指していた。よって、このケースは、その意味で下位役人の裾野の広がりをうかがわせる例であると言えよう。

以上のように、肩書きを併記する事例からは、下位役人自身が自らの立場についてどのように認識していたのか、あるいは彼らにいかなる資質が求められていたのかなど、肩書きをめぐる様々な実態をうかがうことができる。

(五)　上位役人や中間役人に直属する下位役人

もちろん、下位役人はすべて、上位役人および中間役人に従う立場にあったが、彼らの肩書きのなかには、そのような立場を特に強調し明示しているものも存在する。

[1]

たとえば、まず、フールネのプレポジトゥスのカノニクスという肩書きが、一一一〇年代半ばから二〇年代半ばまでの伯の証書に確認される。これは、フールネのプレポジトゥスが参事会長として率いる聖ワルブルギス教会の参事会員を指す。同カノニクスとして現れる二人は、第二章で見たように、第一世代の中間役人であるフールネのプレポジトゥスに直属する内部集団のメンバーであった(18)。

［2］

また、ブルッヘのプレポジトゥスのクレリクスという肩書きも、一一四八年の通し番号二四六の伯の証書に確認される。実は、この肩書きを名乗ったのは、完全に一般的な下位役人というわけではなく、後に第二世代の中間役人となるワルテルスである。この肩書きは、第二章で明らかにしたように、当初は下位役人の一人にすぎなかったワルテルスが、上位役人に直属する中間役人へと上昇していく途上で生まれたものと位置づけられる。

［3］

さらに、カンケラリウスのクレリクスという肩書きが、一一六一年の通し番号三三二の伯の証書に確認される。この肩書きも、ブルッヘのプレポジトゥスのクレリクスと同様に、その役人が上位役人に直属することを意味する。ただし、一一四八年に後者を名乗ったのがいずれ中間役人となる有力な下位役人であったのに対し、それから一三年後の一一六一年に現れるカンケラリウスのクレリクスは一般の下位役人の一人にすぎない。この違いは、第二章で解明したように、一一五七年以降のトロイカ体制下では中間役人が姿を消し下位役人と上位役人が直接向かい合うようになった結果生じたものであろう。

以上により、このタイプの肩書きからわかるのは、いわゆるエランバルド家の時代の後半以降いずれの時期にも、その時々の人的構成のあり方に対応しながら、下位役人のなかには上位役人に直属する有力者が存在したということである。

（六）カンケラリウス

下位役人の肩書きに関して最後に検討しなければならないのは、彼らが、一般的には上位役人の肩書きとされるカンケラリウスと名乗っている事例である。

ブルッへのプレポジトゥスが伯のカンケラリウスと所領収入の徴収役を兼ねると定められたのが、一〇八九年のことであった。しかし、一一二〇年代末の混乱期までは、カンケラリウスと名乗ったのは上位役人ではなく不特定の下位役人であった。混乱期の後になって初めて、上位役人もプレポジトゥス兼カンケラリウスないしカンケラリウスと名乗るようになっていく。とはいえ、その後も、下位役人がカンケラリウスと名乗る事例がなくなることはない。

なぜ、下位役人は、時にカンケラリウスと名乗ったのだろうか。今までの研究は、その理由を制度としての尚書部の未成熟ないし未分化に求めている。はたして、それは妥当な見解であろうか。

各証書の関連情報を比較してみても、下位役人がカンケラリウスと名乗っている一〇通の証書には、ほぼすべてに共通するような特徴は認められない。よって、下位役人がカンケラリウスと名乗った理由は、一律に確定できるものではなく、各証書が発給されるその時々の状況次第で異なっていたと考えざるを得ない(19)。

それでも、各証書の関連情報からその理由となり得る要素を探し出してみると、次のような四つの可能性が浮上してくる。第一に、カンケラリウスと名乗って下位役人が証人や作成者となっているのは、証書の案件に伯自身が関与していたためであったという可能性である(20)。ただし、それだけでは、広く尚書部役人が通常より深く関与する理由にはなっても、その役人が上位役人や中間役人ではなく特定の下位役人でなくてはならない理由にはなら

図表24　下位役人の名乗る肩書きの特質

(1) 伝統的な肩書き	特質
①　ノタリウス	宮廷の移動に伴い中央役人ともなり地方役人ともなる
②　カペラーヌス	伯とともに移動する中央役人
③　クレリクス	広く下位役人を表す
④　カノニクス	聖ドナティアヌス教会参事会員　潜在的な尚書部役人
(2) 聖職者としての肩書き	**特質**
プレスビテル, ディアコヌスなど	聖職者と役人の境目曖昧　　尚書部役人＝聖職者
(3) 尚書部役人としての肩書き	**特質**
①　「書記」	役人としての自意識＞聖職者としての自意識
②　マギステル	特に高度の教育を受けた学識者
(4) 肩書きの組み合わせ	**特質**
①　聖職者＋尚書部役人	２つの立場の違いを意識して兼務している状態を表す
②　尚書部役人＋尚書部役人	それぞれの肩書きの違いを意識して兼務している状態を表す
③　マギステル＋	高度の学歴や学識の持ち主であることをアピールする
④　カノニクス＋	1089年の措置を反映　潜在的な尚書部役人
(5) 特殊な肩書き	**特質**
①　上位役人に直属	その時々の人的構成(＝三層構造)を反映　下位役人の中でも有力者
②　カンケラリウス	証書作成に尚書部が深く関与＋下位役人が中心的役割

ない。さらに、その点についても手がかりを与えてくれるのが、以下の三つの可能性である。

まず、第二の可能性として、事例によっては、カンケラリウスと名乗る下位役人が通常は伯妃専属の役人なのだが、一時的に伯の留守中伯妃が統治を代行するのに伴い、いつも以上に重要な役割を果すことになったという状況が想定される。伯妃の名において証書が発給される場で彼が中心的役割を果し、その役割を最もよく表す肩書きとしてカンケラリウスと名乗ったのではないだろうか(21)。第三に、受給者が識字能力のない俗人である場合、下位役人が代わって証書の作成を行い、その結果カンケラリウスと名乗ったという可能性も存在する(22)。そして第四に、上位役人の関与が認められない証書の発給に際し、下位役人がカンケラリウスと名乗っているケースがある。この場合も、その下位役人が尚書部を代表するかたちで証人や作成者となったという可能性が想定されよう(23)。

このような複数の可能性を総合すると、下位役人がカンケラリウスと名乗ったのは、次のようなケースであったと言えよう。すなわち、伯の証書発給の現場で尚書部に通常以上の関与が求められ、その中心となったのが下位役人であった場合である。この問題については、個別論文において解明を試みている(24)。

以上、本節では、下位役人の様々な肩書きについて、それぞれの特質を抽出しようとしてきた。その結果をまとめよう。

まず、彼らの肩書きは大きく五つに分けられる。

第一に、一〇八九年の措置以来の伝統的な肩書き。

第二に、本来は聖職者としての役職や地位を表す肩書き。

第三に、尚書部役人に固有の肩書き。

第四に、様々な組み合わせで併記される肩書き。

そして第五に、特殊な肩書き、すなわち上位役人に直属する立場を表す肩書き、および一般的には上位役人の肩書きとされるカンケラリウスである。

さらにそれぞれの肩書きの特質を一覧表にまとめると、**図表24**（前頁）のようになる。このデータをふまえて、次節では、これらの多様な肩書きが時間の経過とともにどのような変化を遂げたのかを明らかにする。

第二節　時系列的な分析

第一節で確認した下位役人を表す様々な肩書きは、一〇七一年から一一六八年までの約一世紀の間に、時間の推移とともに何らかの点で変化していくのだろうか。調べてみると、それぞれの肩書きが使用される頻度については、明確な変化が認められる。**図表25**（次頁）に従って、その変化を見ていこう。

（一）一〇八九年以来の肩書き

まず、一〇八九年の措置以来の伝統的な四つの肩書きについて見ると、各肩書きが使用される頻度にはそれぞれ特徴がある。カペラーヌスが一〇八〇年代後半以来コンスタントに使用されている一方で、他の三つの肩書きが使用される頻度には別々の時期にピークが認められる。一〇八〇年代後半から一一一〇年前後までの時期に、他の肩書きと組み合わせた事例も含めて（**図表25**中(4)の欄に示した）、本来ブルッへの聖ドナティアヌス律修参事会教会の参事会員を表していたカノニクスの使用頻度がピークに達する。この現象は、初期の尚書部が同教会といかに深く広く重なり合っていたかをよく表していよう。

続いて、一一一〇年前後から、クレリクスとノタリウスの使用頻度が上昇する。クレリクスの使用頻度のピークは一一三〇年前後までだが、ノタリウスの方は六〇年代末までコンスタントに使用され続ける。一一三〇年代以降になると、ノタリウスは四つの肩書きのうち最も頻繁に用いられるものとなる。第一節で見たように、ノタリウスというのは、四つのなかでも尚書部役人としての立場を最も明確に表す肩書きであった。

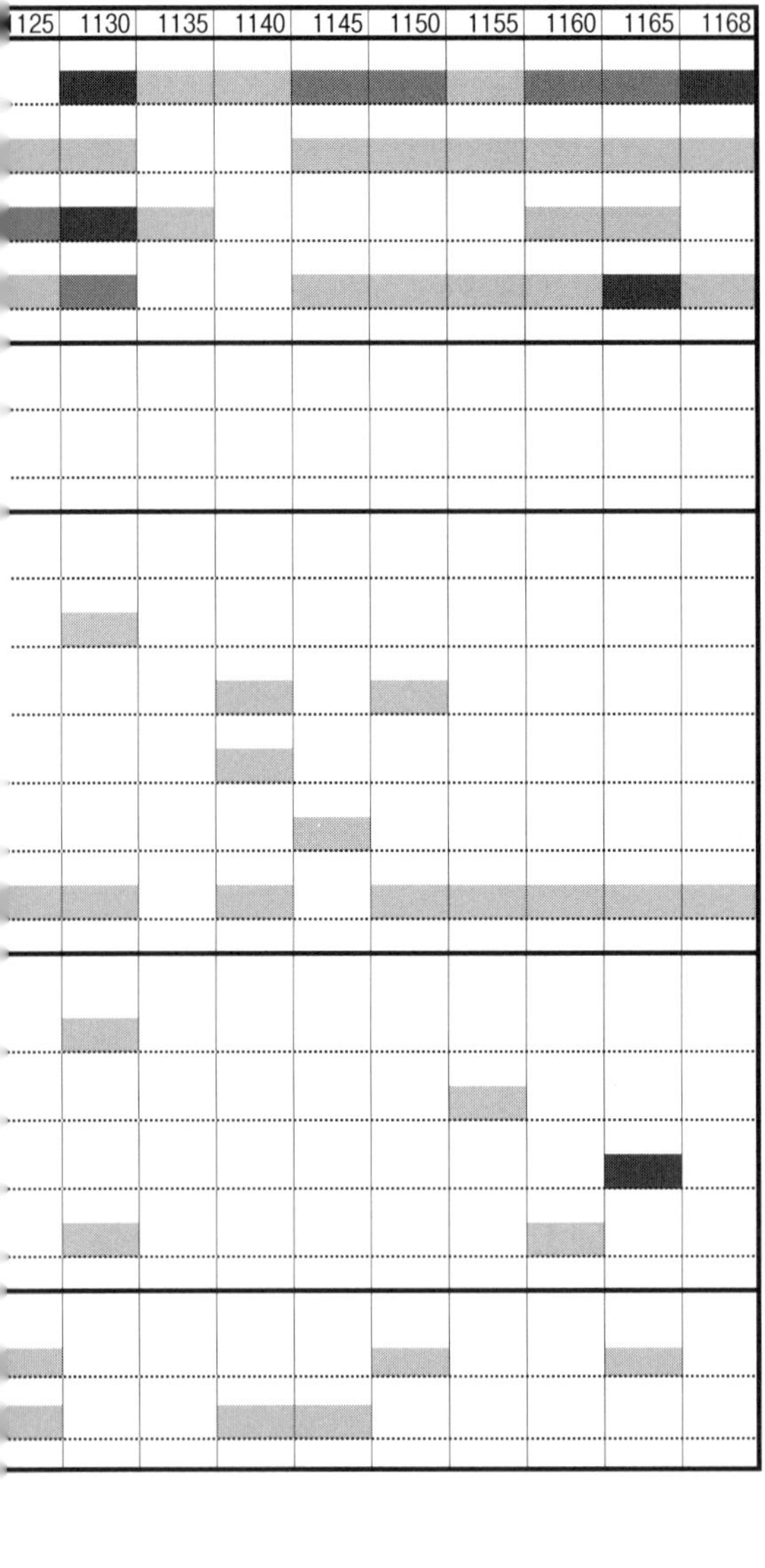

尚書部の草創期以来の伝統的な肩書きの変化を総合してみると、最も頻繁に用いられる肩書きがカノニクスからクレリクスそしてノタリウスへと移り変わっている。この変化は、尚書部が、聖ドナティアヌス教会を母体にしていた初期の状態から、次第に、自分は「聖職者」というよりも「書記」であると認識する下位役人たちを基盤とする状態へと変質していったことを示しているのではないだろうか。

図表25　下位役人の肩書きの時系列的な変化

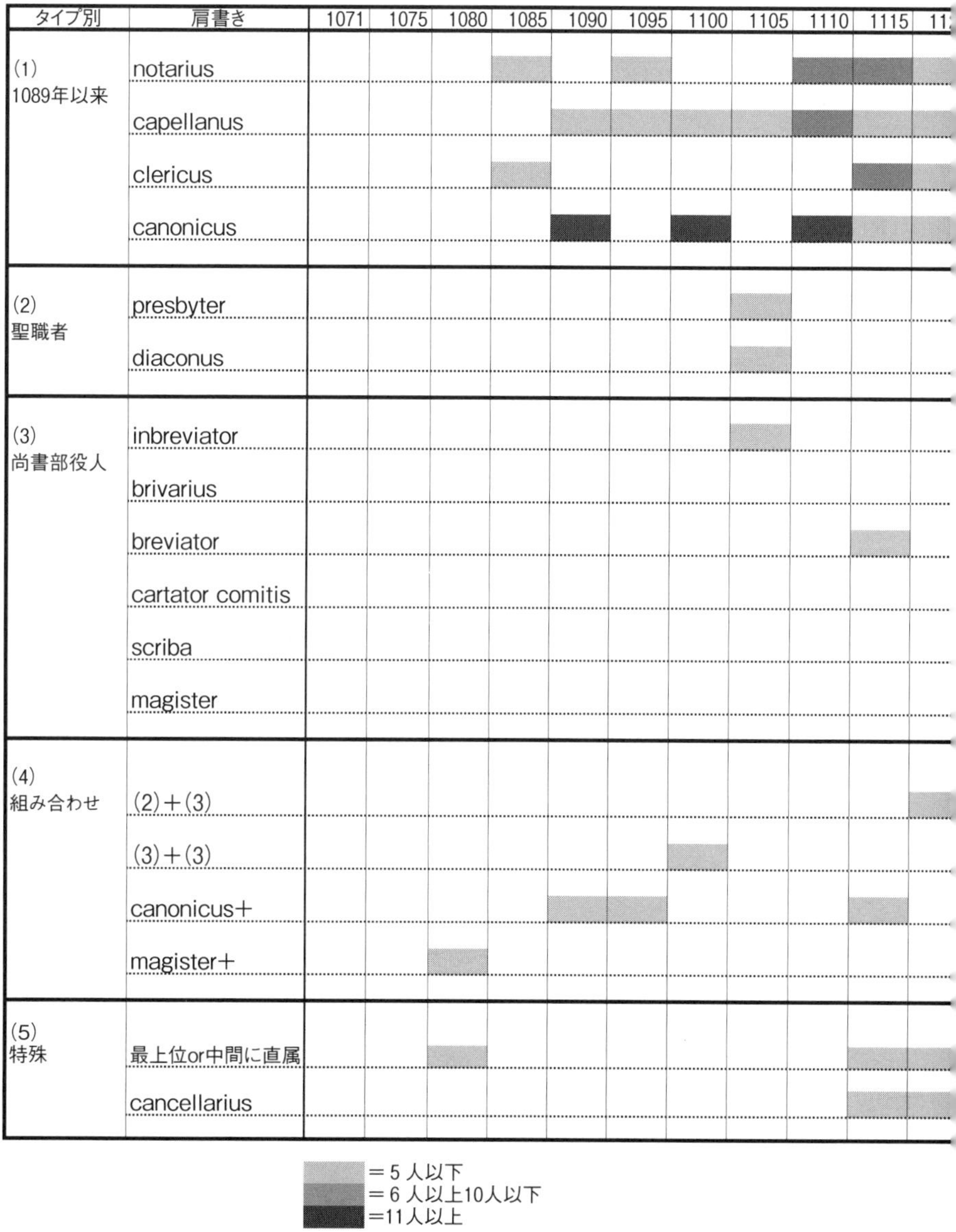
タイプ別
肩書き
1071
1075
1080
1085
1090
1095
1100
1105
1110
1115
(1)
1089年以来
notarius
capellanus
clericus
canonicus
(2)
聖職者
presbyter
diaconus
(3)
尚書部役人
inbreviator
brivarius
breviator
cartator comitis
scriba
magister
(4)
組み合わせ
(2)＋(3)
(3)＋(3)
canonicus＋
magister＋
(5)
特殊
最上位or中間に直属
cancellarius
＝5 人以下
＝6 人以上10人以下
＝11人以上

（二）聖職者としての肩書き　（三）尚書部役人としての肩書き

そのような変質を表す現象が、もうひとつ確認される。**図表25**を見ると、聖職者としての立場や地位を表す肩書きが一一〇〇年代前半にしか認められないのに対し、「書記」や「証書係」と訳しうる尚書部役人に固有の肩書きは一一一〇年前後から頻繁に確認されるようになっていく。肩書きを組み合わせた事例のうち尚書部役人としての肩書きを含む事例も考慮に入れれば、この現象はさらに明確に確認できる。

このように尚書部固有の肩書きが比重を増していくなかでも、特に顕著な変化が認められるのがマギステルについてである。一一二〇年代以降この肩書きが、他の肩書きと組み合わせた事例も含めてコンスタントに使われるようになっていく。この変化が示唆するのは、マギステルと名乗るほど高度の教育を受けた下位役人が増加する傾向があったということである。その理由としてまず想定できるのが、下位役人に求められる資質が、役割を果す際の必要に応じて高度の教育を要求する方向へ変化していったという可能性である。と同時に、第一節でもふれたように一二世紀ルネサンスを背景に、役人をはじめ尚書部をとりまく人びとの価値観や心性の面でも、高度の教育や教養をより重んじる方向へ向かう変化が生じていったと考えられる。

（五）特殊な肩書き

最後に、上位役人や中間役人に直属する立場を表す肩書き、および下位役人が名乗るカンケラリウスという肩書きは、**図表25**を見ると一一一〇年から五〇年までの時期に集中している。実は、この約四〇年間は、尚書部の三層構造が保たれていた時期に相当する。この対応関係があったからこそ、前節で指摘したように、この時期に上位役人や中間役人に直属する立場を表す肩書きが生まれたわけである。ここまでの本節の分析結果をまとめると、図表26のようになる。

では、下位役人がカンケラリウスと名乗るという現象も、同時期に形成されていた三層構造と何らかの点で関連していたのだろうか。

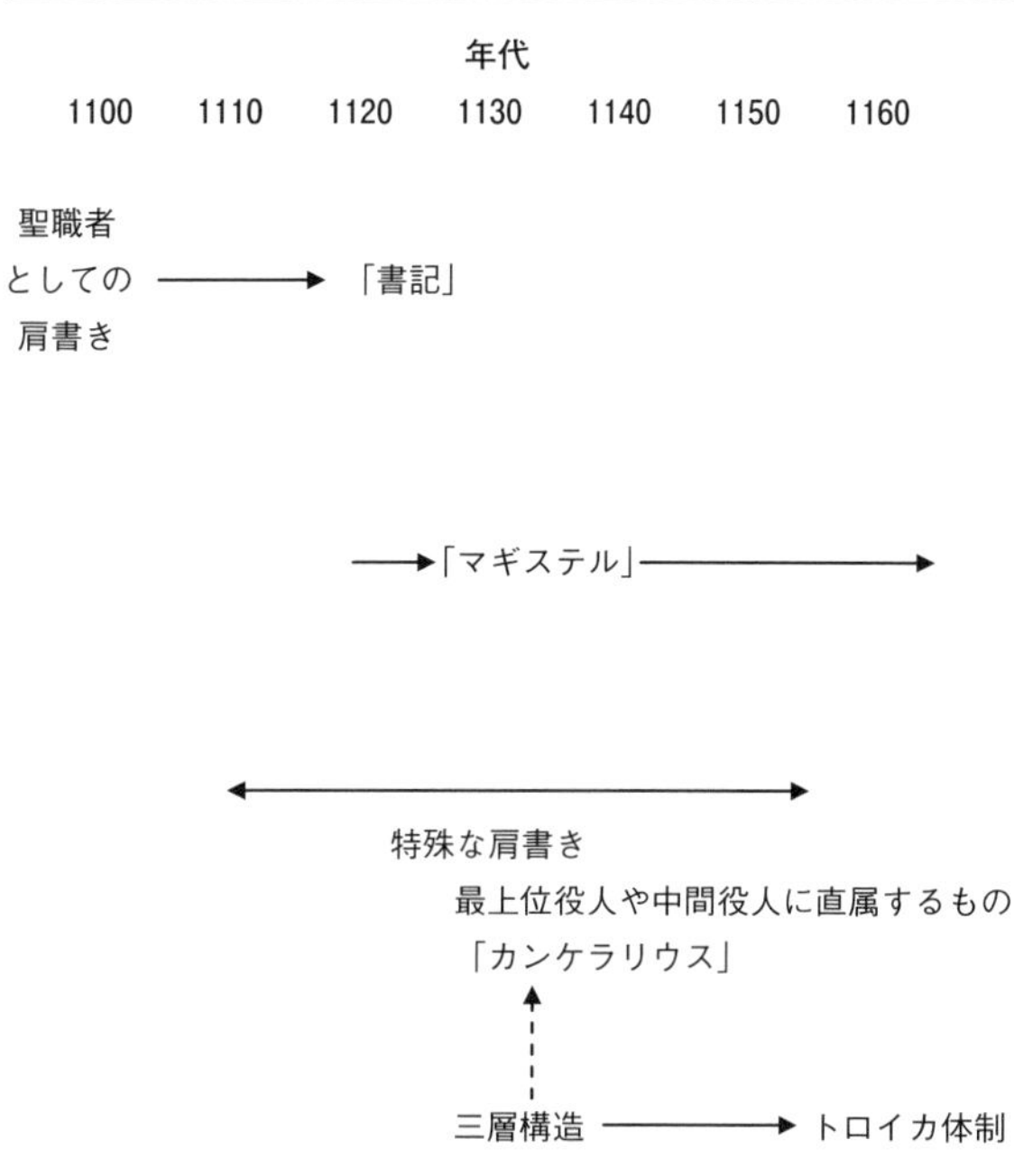

図表26　下位役人の肩書きの変化　イメージ図

この疑問を解く鍵は、三層構造が消滅した後の一一六〇年代にある。この時期に入ると、中間役人が姿を消し三層構造が消滅すると同時に、最上層に三人の上位役人が並立するトロイカ体制が成立する。それとともに、従来中間役人に与えられていた権限が上位役人に集中していった。そのような時期に、カンケラリウスという肩書きが用いられる可能性の高い役割つまり特定の伯の証書作成を主導する役割もまた上位役人によって独占されていったのではないだろうか。

対照的に、トロイカ体制以前の尚書部の三層構造のなかでは、下位役人も時にカンケラリウスと名乗り得る程に、人的構成や各役人の役割が柔軟性を備えていたと想定されよう。ただし、これだけでは、下位役人がカンケラリウスと名乗り得る状況にあったことはわかるが、なぜその必要があったのかについては十分に説明がつかない。その理由については、前節でいくつかの可能性を想定したが、下位役人の役割を論じる第二部でさらに解明を試みる。

第一部まとめ　人的構成の変遷―第一期から第四期まで―

第一部では、一一世紀半ばから一二世紀半ばまでのフランドル伯の尚書部の人的構成について、上層、中間層および下層に分けてその実態の解明を試みた。上位役人、中間役人および下位役人が、それぞれ、いかなる経歴をもつ人物で、どのような立場にあって、いかなる相互関係にあったのかを、約一世紀間の時系列的な変化とともに明らかにしてきた。

各層の分析結果を総合すると、伯の尚書部の人的構成は、実は、四つの段階をへながら、その度に次々と異なる特徴を獲得していったことが見えてくる。尚書部の三つの層は、互いに連動しながら変化をくり返していったのである。

(一) 第一期

まず、第一期として、一〇七一年から九〇年を尚書部の草創期とみなし得る。この時期は、ロベルトゥス一世の統治が始まる一〇七一年からエランバルド家のベルトゥルフスが上位役人となるまでの時期にあたる。

第一期における尚書部は、次のような役人たちによって構成されていた。彼らの最上位には、ブルッへの聖ドナティアヌス律修参事会教会のプレポジトゥス（参事会長）が存在した。一〇八九年に、同プレポジトゥスが、カンケラリウス兼所領収入の徴収役を務めるよう定められた。彼の下には、副カンケラリウス、ノタリウス、カペラーヌス、クレリクス、カノニクス、マギステルなどが存在していた。

彼らは、おそらく一〇七〇年代後半には受給者作成文書の伯による確証に、主に証人として関わり始め、一〇八九年の措置の時点でブルッへのプレポジトゥスを中心にまとまった役人集団とみなされていた。第一期の人的構成は、上位役人が頂点となり彼に従う下位役人たちが底辺をなす二層のピラミッド型であった。

ところで、この第一期は、ロベルトゥス一世の治世の大部分に相当する。同伯の治世は、一三世紀まで続くフランドル伯領の最盛期が始まった時期とみなされ、尚書部を中心とする行財政制度の発達にとっても出発点と位置づけられている。ただし、これまでの尚書部研究では、この時期は、そのように位置づけられるにとどまり、一二世紀後半の最盛期と比べると軽視される傾向にあった。しかし、史料を見直してみると、第一期にも、尚書部役人が、一〇八〇年頃からは途切れることなく存在し、当時の伯の統治にとって不可欠な存在であったことが確認された。

では、なぜ、この時期尚書部が必要とされるようになったのだろうか。当時ロベルトゥス一世は、教会による「神の平和」運動に積極的に関与して、伯領内に一定の秩序を確立しようとしていた。この「伯の平和」を確立すべく同伯が教会を保護し騎士の私戦を抑えようとする際、証書をはじめとする文書の作成はその不可欠の手段の一つであった。この点は、証書の大部分が教会修道院を保護する内容であることや、第二部で見るように「神の平和」や「伯の平和」について伝える聖人伝の記述から確かめられるところである。この文書を扱う能力をもっていたのが、尚書部役人となっていく聖職者たちであった。

そのような状況を前提として、一〇八九年の措置がとられ実態の明文化がはかられた。その最大の理由は、当時ロベルトゥス一世のイェルサレム巡礼のため統治が伯の息子に委任されていたことであった。この伯の息子を尚書部にサポートさせることが、措置の目的であったと考えられる。サポートの内容は、通常の役割である証書発給や財務にとどまらず、統治を代行する息子に対する政治的助言に及んだと想定し得る。

おそらく、伯の出発前から、伯の統治を補佐する役人たちが必要とされるようになっており、加えて伯の不在の長期化が契機となり一〇八九年の措置がとられたと考えられる。

当時伯の役人としての役割を果すようになっていたのが、ブルッヘの聖ドナティアヌス律修参事会教会の聖職者たちであった。同教会は、伯領の政治的中心地であるブルッヘに建てられた伯の菩提寺であり、一一世紀後半のフランドルに広まりつつあった律修参事会運動の中心地でもあった。同教会の聖職者たちは、伯の不在期間が長引くにつれ、統治を代行する伯の息子の助言者として重要性を増していった。その結果一〇八九年の措置がとられたわけである。

それに対し、聖職者自身はどのように反応したのだろうか。自分たちのリーダーを尚書部の上位役人とするという措置を、伯からの押しつけと感じたのだろうか、それとも積極的に受け入れたのだろうか。おそらく後者である。というのも、この措置が確証された証書は、全体としては聖ドナティアヌス教会に有利な内容となっているからである。同教会の聖職者にとって、一〇八九年の措置は、同時に伯によって認められた様々な特権のひとつであったのである。

以上により、一〇八九年の措置は、一一世紀後半、「伯の平和」運動と律修参事会運動とが重なり合ったところに伯の不在という第三の要素が加わった結果実現したものであったと言えよう。このように、第一期の尚書部の実態には、通説のように以後の発達の出発点というだけでは論じ尽くすことはできない固有の特徴が認められる。
さらに第一期末になると、人的構成の点では明確に、次の第二期につながっていく新しい要素も現れてくる。

(二) 第二期

第二期とみなし得るのは、エランバルド家のベルトゥルフスが上位役人を務めていた一〇九一年から一一二七年までの時期である。

第二期の尚書部は、次のような役人たちによって構成されていた。最上位には、ブルッへの聖ドナティアヌス律修参事会教会のプレポジトゥスがいる。彼に従う役人として、以下の役人たちが確認された。同教会のデカヌス、ノタリウス、カペラーヌス、クレリクス、カノニクス、カンケラリウス、フールネの聖ワルブルギス教会のプレポジトゥス、同教会のデカヌスおよびカノニクス、サン・トメールの聖マリア教会のプレポジトゥス、ドロンヘンの聖マリア教会のプレポジトゥス、プレスビテル、サケルドス、ディアコヌス、インブレヴィアトル、ブリヴァリウス、マギステルである。

第二期後半の一一一〇年代になると、これらの役人たちは三層に分かれていく。最上層にはブルッへのプレポジトゥス、中間層にはブルッへのデカヌス、フールネのプレポジトゥス、サン・トメールのプレポジトゥス、ドロンヘンのプレポジトゥス、最下層には下位役人たちが十数人ほど位置していた。最上層や中間層の役人が、最下層の役人たちの一部を従え内部集団をつくる場合もあった。その内最大のものが、上位役人ブルッへのプレポジトゥスの率いるエランバルド家を中心とする集団である。

第二期において、歴代の伯が「伯の平和」の名の下に伯領内の諸勢力を統制しようと試みる一方で、エランバルド家は、第一期以来伯に重用され政治的な影響力を増大させていった。この時期は、エランバルド家の隆盛期にあたる。

よって、現在までの尚書部研究で第二期に関して必ず指摘されるのは、エランバルド家が尚書部の上位役人の職を保持していたという事実である。たしかに同家は、この極めて有利な立場を勢力拡大の手段の一つとして活用し、伯の宮廷における地位を上昇させていった。しかも、最後には、勢力拡大の余り、同家を抑圧しようとした伯を暗殺してしまう程であった。

ゆえに、当然第二期の尚書部の実態にも、エランバルド家の勢力増大の影響が明白に認められるのではないかと予想された。ところが、史料を見直してみると、第二期は単なる同家の隆盛期ではなかったことが明らかになったのである。

もちろん、尚書部の上位役人は第二期を通じて同家の当主である。しかし、役人たちの人的構成の実態やその変化を見てみると、尚書部役人の大部分が同家の統制下にあったとは言い切れない。まず、下位役人たちは、その理由を推測できないほど不規則に何度も肩書きを変えて、史料に現れてくる。そして、何より、後半になって形成されてくる三層構造において、中間役人たちのなかにはエランバルド家とは別の内部集団を率いて同家と対立するようになる者も存在していた。よって、第二期の人的構成は、同家の厳しい統制に絶対服従するといった単一の原理に基づき堅固に確立されていたわけではなかったのである(1)。

このように、第二期の尚書部の人的構成は、エランバルド家でさえ制御しきれない多様性と柔軟性を備えていた。この特性は、従来の研究にならって、尚書部の未成熟さの現れとみなすべきものなのだろうか。決してそうではない。逆に、そのような特性を備えていたからこそ、尚書部は、伯が政情の変化に合わせて臨機応変に必要な人材を見出し得る、もしくは配置し得る組織たり得たのではないだろうか。さかのぼれば、エランバルド家の始祖もまた、そのようにして配された人材の一人にすぎなかった。

とするならば、なぜ、尚書部はそのようにしなやかな人材プールたり得たのだろうか。その答えは、第一期からフランドルに及んでいた律修参事会教会運動にある。中間役人は、上位役人と同じく、一一世紀後半より伯領各地に設立されていった律修参事会教会のプレポジトゥス（参事会長）と名乗っていた。同運動の導入に伯は深く関与しており、そうすることによって、既存の教会や修道院とは別に、自らの意向を反映させやすい領域を伯は聖界のなかに手に入れることができたのである。こうして、第一期に尚書部の母体を提供した同運動は、第二期に入ると尚書部の内部に最上層に次ぐ中間層を生み出すことになった。第二期においても、律修参事会教会運動と伯の尚書部、さらには同運動と伯領統治とは、かつてドーントによって唱えられた領域統合説とは異なる意味で広く深く重なり合っていたのである。

両者の重なり合うところから、第二期末期には、エランバルド家と対立する伯に忠実な中間役人と彼の率いる内部集団まで現れ、同家は追い詰められていく。ついに伯を暗殺した同家が統治の実権を掌握できずに自滅した時に、尚書部の第三期が始まることになる。

（三）第三期

第三期とみなし得るのは、一一二七年から五七年までの時期である。これは、混乱期中にエランバルド家のベルトゥルフスが処刑された時点から、テオデリクス伯が息子のフィリプスに事実上伯位を譲るまでの時期である。

第三期の尚書部を構成したのは、次のような役人たちであった。最上位に位置したのは、やはりブルッヘの聖ドナティアヌス律修参事会教会のプレポジトゥスであった。彼の下には、まず同教会のデカヌスが従い、さらに中間役人として次の四人が続いていた。第三期前半にはサン・トメールのプレポジトゥスのオゲルス、ノタリウスのフロモルドゥス・ユニオル、後半にはノタリウスのオゲルスとカペラーヌスのワルテルスである。

そして、尚書部の下層には、次のような下位役人たちが十数人ほど位置した。ノタリウス、カペラーヌス、クレリクス、カノニクス、カンケラリウス、フールネの聖ワルブルギス教会のプレポジトゥス、同教会のデカヌスおよびカノニクス、ドロンヘンの聖マリア教会のプレポジトゥス、エールの聖ペトルス教会のプレポジトゥス、プレスビテル、ブレヴィアトル、マギステルである。

第三期の尚書部は、第二期後半以来の三層構造を受け継ぎながら、次第に第三期特有の特徴を備えるようになっていった。最大の特徴は、中間役人の変質である。第二期後半と異なり、彼らは、律修参事会教会のプレポジトゥスではなく下位役人と変わらぬ肩書きを名乗っていた。また、三人の中間役人は、内部集団を率いることはなく単独で上位役人に従う直属の秘書官であった。このような中間役人を核として新たな三層構造が、第三期後半に形成されていったのである。

ところで、この第三期は、約一年間のウィレルムス伯の治世および約三〇年間のテオデリクス伯の治世に相当する。

第三期初頭には一年半の混乱期があり、この時、内政に関与する諸政治勢力の相互関係が二度三度と揺さぶられ、それ以前の統治の枠組みがくり返し組み替えられることになった。従来の伯領統治を支えてきたエランバルド家が伯を暗殺した時点で、第二期までの政治構造や統治システムは転換せざるを得ない。しかも、新伯のウィレルムス伯と続くテオデリクス伯は、ともに伯位を求めてフランドルへやって来た外来者であった。彼らと同時に、上位役人のロゲルスをはじめとする外来の人材が統治の枠組みのなかに流れ込み、その構造や手法に新たな要素をもちこみ変革をもたらしていったはずである。

言いかえるならば、一一二八年混乱期が終わった時点で、即位したばかりのテオデリクス伯の前にあったのは、次の三つの要素であった。第一に、すでに機能不全に陥っている伝統的な統治システム。第二に、混乱期をへて大きく様変わりした諸政治勢力とそれらの相互関係。第三に、混乱期後半に流入した外来の人材と彼らの政治的手腕や発想である。

以後、テオデリクス伯は、このように新旧入り混じる諸要素を組み合わせつつ新たな統治の手法と体制を模索し、同様に新旧入り混じる諸政治勢力を統制しようと試みていくことになった。同伯は、結局この試みに成功し、約三〇年もの間、混乱期のような事態を招くことなく伯領を統治していくことになる。その秘訣は何であったのか。それを知るために考えなければならないのは、同伯の統治がいかなる点で従来と異なっていたのかという問題である。

テオデリクス伯は、原則として、「伯の平和」の維持を目指す第一期以来の統治方針を踏襲した。ただし、同伯が第二期までの伯と本質的に異なっているのは、彼は、都市民を中心とする反乱勢力から支持されて初めて即位し得た伯であったという点である。したがって、「伯の平和」を維持するには、従来通り教会を保護するだけでは足りず、同伯は、都市をはじめとする自らの支持勢力を優遇する必要にも迫られていたのである。

もう一点同伯が第二期までの伯と異なっているのは、彼は、フランス王の傀儡の伯を破り同王の介入を退けて即位した伯であったという点である。フランス王は、混乱期にフランドルの内政に初めて介入してきたが、フランドル側の反発が激しく結局途中で諦めざるを得なかった。したがって、テオデリクス伯は、従来以上に細心の注意を払って、対立し合う英仏両王の狭間で常に最良の立場を維持していかなければならなかったのである。

このように、テオデリクス伯は、混乱期以後、都市の成長やフランス王権の伸張をはじめとする様々な変化への対応を求められていく。同伯は、混乱期を機に表面化したそのような諸変化に対応できたからこそ以後三〇年もの間統治を継続し得たのである。したがって、同伯の治世は、次のように位置づけられよう。彼の治世は、混乱期以後伯領統治に関わる内外の情勢が次々と変化し始めた状況下で、その新たな状況に対する対応が有効に行われたからこそ伝統的な「伯の平和」が維持された時期であった。今までの研究では、テオデリクス伯の治世は、次伯フィリプスの行財政改革の成功を準備する前段階とみなされる傾向があるが、決してそれだけにとどまるものではない。第三期の大部分を占めるテオデリクス伯の治世は、新たな政情への対応と伝統的な統治方針の維持の双方に成功した時期であったのである。

そして、その成功を新旧両面で支えたのが、他ならぬ尚書部役人たちであった。まず、エランバルド家の圧力から解放された古参の役人たちが、旧来の伝統の継承を可能にしたはずである。というのも、同家の当主に代わった上位役人も新伯テオデリクス自身も、おそらくともに外来者であった。よって、彼らにとって、第二期以来の役人たちの経験や知識は文字通り不可欠であったからである。そのような古参の役人の典型例が、第三期前半に上位役人を補佐した二人の中間役人であった。

一方、内外の新たな情勢への対応という面でも、尚書部は伯の統治を支えた。内政面では、伯領史上初めて政治勢力となった都市の動向が最も重要であった。この都市についても、外来者の伯や上位役人以上に、地元の相対的に低い身分出身の者を含む尚書部役人の方が、地域社会の実情に通じている分、より適切な判断を下せたに違いない。対照的に、対外関係の面で伯にとって貴重であったのは、伯領外の世界との交流が想定される外来者や高位聖職者を含む尚書部役人たちのもつ人脈や情報であったと推定される。

では、続いて三層構造のなかに入ってみよう。まず、尚書部を率いるロゲルスは、当初は古参の役人に支えられる外来者の上位役人にすぎなかったが、三〇年もの間尚書部を統轄するうちに上位役人としての裁量権を拡大していった。それに伴い、第三期後半になると、第二期後半以来の、伯領各地のプレポジトゥスが率いる内部集団の存在感が稀薄になっていく。かわって、上位役人のロゲルスと彼の右腕となる中間役人だけが、尚書部のなかで突出して上位に位置するようになっていった。

ところが、一一五七年に上位役人ロゲルスが死去すると、テオデリクス伯は自分の息子や自ら選んだ高位聖職者を後任とした。その後、尚書部の人的構成はどのように変わっていくのだろうか、それは続く第四期の問題となる。

（四）第四期

第四期は、一一五七年にテオデリクス伯が息子のフィリプスに統治権を譲り始めてから、六八年同伯の死去に伴い新伯フィリプスが名実ともに唯一の伯となるまでの時期である。

第四期の尚書部を構成するのは、次のような役人たちであった。最上位に位置したのは、三人の上位役人つまりブルッへのプレポジトゥスのペトルス、トゥールネの助祭長でもあったデシデリウス、そしてエールのプレポジトゥスのロベルトゥスであった。彼らの下には、ブルッへの聖ドナティアヌス教会のデカヌスが従った。以上四人の役人たちは、尚書部の上層を形成する上位役人と位置づけられる。一方、尚書部の下層には、次のような下位役人たちが十数人ほど存在していた。すなわち、ノタリウス、カペラーヌス、マギステル、クレリクス、カノニクス、フールネの聖ワルブルギス教会のプレポジトゥスである。

第四期の尚書部には、第二期後半以来維持されてきていた三層構造はもはや認められない。ブルッへのデカヌスを結節点として、より上位には三人の上位役人たちが位置し、デカヌスの下にはノタリウスをはじめとする下位役人たちが存在していた。そこには、いわばひょうたん型の構造が形成されていたのである。

この第四期特有の新たな枠組みの特徴は、とりわけ上層において非常に高い流動性が認められる点である。まず、三人の上位役人たちの相互関係は、わずか一〇年の間に二度三度と変転をくり返している。また、デシデリウスとロベルトゥスが名乗る肩書きを見ても、事例毎に異なる状況に応じて多様に揺れ動いていた。

このように特に上位役人が高い流動性を有していたことは、新伯フィリプスの統治にとって、マイナス要因であったのか、それともプラス要因であったのだろうか。確実に、後者であったはずである。なぜならば、新伯は、統治を軌道にのせるために、臨機応変に対応しうる有能な助言者を歴代のどの伯よりも切実に必要としていたからである。

というのも、第四期は、アルザス家初代の伯から二代目への伯位の継承期であると同時に、前伯の不在が続いた時期でもあった。よって、第四期は、二重の意味で、新伯による伯領統治が動揺する可能性が極めて高い時期であったのである。それだけに、若干一五歳の新伯には、彼をしっかりと補佐し得る古参の尚書部役人の存在が不可欠であった。

ところが、その時尚書部を率いていた上位役人たちは、いずれも尚書部に加わったばかりの者たちであった。このように、第四期は、尚書部史上初めて、伯の家系と尚書部の双方で、同時に世代交代が進まざるを得なかった時期であったのである。しかも、二つの世代交代は、密接に関連しながら進んでいった。結局上位役人として尚書部を実質的に率いる立場にあったのは、テオデリクス伯の信任あついデシデリウスと、新伯フィリプスの寵愛を受けたロベルトゥスであった。新伯への世代交代が進むにつれて、最有力の上位役人もデシデリウスからロベルトゥスいていた。

へと移り変わっていく。こうして、伯領の統治体制の頂点では、第四期を通じて、世代交代の進行に伴う変動が続
　では、そのような状況下で新伯フィリプスの統治を安定させるために、尚書部役人はどのような意味で貢献したと言えるだろうか。まず、三人の上位役人について、見てみよう。はじめに、フィリプスの弟であるペトルスは、父テオデリクス伯の期待に応えて史上初めて尚書部の上位役人という要職を伯家に確保した。次に、デシデリウスは、同じくテオデリクス伯の意向を受けて、若い新伯とその寵臣ロベルトゥスが統治者と助言者として十分成熟するまでの間、尚書部の舵取り役となった。最終的に唯一の上位役人となるロベルトゥスは、特に新たな施策の立案実行の面で新伯を刺激し支えた。このように、上位役人たちは、互いに競合しつつも三者三様の役割を果し、新伯の統治を保守的もしくは革新的に補佐することになったのである。

　一方、下位役人たちは、通常の実務を果し続け、新伯の統治の安定に下から貢献したと考えられよう。そして、二極に分化した上位役人と下位役人の間に立ち両者を結びつけていたのが、ブルッへのデカヌスであった(2)。

　そもそも第四期の尚書部は、伯と上位役人の世代交代が同時に進行せざるを得ない危機的状況のなかにあった。その渦中で、伯家および尚書部は、次々に生じる諸問題に解決を迫られていったはずである。その過程において、第四期の尚書部の人的構成にも様々な変化が生じ、独自の「ひょうたん型」の尚書部が形づくられていったのである。

第二部　尚書部の果す役割―四つの時期を通して―

序論で述べたように、尚書部とは、君主の名の下に公的文書を作成した上で印章を添付して証書として発給する組織を意味する(1)。そのような尚書部の役割を統轄する上位役人が、カンケラリウスであった。尚書部の役割に関する通説の問題点は、このような一般的定義を前提として、はじめから証書発給を尚書部の主要な役割とみなしている点にある。しかし、現存史料を再確認してみると、必ずしもそうではないことが明らかになった。第二部では、尚書部の役割を、証書発給、収入の管理(財務)、統治のサポートの三つに分類し、その上で重要度のバランスを判断する。

第一章　証書発給

第一節　上位役人

一般に、尚書部は、当初は証書を受け取る受給者によって作成された文書を手直しして印章を添付するだけであった。ところが、組織として発達するにつれ、次第に文面の起草や文書の作成から印章の添付にいたるまで必要な作業をすべて、尚書部だけで行えるようになっていったと考えられている。

このような一般的な理解を前提に、これまでの研究者は、フランドル伯の尚書部についても次のように判断している。一一世紀から一二世紀にかけての伯の尚書部は、文書学的研究によれば、常に証書の起草や作成まで行っていたとは考えられない。よって、尚書部は、主に伯の印章の添付だけを行っていたと推定される。上位役人の役割も、当初は印章の管理などに限定されていたが、時間の経過とともに証書の作成にまで及ぶようになっていく。その変化を端的に表すのが、上位役人の肩書きがプレポジトゥスからカンケラリウスに移り変わっていく現象であるとされるのである。

このような通説の是非について、史料を見直しながら検証していこう。その際最初の手がかりとなるのは、一〇八〇年の証書の末尾に記されている一文である。「私、副カンケラリウス、レイナルスが、読み直して手直しした(Ego Reinarus vice cancellarius recognovi et subscripsi)」(2)。レイナルスはカンケラリウスに代わって、受給者作成文書の文面を伯の証書にふさわしく仕上げたと推定される。ゆえに、さかのぼって一〇七〇年代後半にも、カンケラリウスすなわち上位役人は同様の役割を果すことがあったと考えられる。

次にカンケラリウスという肩書きが確認されるのは、一〇八九年の通し番号九の証書である(3)。「……同教会のプレポジトゥスを、誰であっても、余と余のすべての後継者たちのカンケラリウスに、さらにフランドル伯位に属するすべての収入を受け取る役および徴収する役に、永遠に定め、そして、同プレポジトゥスに対し、伯の宮廷においてて仕えている、余のノタリウス、カペラーヌス、そしてクレリクスたちすべてを監督する職を、権威に基づき認める。たしかに、カノニクスたちは、余の宮廷に来た時はいつでも、カペラーヌスの権利を手に入れ、……」(4)。

この文面のなかでは、伯のカンケラリウス兼所領収入の徴収役としての聖ドナティアヌス教会のプレポジトゥスと、彼の部下としてのノタリウス、カペラーヌス、クレリクスそしてカノニクスたちは、まとまりのある役人集団を構成するものとみなされている。したがって、カンケラリウスと彼の部下たちによって構成されているこの集団は、尚書部に相当すると考えられる。

伯の尚書部の出発点と位置づけられているこの証書には、プレポジトゥスがカンケラリウスとして部下たちを監督しながら何を行うのかについては、特に説明がない。よって、この証書が発給された一〇八九年の時点で、伯の宮廷には、カンケラリウスという役職および彼が中心になって果す役割について、改めて説明をする必要がない程度に共通の理解が存在していたと推測できる。先の一〇八〇年の副カンケラリウスの事例から、その役割には受給者作成文書の文面の仕上げも含まれていたと考えられる。

では、通説の言うように、上位役人が証書発給のために果す様々な役割のなかでも、当初は証書の作成よりも印章の添付の方が主要な役割であったのだろうか。

ところが、現存する伯の証書には、上位役人が印章の添付に関わったと明記されているものは一通もないのである。ヘンプティンヌたちも、とりわけ一二世紀後半について、印章の管理に携わっていたのは、上位役人ではなく印章保管係という別の役人であったのではないかと推定している。彼らの仮説の実証は、フィリプス伯の証書集で行われると予告されている。同証書集の刊行は、証書そのものの刊行は終了し後は序論の巻を残すのみである。今の時点では、印章の管理と添付も、一般に尚書部の重要な役割である限り、証書に明記されていなくても、上位役人の監督下にあったと考える方が自然であろう。ただし、印章に関わる役割が上位役人の主要な役割であったという証拠は、現存史料に認められないのである(5)。

これに対して、証書の作成はどうなのか。上位役人の主要な役割とみなされるのだろうか。上位役人が伯の証書の作成に関与したと明記される事例が確認されるのは、先の副カンケラリウスの事例より約六〇年も経った一一四二年の事例になる。この後一一六八年までの現存史料に確認される同様の事例は、全部で四例だけである(6)。各

受給者	内容
BruggeのSint-Donaas教会	前伯ウィレルムスによる寄進の確認
Walburgaの参事会,VeurneのSint-Niklaas大修道院	土地の交換の確認
VeurneのSint-Niklaas大修道院	土地の寄進,財産の交換の確認
DoornikのSint-Niklaas大修道院	伯の保護下に入れる,財産の確認
Anselm van Lambres	所領などの下封
VeurneのSint-Niklaas大修道院	寄進の確認
Hasnonの大修道院	伯の保護の返礼として漁業権を折半
Auchy-les-Moinesの大修道院	寄進の確認
Mesenの大修道院	年市の期間を延長
Sint-Bertijnの大修道院	息子Filipsと修道院長との協定を確認
Reningeの«watine»の植民者,[Woesten]の住民	植民者たちに土地を授与,Veurneの"keure"や何らかの負担からの解放
ArrouaiseのSint-Niklaas大修道院	伯の保護下に入れる
Harelbekeの教会	寄進の確認
DoornikのSint-Maarten大修道院	土地の寄進
"Phalempin"のSint-Christoforus大修道院	寄進の確認
Braineの大修道院	定期金の寄進,寄進の確認
Saint-Quentin-en-l'Ileの大修道院	寄進の確認

証書の文言によれば、上位役人が例外的に証書の作成に関与するのは、通常は受給者作成文書の文面を伯の証書にふさわしく仕上げる段階においてであったと考えられる(7)。とはいえ、この事例数では、証書作成に関わる役割もまた、上位役人の主要な役割とは言いきれない。

実は、証書発給の際に上位役人が果す役割として現存史料から最も明確に把握できるのは、証書の最も有力な証人となることである。第一部で見たように、歴代の上位役人は、ほぼ常に最も上位に位置する証人たちの一人であった。しかも、時間の経過とともに、尚書部役人の証人総数に占める上位役人の割合は上昇している。つまり、上位役人が尚書部を代表して証人となる傾向が強くなっているのである(8)。

ところで、その際上位役人の肩書きは、そのような役割を端的に表すカンケラリウスであったのだろうか。第一部の上位役人個々の分析からも推察されるように、実態はむしろ逆であった。彼らはごく稀にしかカンケ

図表27　上位役人がカンケラリウスと名乗っている事例

No.	通し番号	肩書き	発給地
1	138	prepositi Brugensis et cancellarii comitis Rogeri cancellarii comitis prepositure anno II	Brugge
2	166	preposito Brugensi et cancellario	?
3	226	prepositus Brugensis et cancellarius	?
4	227	prepositus Brugensis et cancellarius	Brugge
5	253	Datum per manum Rogeri cancellarii et Brugensis prepositi	?
6	280	Brugensi preposito et cancellario	?
7	289	cancellarii	?
8	310	archidiaconus Tornacensis et cancellarius Flandrie	Aire-sur-la-Lys
9	319	preposito et cancellario	Bapaume
10	320	Insulani tunc cancellarii	?
11	330	preposito et cancellario	Ieper
12	340	prepositi Insulensis et cancellarii	?
13	343	cancellarii, Insulensis prepositi	Brugge
14	354	Ego Desiderius cancellarius legi et subterscripsi.	Brugge
15	362	cancellarius	?
16	389	Flandrie cancellarii	?
17	414	Ego Robertus prepositus Ariensis et cancellarius subscripsi et relegi.	?

ラリウスと名乗ることはなかった。

では、上位役人が例外的にカンケラリウスと名乗る場合、特別の理由が存在したのだろうか。その場合、カンケラリウスという肩書きは、どのような意味を込めて使われていたのだろうか。

当該の事例を集めた**図表27**には、まず、上位役人が証書の作成に関与したことが明記されている、または推定される事例が確認される。次に、案件や発給地の点で、伯、上位役人もしくは聖ドナティアヌス教会との関わりが深い事例が確認される。このような場合にも、明記はされていないものの、証書の作成にまで尚書部が関与した可能性は高い。

第一に、**図表27**で肩書きの欄を網かけで示した事例では、上位役人が証書の作成に関与している。第二に、受給者の欄をグレーで塗った事例では、受給者が俗人で、文書を作成できなかったと推定される。第三に、受給者の欄を網かけで示した事例では、受給者が、フィリプス伯が妹の結婚を通じて獲得したヴェルマンドワ伯領の修道院なので、フランドル伯の証書にふさわしい文書を作成できなかったと推定される。第四に、発給地の欄を網かけで示した事例では、発給地がブルッへであるか、または受給者がブルッへの聖ドナティアヌス教会である。第五に、内容の欄を網かけで示した事例では、案件の内容に伯自身が当事者として関与している。以上を総合すると、図表27にまとめた一七の事例中一三の事例が、五つのケースのいずれかに該当している。

このように、カンケラリウスという肩書きは、従来尚書部の発達の指標とされてきたが、むしろ個々の証書に固有の事情のために尚書部が通常より深くその発給に関わったことを示している。このような関与の深さは、いわゆる尚書部の発達の成果ではない。なぜならば、通説では、尚書部は、伯や尚書部に直接関わりのない証書の発給にも恒常的に関与するようになってこそ、発達の頂点に達したとみなされるからである。

以上により、上位役人が伯の証書発給のため果した役割については、次のようにまとめられる。主要な役割と確実にみなされるのは、尚書部のスタッフを統轄すること、および上位の証人となることであった。現存史料だけでは、通説で重視されている印章の管理も証書作成も、主要な役割であったとは言い切れない。カンケラリウスという肩書きも、通説の言うような尚書部の発達の帰結ではなく、上位役人に通常よりも大きな役割が求められる特殊な発給状況に起因していた。したがって、証書発給のため上位役人が果す役割について、これまでの通説は、ここにその妥当性を失う。

第二節　中間役人

現在までの研究では、第一部で明らかにしたような中間役人の存在は認識されていない。そのため、これまでは、前章で中間役人と位置づけた役人たちの役割を解明しようとする際、当然「中間役人としての」役割が意識されることはなかった。有力な役人それぞれが個別にどのような役割を果していたのかを解明しようとしているだけである。

しかし、第一部で示したように尚書部内に中間役人が存在していたとするならば、彼らの役割についても、従来とは異なる視点で見ていく必要がある。つまり、各役人個別の役割として見るのではなく、中間役人に固有の役割を探り出す視点で見ていかなくてはならない。

そこで以下では、彼らの行う様々な役割に共通する特質があるかどうかを検討し、その作業を通じて、中間役人の存在した理由もしくは必然性を明らかにしたい。

では、尚書部の主要な役割のひとつである伯の証書の発給のためには、中間役人はどのような役割を果していたのだろうか。まず六人の中間役人に共通する役割として、上位役人に次ぐ上位の証人となることがあげられる。

（一）共通する役割――証人として――

データを調べてみると、一一一〇年以降、証人となっている尚書部役人の総人数に占める上位役人および中間役人の割合が、それまでと比べると格段に高くなっている(1)。つまり、一一一〇年代から二〇年代にかけて第一世代の中間役人が確認される時期に、伯の証書の証人となる尚書部役人が上位役人と中間役人に集中していっているのである。

したがって、一一一〇年前後から二〇年末にかけて、伯の証書の証人となるという役割は、尚書部役人全員ではなく専ら少数の上層の役人によって担われるようになっていったと言える。そのような特権的な役割を、第一世代の中間役人は、上位役人に従うかたちで果していたのである。

では、第二世代の中間役人は、どうであったのだろうか。データを確認してみると、一一一〇年以降五〇年代にいたるまで、伯の証書の証人となる尚書部役人が上位役人と中間役人に限定される傾向は、変わらず維持されたと言える。第一世代から第二世代へと世代交代しても、中間役人が上位役人に続いて伯の証書の上位証人としての役割を果すという慣習は保たれたのである(2)。

(二) 個別の役割

中間役人のなかには、証書発給のためにその役人独自の役割を果している者もいる。続いて、そのような個別の役割について見ていこう。

①サン・トメールのオゲルスの場合

まず第一世代の中間役人サン・トメールのオゲルスが、証書の証人となる以上に踏み込んだ役割を二つの側面で果している。

第一に、彼は、伯の証書の作成にまで関与することがあった。その根拠となる史料は、一一三七年に発給された通し番号一七一の証書である。この証書の末尾に、「サン・トメールのプレポジトゥスである私オゲルスが、かの伯の命を受け、寄進状の文面を作成し伯の印章を添付して確証した」と記されている(3)。

なぜ、オゲルスはこの証書を作成することになったのだろうか。その理由は、他の中間役人には認められない彼の独自性に求められる。第一部で明らかにしたように、彼が関与した伯の証書の多くは、プレポジトゥスとしての任地サン・トメール近郊を中心に北海沿岸部という特定の地域に関連していた。やはりこの証書も、受給者と案件の双方で沿岸部に関連している。受給者のテル・ドゥイネン（Ter Duinen）修道院は、沿岸部のフールネの近郊にあり、新しい修道院をサン・トメールの近郊に創設しようとしていた。

加えて、この修道院の新設に伯も協力しており、伯自身が案件に深く関与している。そのために、伯は、証書発給に通常より積極的に関わり、受給者作成文書を伯の証書として発給するにとどまらず、尚書部に証書の作成から発給までを行うよう命じたのではないだろうか。そして、その案件が沿岸部に関わっていたために、いわば「沿岸部担当」の中間役人であったオゲルスが選ばれ、証書作成を行ったのであろう。

その際、先の文言から、彼が伯の印章の添付にも関与していたことが確かめられる。オゲルス独自の役割の二つ目は、この印章に関わるものである。

現存する伯の証書の約六〇％の文面には、伯の印章が添付されたことが明記されている。しかし、印章の添付が尚書部によって行われたことが確かめられる証書は、二通しか現存しない。そして、どちらの場合も、印章を添付したと考えられる尚書部役人は、サン・トメールのオゲルスなのである。

第一に、一一三〇年の通し番号一四四の証書で、彼は、ゲルルス・シギリ（印章保管係）として証人となっている。第二に、先に引用したように、一一三七年の通し番号一七一の証書では、彼は、自分が証書の作成と印章の添付を行ったと明記していた。

まず、ゲルルス・シギリという肩書きは、本書の対象とする一〇七〇年代から一一六〇年代までの約一世紀の間に、この一回しか史料に現れない。さらに、一一三七年の事例のように、特定の役人が証書の作成だけでなく印章の添付にまで関与したことが明記されている事例も、他には存在しない。これら二通の証書は、極めて珍しい事例なのである。

では、二通の証書は、何らかの明白な特徴を備えているのだろうか。それらの特徴は、オゲルスが例外的に印章の添付に関わった理由を示唆するものなのだろうか。

ところが、二通の関連情報には特に際立った特徴は認められない(4)。たしかに、オゲルスの関わった他の証書と同様に、二通とも発給地または案件の内容のいずれかの点で沿岸部に関連している。とはいえ、その他の点では、それらはごく一般的な伯の証書なのである。ゆえに、証書の関連情報だけでは、なぜオゲルスが二通の印章添付に関与したのか、そしてなぜそのことを証書に明記したのか、その理由も見えてこない。

唯一手がかりを与えてくれるのは、オゲルスと伯の印章の関係に関して、尚書部研究の主流とは別に存在する先行研究である。すなわち、ミリス（Milis, L.）によって、独自の視点から次のような仮説が提示されている(5)。

テオデリクス伯の最初の印章には、ヤシの木が描かれている。ミリスは、このヤシの木が何を意味するシンボルなのかに関して詳細に議論し、結局王の徳としての正義を象徴するシンボルであるという結論に達している。その上で、伯の周辺で、そのような意味を込めて伯の印章をデザインするだけの学識や教養を身につけている可能性が最も高い人物として、このオゲルスを想定する。

たしかに、オゲルスは、一一一〇年代半ば以来テオデリクス伯も含めて四人の伯に仕えた中間役人であり、一一二八年に同伯が即位した際には、伯の印章に関する慣習や伝統に十分通じていたと考えられる。しかも、ミリスによれば、彼がプレポジトゥスを務めていたサン・トメールの聖マリア教会もまた、前伯ウィレルムスの印章のデザインに関与したと想定される。さらに、同教会に限らず、サン・トメール内外の聖職者たちの間には、フランドルにおいて随一の文化的かつ宗教的に豊かな伝統が保たれていたという(6)。

このようなミリス説をふまえると、オゲルスが時に印章添付に関与したとしても不思議ではない。もし一一二八年に即位したテオデリクス伯が最初の印章のデザインをオゲルスに委ねたとすれば、二年後の一一三〇年にオゲルスがゲルルス・シギリ（印章保管係）として伯の証書に現れるのは、むしろ極めて自然な流れであろう。

当時テオデリクス伯は、混乱期の最終段階で、前伯に対し反乱を起こした諸勢力に支持されて内乱に勝利し、ようやく即位にこぎつけたところであった。したがって、同伯にとって、即位して初めて作る印章のデザインというのは、父から息子へと伯位が継承される通常の場合と比べてはるかに重要であったはずである。同伯は、様々な手段を通して自らの伯としての正統性を通常以上に強烈にアピールする必要があり、印章のデザインもその手段のひとつであった。このような意味で格別に大きな意味をもつ印章の図案を、新伯は、一一一〇年代以来の古参の中間役人であったオゲルスに託した可能性が高いのである。

とするならば、沿岸部に関わる証書の発給に際して上位の証人となることの多かった中間役人オゲルスが、時にはそのような証書への印章の添付にまで関与したとしても不思議ではない。中間役人としての彼の行動の足跡には地域性が極めて強く認められるので、彼が恒常的に伯の印章を管理していた可能性は低い。彼の中間役人としての特性は、あくまでも「沿岸部担当」という点にあり、印章のデザイナーとしての役割もまた豊かな文化的伝統をもつ同地域の特性を背景にしたものであったと言えよう。

②ワルテルスの場合

次に、第二世代の中間役人ワルテルスもまた、独自性の高い役割を果している。彼の場合、それはひとつの側面に絞られる。

彼は、一一五〇年代前半の六通の伯の証書に、自分がその文面を仕上げた、もしくは作成したことを明記している(7)。この時期、ワルテルスは、専らカペラーヌスと名乗っており、かなり頻繁に伯の証書の作成に携わっていたと考えられる(8)。

このように一人の尚書部役人が相当数の証書の作成に関与したことを明記するのは、この時期の彼にしか認められない現象である。なぜ、ワルテルスは、そのような独特の役割を果したのだろうか。当該証書の受給者を確認すると、受給者はすべて修道院または教会である。よって、いずれの場合も、受給者が文書を作成しても不思議ではない。

次に、証書の案件を確認すると、六通中四通の内容が、伯または伯妃自身が、受給者のために寄進を行う、あるいはその特権を認めるというものである。このような案件の場合、第三者によって行われた寄進を伯が追認するといった案件と比べると、伯が関与している度合いが高い。その分、伯が、当該の証書の作成に通常より深く関与するよう尚書部に命じた可能性も高くなる。

とはいえ、ワルテルスがこれらの証書を作成した一一五〇年代初頭以降の時期にも、同様に伯が案件の当事者となっている証書は数多く存在する(9)。ところが、それらの証書には作成者は特に明記されていないのである。したがって、伯が案件に関与していたというだけでは、ワルテルスが作成に関与したことを明記した理由として十分ではない。

とするならば、彼がそのような行動をとったのはなぜか。それは、さらに別の条件が重なったからであろう。その条件を解明しようとする際重要なのは、一一五〇年代前半という時期の位置づけである。第一部で明らかにしたように、この時期は、ワルテルスが証書の作成に関与した時期であると同時に、先行するノタリウスのオゲルスに代わって中間役人としての地位を確保した時期でもあった(10)。おそらく、彼は、もともと下位役人としては文書を作成する能力が優れていたために、中間役人として上位役人によってとりたてられていったのではないか。だからこそ、この時期、ワルテルスは、伯の証書を作成したのは自分であることを殊更に強調し、尚書部内の自らの地位を確かなものにしようとしたのではないかと推測されるのである。

③第二世代のオゲルスの場合

中間役人が果した個別の役割に関して、最後の事例は、第二世代の中間役人オゲルスである。彼もまた、一度だけではあるが、ワルテルスと同じく証書の作成に携わっている。

一一四一年に発給された通し番号一九二の証書には、「カンケラリウスのオゲルスによって作成された」と記されている[11]。オゲルスは、第二世代の特徴として、通常は下位役人を指す肩書きを名乗っている。ところが、この証書では、彼は、極めて例外的にカンケラリウスと名乗り、さらに証書の作成にも関与しているのである。

なぜ、このような特殊な状況が生じたのだろうか。その理由としてまずあげられるのは、ワルテルスの場合と同様に、この案件に伯自身が関与していることである。伯は、第三者によるテンプル騎士団への寄進を確証するだけでなく、自身も同騎士団に寄進を行っている。このように伯自身が案件の当事者であったことが、受給者でなく伯の尚書部役人が証書を作成した一因であったと考えられる。

しかも、この証書の場合、受給者が証書を作成しなかった理由は、受給者が誰かを確認すれば一目瞭然である。この証書の受給者は、テンプル騎士団に属する俗人の騎士たちで、聖職者の受給者のように証書を作成するだけの識字能力は有していなかったのである。そこで、当時としては例外的に尚書部が証書を作成することになったのであろう。オゲルスが例外的にカンケラリウスと名乗ったのも、受給者ではなく尚書部役人が証書を作成することがいかに異例の事態であったのかを反映しているのではないか。

一般に、カンケラリウスは、君主の証書を発給する組織としての尚書部を代表する者の肩書きである。一方、オゲルスは、もちろん、尚書部を恒常的に代表する上位役人ではなく、上位役人に次ぐ中間役人にすぎない。その彼があえてカンケラリウスと名乗ったのは、この証書を作成したのは尚書部であり尚書部を代表してその現場の陣頭指揮に立ったのは自分であることを示そうとしたのではないだろうか。

とするならば、なぜオゲルスが選ばれたのか。先の二人の場合と違って、その答えを探る手がかりは他の現存史料にも見出されない。それでも、この証書が作成された現場において、彼が「この証書に限り」カンケラリウスと名乗る程中心的な役割を求められたことは確かである。その場に、彼以外の尚書部役人はいなかったのだろうか。証人リストを見てみよう。たしかに、全一二人の証人中尚書部役人は一人も存在しない。オゲルス自身も、作成者として名前を残しているだけで、証人となっているわけではない。よって、この場合、他の尚書部役人は立ち会っていない、もしくは立ち会っていたとしても証人としての役割は求められていない状況において、オゲルスだけが作成者として名前を残すことになったのであろう。

(三) まとめ

以上のように、伯の証書発給に関して、中間役人たちは、第一に上位役人に次ぐ上位の証人となるという共通の役割を果していた。それ以外に各人が個別に果していた役割は、証書の作成と印章の添付に関わるものばかりである。そのような役割は、証書発給の核心を成すものなので、一般の下位役人ではなくより上位の中間役人に任せるべきだと判断されたのであろう。中間役人たちは、当該証書が発給される状況によって必要となった役割と各自の特性や能力とが適合した場合には、証人となる以上に重要な役割を果したのである。

第三節　下位役人

上位役人や中間役人と同じく、下位役人は下位役人に特有の役割を果していたはずである。現存史料の再検討により、まずその実態を明らかにするとともに、最終的に最大の論点つまりカンケラリウスとなのる下位役人の問題について通説を改めて見直していく。

原則として、一〇八九年の措置によれば、下位役人たちは上位役人の監督の下にある。したがって、彼らは、証書の発給に際しても、上位役人および中間役人の監督を受けながら、現場で必要とされる実務に携わっていたと推定される。では、具体的に彼らはどのような役割を果していたのだろうか。

（一）伯のための文書作成

まず、一〇八四年のこととして伝えられる二つの出来事から、八九年の措置以前すでに、伯のために文書を作成する聖職者が存在していた可能性が見えてくる。

第一に、一〇八四年に、伯ロベルトゥス一世が、聖人によって「神の平和」がもたらされたことに感激し、ブルッヘ城代に命じて、同市周辺で起こった殺人事件のリストを作らせたと伝えられている(1)。このリストの文面を書いたのは、誰だったのだろうか。俗人の地方役人である城代にはその能力はなかったと考えられるので、彼に指示された聖職者がリスト作成にあたったと推定される(2)。この記述が事実を反映しているとすれば、伯の命令を受けて聖職者が文書を作成するという行為が、一〇八〇年代前半にすでに行われていたことになる(3)。

第二に、同年ジステル（Ghistelles）において聖ゴデレヴァ（Godeleva）の聖遺物が奉挙されたことが伝えられており、それに立ち会った者たちの名前に貴重な情報が含まれている(4)。立会人の筆頭には、ロベルトゥス一世の妃ゲルトルディス（Gertrudis）が位置している。以下、全二〇名の立会人の名前があげられている。その一二番目に、「ジステルの、この文書のノタリウス」（Desiderius, hujus scripti notarius de Ghistella）としてデシデリウスという人物が現れる(5)。よってこの記録を作成したのは、奉挙が行われた地元のノタリウスであったのである。この記述が本当に一〇八四年頃の出来事を反映しているのであれば、これ程早い時期に伯妃の名の下に文書を作成したのが、後に尚書部の下位役人の肩書きとなるノタリウス（書記）であったことになる。伯妃の名の背後には、あるいは伯もこの文書作成に関与していた可能性も想定し得よう。

このように、一〇八九年の措置がとられる前から、伯の政治的、宗教的行為に必要な文書を作成する聖職者はたしかに存在していた。

（二）証書の作成への関与

さらに一〇八九年の後になると、伯の証書の作成に下位役人が関与したことが、現存史料によりはっきりと確認できるようになる。当該事例は二例である。それぞれについて、なぜ下位役人が作成に関わったのか、何らかの明確な理由があったはずである。なぜなら、受給者作成文書が主流の当時にあって、尚書部が作成に関与することすら異例の事態であったのに、これらの事例では、さらに異例なことに、尚書部を代表して作成に携わったのが上位役人などではなく末端の下位役人であったからである。

第一の事例を見てみよう。一一一六年に発給された通し番号八一の伯の証書の末尾に、「イーペルにおいて……ノタリウスであるオドゲルスの手によって作成された」という一節が記されている(6)。**図表28**の肩書きからわかる

図表28　Odgerus の肩書きの変化

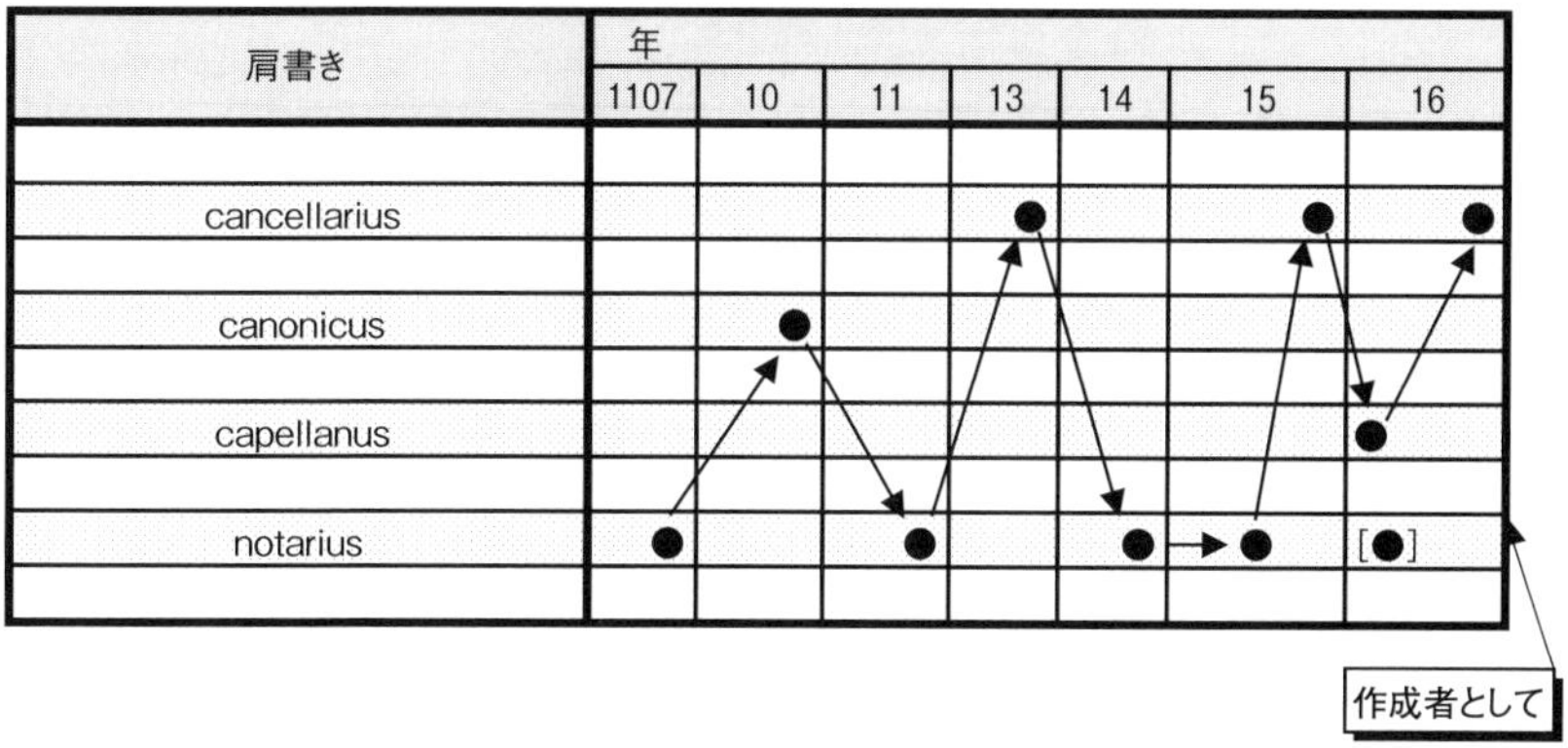

ように、このオドゲルスは下位役人の一人であった。この場合、証書が尚書部役人によって作成された理由は、その受給者および案件に求められる。

この証書は、イーペル（Ieper）の都市民を対象に、決闘裁判と神明裁判を止め以後は共同宣誓人の誓約によって有罪か無罪かを決定するように伯が定めたものである[7]。このように都市民を受給者とする証書は、当時の伯の証書としては例外的な存在である。実際、一〇九〇年代から一一二〇年代末までに発給された一一四通のうち約九五％が、教会や修道院に対して発給されたものである。そして、その大半が、受給者である教会や修道院によって作成されたと考えられている。

しかし、この証書の場合、受給者の都市民が伯の証書を作成する識字能力を有していたとは考えられない。だからこそ、例外的に尚書部がこの証書を作成することになったと推定される。ではなぜ、その役割を果したのが特定の下位役人だったのだろうか。

作成者のオドゲルスは、証人リストでは、三人の下位役人とともに宮廷のカペラーヌス（capellanus curie）と名乗っている。そして、このリストには、彼ら以外に尚書部役人の姿は認められないのである。何らかの理由で、当時の上位役人も中間役人も、この証書が発給され

図表29　Balduinus の肩書きの変化

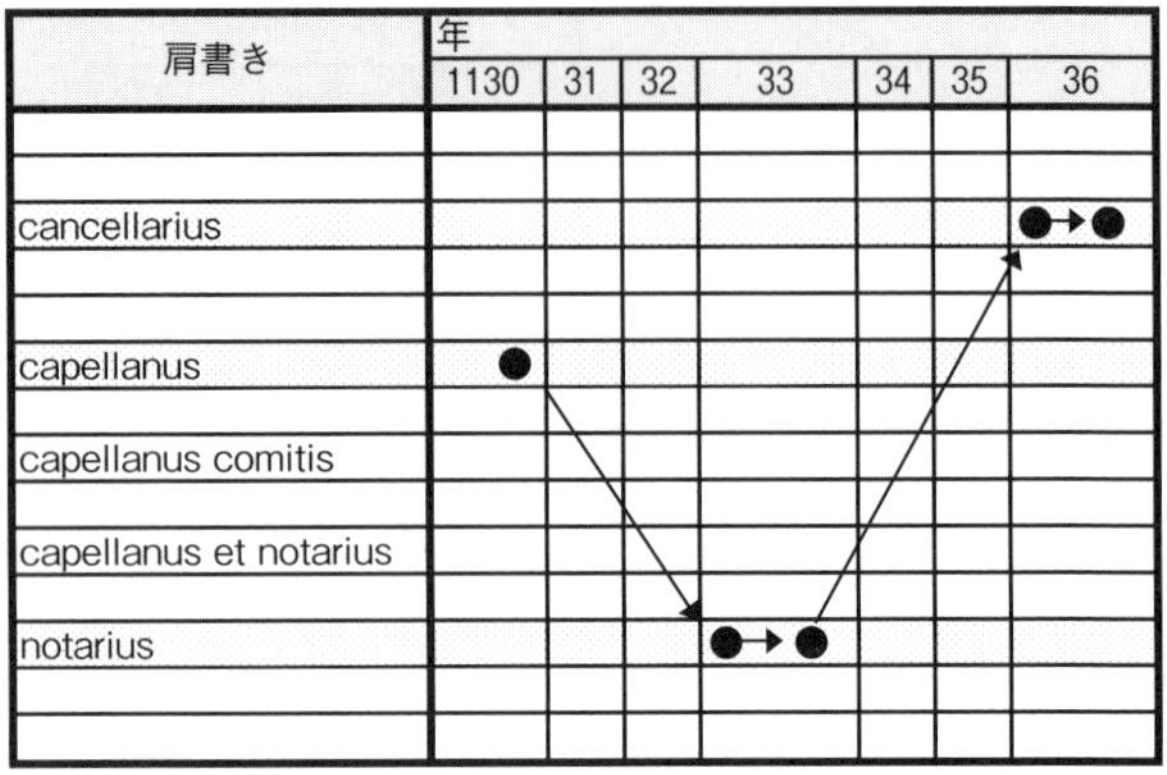

る場に立ち会っていなかった。そのため、その場にいた四人の下位役人のなかからオドゲルスが選ばれ証書の作成にあたったと考えられる。なぜ彼が選ばれたのか。図表28を見ると、彼は他の機会に三度もカンケラリウスと名乗っている。下位役人がカンケラリウスと名乗る理由については以下で論じるが、ともあれそのことからオドゲルスが「その他大勢の」下位役人ではなく同僚たちのなかでも上位に位置していたことは確かである。それが、彼がこの証書の作成者に選ばれた理由であろう(8)。

第二の事例は、二〇年後の一一三六年に発給された通し番号一六四の伯の証書である。その末尾に、「カンケラリウスたる私、ブルッヘのバルドゥイヌスが、作成して手直しをした」と記されている(9)。発給地のリールは受給者の教会があった場所から約二キロメートルしか離れていないので、当時としてはこれが受給者作成文書であった方が自然である。にもかかわらず、この証書は、尚書部によって作成された。なぜだろうか。発給地にその理由が求められないとすれば、受給者や案件に求められるのか。この通し番号一六四の証書は受給者の修道院の財産を確認したもので、受給者にも案件にも尚書部によって作成されるべき特殊性は認められない(10)。よって、現存史料の情報では、これを作成したのがなぜ尚書部であったのか、その理由は明らかにならない。ただ、何らかの理由のため尚書部がその作成にあたったとして、その役割をバルドゥイヌスという役人が果した原因は、証人リストの情報から推定できる。

たしかに図表29および彼が確認される証書の関連情報から、彼は、伯領内を伯とともに移動する下位役人であったと考えられる(11)。よって、もし上位役人や中間役人が作成現場に立ち会っていたとしたら、彼のような下位役人が、単なる証人としてではなく作成の責任者としてカンケラリウスと名乗る可能性はかなり低かったのではないか(12)。

ところが、この証書では、作成者として名前を出しているバルドゥイヌス以外には、証人リストにも尚書部役人は確認されない。彼は、この証書の発給に携わった唯一の尚書部役人であったのである。したがって、この場合、他の尚書部役人が証書が作成され発給される現場にいなかったために、伯の身近に仕えていた下位役人が証書を作成することになった。その結果として、彼は、証書を作成した尚書部役人としてカンケラリウスと名乗ることになったのではないか。

以上二つの事例より明らかになるのは、上位役人や中間役人がいない状況でどうしても尚書部が証書を作成しなければならなくなると、下位役人がその役割を果したという実態である。その実態をよく表しているのが、下位役人が作成者として名乗るカンケラリウスという肩書きであったのである。

(三)　証人としての役割

さらに、下位役人が証人としてカンケラリウスと名乗る事例が、作成者としてそう名乗る事例よりも数多く存在する。

内容	証人リスト中の尚書部役人
両親による寄進の確認	Ogerius cancellarius8/20
土地の寄進	Bertulfus Brugensis prepositus2/19
	Fromoldus Furnensis prepositus3/19
	Odgerus cancellarius4/19
裁判権の確定	Otgerii cancellarii4/15
寄進の確認,所領の所有の確認	Otgeri prepositi Sancti Audomari4/14
伯が保有していた荘園(curtis)の所有の確認	Henrici cancellarii5/14
土地の寄進, 伯が修道院の保護者となるなど	Rogeri Brugensis prepositi1/10
	Letberti decani ac notarii4/10
	Balduini cancellarii5/10
寄進の確認	Rogeri prepositi Brugensis1/19
	Frumaldi Brugensis2/19
	Fulconis cancellarii3/19
妻の証書(寄進の確認)の確認	Rogeri prepositi Brugensis1/19
	Frumaldi Brugensis2/19
	Fulconis cancellarii4/19
伯と修道院長の権利の取り決め	Ogerus prepositus Sancti Audomari1/13
	Ogerus cancellarius2/13
歳代から修道院に対するニシンの定期金(収入)の寄進を,伯が司教に譲渡する	Alaudo cancellario12/13

ただし、伯の証書の証人となるという役割そのものについては、下位役人がその役割を果す機会は次第に減少していったはずである。すでに明らかにしたように、証人として伯の証書の発給に貢献するのは、専ら上位役人と中間役人に限定されるようになっていったからである。そのように下位役人が証人となること自体稀になっていく状況を考えると、それほど異例の機会にしかもカンケラリウスと名乗るという行為の特殊性が際立ってくる。

図表30からわかるように、カンケラリウスと名乗っていても、証人リスト中に彼らが占める位置は、下位役人を指す肩書きを名乗る通常の場合と大差ない。彼らは、順当に、上位役人および中間役人に次ぐ位置を占めているにすぎない。したがって、彼らの証人としての重要性は、いつもと変わ

図表30 下位役人が証人としてカンケラリウスと名乗る事例

No.	通し番号	発給者	発給年代	発給地	受給者
1	63	BaudouinVI	1113	Aire	Samerの大修道院
2	78	BaudouinVI	?[1115]	?	Voormezeeleの大修道院
3	83	BaudouinVI	1116	Saint-Amand	Saint-Amandの大修道院
4	88	BaudouinVI	1118	Watinie	Saint-Martin de Tournaiの大修道院
5	163	Diederik	1136	Brugge	ZalegemにSint-Augustinus会則に従って新設される修道院
6	182	Sibilla	1139	?[Brugge]	AnchinのSint-Salvator大修道院
7	184	Diederik	?[1139]	?	Anchinの大修道院
8	193	Diederik	?[1128-1142]	?	Sint-Bertijnの大修道院
9	208	Diederik	?[1144]	?	Braineの大修道院

上位役人
中間役人
下位役人

らなかったと考えられる。それでは、なぜ、これらの証書に限って、彼らはカンケラリウスと名乗っているのだろうか。

カンケラリウスという肩書きは、一般的には、君主の証書の発給を主な役割とする尚書部の上位役人を指す。加えて、先に検討した作成者として下位役人がカンケラリウスと名乗った理由も加味すると、稀に証人としてそう名乗ったのも、やはり証書発給の際に通常より大きな役割を果したためであったのではないかと推測される。

この推測を裏付けるような情報が、**図表30**に確認できる。九通のうち、二通はブルッへで発給され、七通では伯自身か伯家の成員が案件の当事者となっている。どちらの情報も、これまで明らかにしてきたように、証書の発給にあたって尚書部が通常以上に大きな役割を果す要因となり得るものである。

ただし、そのような時証書発給を主導するのは、通常は上位役人か中間役人であったはずである。では、これらの事例では、カンケラリウスと名乗る下位役人が上位役人や中間役人と同等以上の役割を果さなければならない特別の理由があったのだろうか。たしかに、九例中三例では、下位役人は、証書発給に関与した唯一の尚書部役人としてカンケラリウスと名乗っている。また、残りの六例中二例では、伯の留守を預かる伯妃によって発給された証書に関連して、その伯妃に仕える下位役人がカンケラリウスと名乗ったと推定される。というのも、フルコという役人は、伯妃の発給した通し番号一八二とそれを伯が追認した通し番号一八四でカンケラリウスと名乗っているが、その他の証書には全く姿を現さないからである。このように、九例中五例については、下位役人がカンケラリウスと名乗った理由は明らかになる。

残る四例については、現存史料から明白な特殊事情はうかがえない。それでも、それらの事例で、下位役人は、上位役人や中間役人を前にしてあえてカンケラリウスと名乗っているわけである。そうするだけの重要な役割を、証書発給のため何らかの点で彼らが果したと考えてよいのではないだろうか。

ところで、第一部で見たように、下位役人がカンケラリウスと名乗る事例が確認される時期は、一一一〇年代から四〇年代にかけてちょうど尚書部に三層構造が保たれていた時期にあたっていた。さらに本節で明らかにしたように、この時期には、下位役人も、場合によっては証書発給のため上位役人や中間役人と同様に重要な役割を果すことがあった。その時、下位役人はカンケラリウスと名乗ったのである。では、なぜ、特にこの時期に、なのか。この三層構造が存在していた時期、それは、第一部で解明したように、尚書部全体が多層を成し柔軟に変化をくり返していた時期であった。だからこそ、そのようにフレキシブルな状態の尚書部のなかでは、下位役人も、状況に応じて求められた役割を臨機応変に果すことができたのであろう。

それに反して、すでに明らかにしたように、一一五〇年代に三層構造の最終局面に入ると、証書の作成は専ら最後の中間役人ワルテルスによって行われるようになる。そればかりか、カンケラリウスという肩書きも、三層構造が消滅した一一六〇年代には上位役人によって独占的に用いられるようになっていくのである。

(四) まとめ

以上本節で明らかになったのは、伯の証書発給の際、下位役人がどのような役割を果していたのか、その実態である。すなわち、証人としての役割は次第に重要性を失うものの、彼らは、一一一〇年代から四〇年代にかけては、必要があれば証書作成の中心となって働くこともあった。下位役人が例外的にカンケラリウスと名乗ったのは、そのような機会に際してであった。

従来、通説では、下位役人もカンケラリウスと名乗るというのは、尚書部の一般的な定義に反しており、あくまでもイレギュラーな現象であるとみなされている。そのような現象が起きるのは、尚書部全体の発達がいまだ未熟な段階にとどまっていたからであるとされる。しかし、この現象から見えてきたのは、同時期に維持されていた三層構造のもつしなやかな適応性の高さである。この特質は、当時の尚書部内外の状況に対する迅速かつ適切な対応を可能にしたという意味で、積極的に評価されるべき極めて現実的な利点であったと言えよう。決して、尚書部の制度としての欠陥や後進性を表すものではない。

第二章　収入の管理

第一節　上位役人

すでに述べているように、一〇八九年ブルッヘの聖ドナティアヌス教会のプレポジトゥスは、伯によって、カンケラリウスと同時に「フランドル伯位に属するすべての収入を受け取る役および徴収する役」（susceptorem etiam et exactorem de omnibus reditibus principatus Flandrie）に任命された。この文言から、尚書部を率いる同プレポジトゥスは、証書発給に関わる役割とならんで、伯の所領収入の徴収を監督する役割に携わっていたことがわかる。

ここで特徴的なのは、プレポジトゥスが指名された二つの役職が極めて対照的な方法で表記されていることである。所領収入の徴収役については、カンケラリウスのように肩書きだけで表すのではなく、その役割を簡潔に説明する方法で表記されている。これは、なぜだろうか。中世初期以来の伝統をもっているカンケラリウスと異なり、所領収入の徴収役を一語で表す言葉は、当時の伯の宮廷には存在しなかったからであろう。

したがって、所領収入の徴収役という役職とその役割は、カンケラリウスとは異なり、従来から存在する肩書きで呼ぶことができない新しいものであったのではないだろうか。そのような役職が必要となるほどに、一一世紀後半当時、フランドル伯の所領収入が増大しつつあったのではないかと推定される。

では、所領収入の徴収役として、上位役人は、より具体的にはどのような役割を果していたのだろうか。その実態は、まず、一一二七年から翌年にかけての政治的混乱を記録したガルベルトゥスの日記からうかがえる。カロルス伯の暗殺後混乱の深刻化を予想した尚書部役人が、上位役人のベルトゥルフスに頼み、ブルッへの聖ドナティアヌス教会から財務記録を運び出している。上位役人は、同教会と尚書部の双方を率いる立場にあった(1)。この記述から、一〇八九年に定められたように、たしかに上位役人は財務を統轄する役割を果しており、彼の率いる聖ドナティアヌス教会が財務の中心になっていたと考えられる。この点はこれまでの研究で確かめられている通りであろう。

次に、財務記録自体については、唯一、一一四〇年の会計簿の断片が、羊皮紙が再利用されたために現存している。この断片史料については、一九五〇年に、ストラブ（Strubbe, E. I.）によって分析が加えられた。その結果、この史料からは、ベルグ（Bergues）という町で作成された会計簿がブルッへの聖ドナティアヌス教会に提出されていたことが明らかになっている。この史料を含む古文書は、同教会に保存されて現代にまで伝えられたのである。したがって、この会計簿は、作成地から聖ドナティアヌス教会まで運ばれ、おそらく同教会のプレポジトゥスが上位役人として率いる尚書部によって保管されていた。ストラブはこう考えている。一〇八九年の措置で上位役人は所領収入の管理を任されていたので、彼の見解のうちここまでは、十分説得的である。さらに進んで、ストラブは、上位役人が、部下たちとともに、地方から提出されてくる個別の会計簿を監査し、それらをひとつの一般会計簿にまとめたのではないかと推定している(2)。しかし、この推定は、一二世紀後半の財務制度から五〇年ほどさかのぼっての類推なので、そのまま受け入れることはできない。

ところで、財政史の通説では、財務統轄の主導権は、次第に尚書部の上位役人からカメラリウス（camerarius）と呼ばれる別の役人へと移っていくとされる。それは、裁判収入や現金収入などの新たな収入の徴収を管理していたのが、俗人のカメラリウスであったからであると説明される。たしかに、カメラリウスは、伯の宝物庫の鍵を預けられていたと伝えられ、特に現金収入の管理にあたっていた可能性は高い。よって、収入そのものの管理だけが問題であるならば、財務運営の主導権が、少しずつ上位役人からカメラリウスへと移っていったとしても不思議ではない(3)。

とはいえ、財務統轄は、俗人のカメラリウスだけでは不可能な役割を必要とする。それは、会計簿をはじめとする文書のとり扱いを伴う役割である。この役割はラテン語の読み書き能力をも前提としているため、その遂行には聖職者の関与が不可欠である。ゆえに、たとえ伯の収入源が変質していったとしても、財務文書の管理に、伯の統治を支えるトップレベルの聖職者である上位役人が一切関わらなくなるとは考えにくい。

実際、一二世紀後半という遅い時期の史料にも、上位役人が財務文書の管理に深く関与していたことをうかがわせる事例を確認できる。

まず、一一六三年の伯の証書で、以前にフィリプス伯が放火したテルアンヌ（Thérouanne）の聖アウグスティヌス（Augustinus）大修道院に対し、その賠償としてサンス収入（cens, 地代収入）を譲渡することが確証された。テオデリクス伯は、そのサンスの支払いは、「余のカンケラリウスの立会いのもと」（in presentia cancellarii mei）行われるべきであるとしている(4)。

次に、一一六七年に改めてこのサンス収入が同大修道院に譲渡される際、伯の所領収入の徴収にあたっていた役人たちが集められた。フールネの聖ニコラウス修道院長の証書によれば、彼らを招集したのは、フィリプス伯の命を受けた「その時カンケラリウス職を有していたブルッへのハケトゥス」であった。このハケトゥスは、本来は、聖ドナティアヌス教会のデカヌス（副参事会長）で、上位役人のプレポジトゥス（参事会長）直下の尚書部役人であった。よって、この場合彼は、上位役人の同意のもと、あるいはその代役としてカンケラリウスと名乗っていたと推定される。続いて同じ案件のために発給されたフィリプス伯の証書（通し番号四〇七）でも、彼は、二人の上位役人ペトルスとロベルトゥスに続いて一〇人中三人目の証人となっている(5)。

ほぼ同時期の以上二事例を合わせて推測すると、伯の所領収入をめぐって何らかの措置が必要な場合、代役ではなく上位役人本人がカンケラリウスとしてその措置を監督することも当然あったと考えられる。さらに、その結果が伯の証書に文書化される際にも、上位役人が中心的な役割を果したと推定してよいだろう。このように、一二世紀後半にいたっても、聖職者である尚書部役人たちの関与が不可欠な財務文書の管理について、彼らを束ねる上位役人が主導的な役割を果していた可能性が高い。

したがって、通説の言うように財務統轄の主導権が上位役人からカメラリウスへ移っていくとするならば、財務運営に欠かせない聖職者たちを俗人のカメラリウスが配下に従える必要がある。よって、財務の統轄者が上位役人からカメラリウスに変化していったと判断するためには、通説のように収入源の変化を想定するだけでは十分ではない。そう判断するためには、カメラリウスの部下のなかに、尚書部役人のように財務文書を扱う能力をもつ聖職者が含まれているかどうかを確認しなければならない。その検証は今後の課題とせざるを得ないが、少なくとも次のことは明らかである。それは、財務史の通説のように財務運営の主導権が上位役人からカメラリウスへと移行していったとは、一概に言い切れないということである(6)。

以上により、上位役人が財務に関して果す役割については、次のようにまとめられる。その役割は、ブルッへの聖ドナティアヌス教会に提出される財務記録の受領、監査および保管の責任者として、財務面で尚書部役人たちを統轄することであった。この点については、尚書部研究および財政史研究の通説は妥当である。しかし、財務統轄の主導権が次第にカメラリウスに移るとする財政史の通説については、聖職者とりわけ尚書部役人の文書作成能力の高さを考えると再考の必要がある。

第二節　中間役人

次に、証書発給と同様上位役人の統轄下にあって、財務において中間役人はどのような役割を果していたのだろうか。

現存史料を調べてみると、財務については、証書発給と異なり、中間役人に共通する役割は認められない。二人の中間役人が、それぞれ個別に財務に携わっているのみである。それは、フロモルドゥス・セニオルと彼の甥フロモルドゥス・ユニオルである。

前章で明らかになったように、証書発給の際に中間役人が個々に独自の役割を果すのは、当該事例をめぐる状況で必要とされた役割に各自の特性や能力が適合した場合であった。このような特徴は、フロモルドゥスたちが財務に関与する場合にも認められるのだろうか。この問題を念頭において、まず、彼らが、具体的にどのような役割を遂行していたのかを見ていこう。

第一節で見たように、フロモルドゥス・セニオルは、一一二七年カロルス伯が暗殺された後、伯を暗殺した上位役人ベルトゥルフスに頼み、聖ドナティアヌス教会から伯の収入に関する財務記録（De redditibus comitis brevia et notationes）を他の礼拝堂に避難させていた。このことから、彼は、一一二〇年代後半、上位役人の下で同教会を中心に運営されていた財務において上位役人に次いで中心的役割を果していたと考えられる。また、この時、彼は下位役人とみなされる同教会のカノニクスたちとともに記録を運び出している。よって、フロモルドゥス・セニオルは、財務面で下位役人たちを率いる立場にもあったと推定される。したがって、当時の財務にあって、彼は、文字通り「中間」役人であったと言えよう(1)。

さらに、彼の甥フロモルドゥス・ユニオルは、おじの跡を継ぐようにして中間役人へと成長していき、より深く財務に携わっていく。ガルベルトゥスの日記によれば、エランバルド家は、同伯を暗殺した直後にフロモルドゥス・ユニオルを捕え、彼がもっていた、伯の宝物庫の鍵と伯の家の鍵すべて、つまり伯の家にあった金庫や箱の鍵をすべて奪い取ろうとしている。このことから、彼は、宝物庫をはじめとする伯の財宝の管理を任されていたと考えられている(2)。

次に彼が確認されるのは、それから約一年後の一一二八年の三月、つまりブルッへの都市民と新伯ウィレルムスとの対立が深まり都市反乱が起こる直前の時期である。ブルッへの都市民たちは、フロモルドゥスが伯の居城に穀物やワインなどを補給していないかどうかを調べようとしたという。その目的に関しては、都市民たちは、伯が籠城して彼らと戦うつもりなのかどうかを確かめるため、伯の所領収入を管理していたフロモルドゥスが城の食糧補給を進めていないかを調べようとしたのだと推定されている。とするならば、フロモルドゥスは、彼自身と対立していたエランバルド家を破った新伯のもとでも、混乱期以前と同様に財務に関わる重要な役割を、しかも以前のおじのセニオルと同様に伯の収入の管理という役割を再び果していたことになる(3)。

なお、ガルベルトゥスの日記には、彼とともに俗人の中央役人のカメラリウスが伯の財宝を管理していたと伝える記述もある。カロルス伯が暗殺された当日、アルノルドゥス（Arnoldus）というカメラリウスが、尚書部役人たちと一緒に暗殺の現場に居合わせていた。エランバルド家の者たちは、彼らを捕えた後で、特にフロモルドゥス・ユニオルの扱いをめぐって、彼をその場で殺すか、それとも、彼とアルノルドゥスから伯の財宝を奪い取るまでは生かしておくかを話し合っていたと伝えられる(4)。

これは、自身も尚書部役人であったガルベルトゥスの記述である。よって、少なくとも、伯の財宝の管理にフロモルドゥスとともにカメラリウスのアルノルドゥスも関わっていたということは確かであろう。しかも、伯が暗殺された直後の混乱のなかで、アルノルドゥスは、フロモルドゥスをはじめとする尚書部役人たちと行動を共にしている。よって、二人は、伯の宮廷で日常的に顔を合わせているような近い関係にあったと推定できる。

伯の財務に関する従来の研究では、財務を統轄する役人は、カンケラリウスとカメラリウスの二人であったとされている。カンケラリウスつまり尚書部の上位役人は、主に土地収入などの伝統的な定期収入の徴収をとりまとめていた。一方、カメラリウスは、伯の宝物庫の管理を任されていたことから、裁判収入や流通税などの新しいタイプの収入の徴収をとりまとめるようになっていった。時間の経過とともに、後者のタイプの収入が増えていくので、財務運営の主導権は、カンケラリウスからカメラリウスへと移っていく。これが、通説の主張する図式である(5)。

しかし、一一二〇年代末のフロモルドゥス・ユニオルとアルノルドゥスの関係を見る限り、尚書部役人とカメラリウスとの間で、財政史の通説が主張するほど明確な役割分担が行われていたとは考えられない。二人は、肩をならべるようにして伯に仕え、通説では専らカメラリウスによって担われているとされる伯の財宝管理に、ともに携わっていた。しかも、通説では財務面でカメラリウスに対する尚書部役人は上位役人であると想定されているが、実際カメラリウスと肩をならべているのは、少なくともこの時点では中間役人のフロモルドゥスなのである。

以上ガルベルトゥスの日記から得られた情報と財務史の通説を照らし合わせてみると、中間役人の財務への関与については、次のようにまとめられよう。すなわち、一一二〇年代末、中間役人のフロモルドゥス・セニオルとユニオルは、現在までの研究では上位役人が統轄していたとされる所領収入の管理と、カメラリウスが行っていたとされる伯の財宝の管理との両方に携わっていた。つまり、このおじと甥の二人の中間役人は、土地収入を中心とする伝統的な収入の管理と、新しいタイプの収入の管理につながっていく伯の財宝の管理との双方に深く関与していたのである。もちろん、彼らの中間役人という立場を考えれば、いずれの役割も上位役人の統轄下にあったと考えられる。とはいえ、日記の記述から、二人が日々の管理業務の現場では先頭に立っていたことは確実であろう。

第一部で明らかにしたように、混乱期の後、フロモルドゥス・セニオルからフロモルドゥス・ユニオルへと世代交代が進んだ。ユニオルは、混乱期直前に反エランバルド家勢力の中心人物であったので、混乱期中に同家が没落した後は、伯の宮廷と尚書部において極めて大きな影響力を発揮したにちがいない。

混乱期後の一一三〇年代の財務については、ガルベルトゥスの日記のような同時代史料は現存しない。それでも、先述のような混乱期前後の状況と、第一部で明らかにしたフロモルドゥス・ユニオルの中間役人としての地位の高さを考えれば、次のように推定し得る。すなわち、少なくともユニオルが中間役人として活躍する一一三〇年代には、彼が、以前と同様に伯の財務に関わる役割を担当していたとしても、決して不自然ではない。しかも、おじのセニオルの役割をも受け継いで、彼が新旧二種類の収入管理に携わっていた可能性も少なからず存在する。その後、時間の経過とともに新しいタイプの収入の比重が増していくにつれ、彼が財務運営において果す役割もますます重要になっていったはずである。

以上のように、フロモルドゥス・セニオルとユニオルは、何よりも血縁関係を武器として二代にわたり財務運営の中枢に位置し得たと言えよう。では、財務で発揮された彼らの特性ないし能力は、証書発給の場合と同様に、各事例をめぐる個別の状況下で要請されたものだったと言えるのだろうか。

証書発給で中間役人の特性や能力が求められたのは、例外的に尚書部が証書作成や印章添付に関与する場合であった。それに比べれば、伯の収入を管理する財務は、より恒常的な役割である。実際、カロルス伯とエランバルド家の対立が深まる前は、二人は、両者とのバランスをとりつつ、新旧タイプ双方の収入管理に継続的に携わっていたと考えられる(6)。

ところが、伯の暗殺以降政治状況が緊迫化すると、二人はそれぞれの持ち場で緊急事態への対応を迫られていく。セニオルはエランバルド家を刺激しないようにしながら財務記録の保全に尽力し、ユニオルは逆に同家に抵抗して亡き伯の財宝を死守しようとしていた。混乱期中二転三転した政治状況は最終的にユニオルに味方し、世代交代とともに、財務運営のノウハウは収入の新旧を問わずユニオルに集中して継承されていく。こうして、混乱期中に伯や上位役人は深い断絶を伴いながら世代交代せざるを得ない状況にあって、財務についてはユニオルを通して業務遂行の連続性を確保できたのである。

このように、財務面で中間役人に要請された役割は、証書発給の場合と比べると、基本的にはより恒常的な役割であったが、時にはるかに大きな政治状況の変動に即したものであった。個別状況により中間役人の特性や能力が求められたという点では証書発給の場合と変わりないのだが、財務面の方がその文脈のスケールが大きい。

第三節　下位役人

下位役人たちは、伯の所領収入を管理する財務に関しても、一〇八九年の措置により上位役人の監督の下におかれると定められた。上位役人に関して見たように、財務は、証書発給に比べると当時新たに必要となり始めた役割であった。実際、現存史料に下位役人が財務に携わっていることを確認できるようになるのも、一〇八九年の措置から約四〇年後とかなり時間が経過してからである。下位役人の財務への関与については、今まで実証研究は積み重ねられてきているが、大きな論争点と呼べるような問題は提起されていない。そこで、以下では、その関与の実態を現存史料に確認しつつ、その作業を通じて浮上してくる論点について検討を加えていく。

ガルベルトゥスの日記からわかること

まず最も初期の事例は、一一二〇年代末の混乱期中に認められる。すでに見たように、一一二七年にカロルス伯が暗殺されると、中間役人がリーダーとなり、聖ドナティアヌス教会から財務記録を運び出し別の礼拝堂に避難させていた。上位役人の許可を受けた上で彼とともにこの作業を行ったのが、同教会のカノニクスたちであった。したがって、一一二〇年代後半には、カノニクスのような下位役人たちも、上位役人や中間役人の下で会計簿の保管などに携わるようになっていたと推定される(1)。

続いて、混乱期中の一一二八年五月、財務に携わる下位役人として、ノタリウスのバシリウス（Basilius）という人物がガルベルトゥスの日記で言及されている。この時期は、ウィレルムス伯が、伯として即位してから約一年が経った頃である。同伯は、ブルッヘ近郊に滞在している時に、伯の所領を管理している者たちの訪問を受けた。彼らは、伯の所領内の放牧地と耕地の管理人で、所領収入の記録を伯のもとに運んできたのであった。そこで、伯は、会計簿と推定されるその記録を処理させるため、ブルッヘから「自分のノタリウス」（notarius suus）のバシリウスを呼び寄せたのである(2)。

図表31　Basilius の肩書きの変化

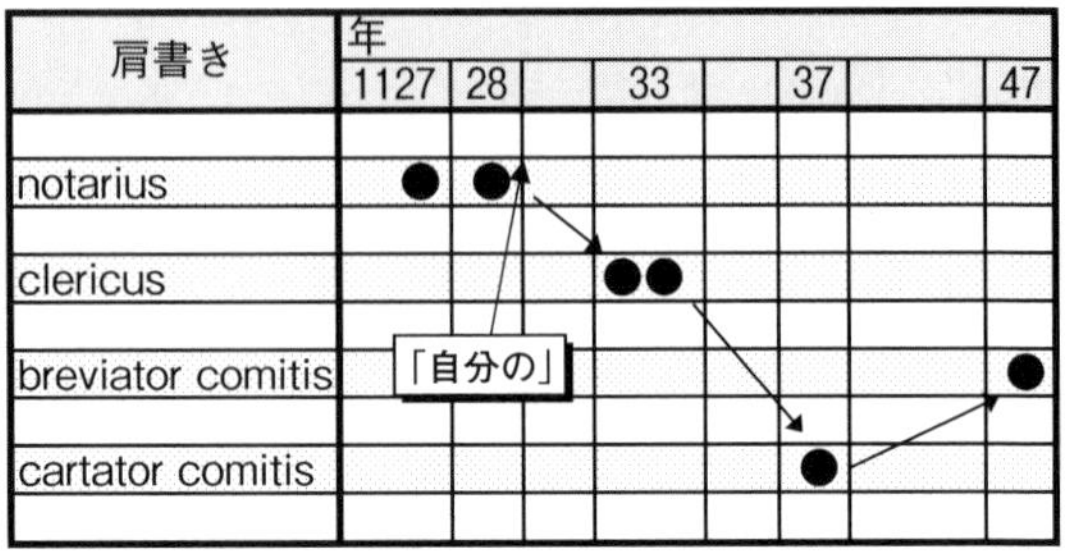

以上二つの事例より、一一二〇年代後半には、下位役人が、財務に携わる中央役人として、各地から伯のもとに提出される所領収入の会計簿を管理する役割を、日頃から担当していたと考えられよう。

それだけでなく、特にバシリウスの事例は、ウィレルムスのような外来者が伯となっても、混乱期以前からの財務制度が機能し続けていたことを示唆している。とするならば、そのような財務の連続性は、各事例に確認されるような尚書部役人の存在によって初めて可能になったはずである。しかも、この時期上位役人ロゲルスもおそらく外来者なので、中間役人を中心に混乱期以前から財務に関与していた下位役人たちも混乱期中の財務継続に大いに貢献したと考えられる。実際、混乱期中政治的な変動がくり返されたにもかかわらず、混乱期の前後を通して尚書部役人を務め続けた者が下位役人にも多く存在する[3]。彼らが、外来の新伯と上位役人の下でも、従来の慣習に従って財務関係の実務を遂行し続け、財務運営の断絶を回避することに貢献したのであろう。

さらに、バシリウスの場合、**図表31**に示したように、その後ウィレルムス伯に代わってアルザス家のテオデリクス伯が即位してからも、一一四七年まで下位役人として伯の証書に確認される[4]。彼は、前伯を破って即位した新伯の下でも、引き続き下位役人として財務に携わっていたと考えられる。

このように、一一二〇年代後半、下位役人たちは、財務運営を下から支え続け、混乱期の後も以前と同様に財務が続行されることを可能にしたのである。

一一四〇年の会計簿の断片史料

混乱期後の財務の実態に関する史料としては、第一節でも見たように、唯一、一一四〇年の会計簿の断片が現在まで伝えられている(5)。

この史料を分析したストラブによれば、この断片は、ベルグにおいて伯の財務に携わる地方役人が、自分の管理している支出を記録した会計簿の一部である。彼の役割は、伯に仕える者が何らかの任務のため移動する必要が生じた場合、その移動経費にあてるべき特定のサンス収入から必要経費を支出することであった。経費を受け取ったとして記録されているのは、たとえば伯の宮廷とともに伯領内を移動する貴族、伯や伯妃に随行する身分の低い従者、あるいはカメラリウスの命を受けた使者など多様である(6)。

この断片史料から下位役人について明らかになるのは、次の二点である。第一に、一一四〇年前後には、財務に携わる地方役人のなかに伯の所領収入を特定の目的のために管理する役人が存在し、役人たちの間である程度の役割分担がなされていたと考えられる。それぞれの役人は、自分の担当分の収入と支出を管理し、会計簿を作成していたと推測される(7)。

第二に、第一節でふれたように、地方役人たちが作成した個別の会計簿をブルッへの聖ドナティアヌス教会に提出していたことも、この断片史料から明らかになる。というのも、この会計簿が記された羊皮紙は、余白が一二世紀末まで同教会のサンス収入を記録するために再利用され、現在まで同教会に保管されていたからである。はじめベルグで使われた羊皮紙が同教会で再利用されるためには、その前に同教会に運ばれていたはずである(8)。

そこからさらに踏み込んで、ストラブは、次のように推定している。すなわち、同教会のプレポジトゥスが、カノニクスたちとともに、地方から提出されてくる個別の会計簿を監査し、それらをひとつの一般会計簿にまとめたのではないか。たしかに、先のバシリウスの事例も考慮すると、ベルグで記録された会計簿は、聖ドナティアヌス教会まで運ばれ、尚書部の上位役人であるプレポジトゥスまたは彼の監督下の中間役人や下位役人によってチェックされた可能性が高い。ただし、個々の会計簿を一般会計簿にまとめる作業も一一四〇年前後にすでに行われていたのかどうかについては、確証はない。ストラブの推定は現存する最古の一般会計簿に基づいているが、それが作成されるのは約四七年も後のことなのである。ここで確実に言えるのは、一一四〇年前後の時期になると、二〇年代後半には見られなかった二つの現象が確認できるということである。第一に、下位役人の間に一定の役割分担がなされていたことがうかがえる。そして第二に、先のバシリウスのような中央役人ではない、特定の任地をもつ地方役人が初めて現存史料に現れてくる。

地方のノタリウス

そのように財務に携わる地方役人に関連しては、続いて一一四〇年代後半から五〇年代にかけて二つの事例が確認される。

まず、一一四七年に、ワルテルスという人物が、「ルスラールのノタリウス」として確認される。この肩書きは、四〇年後の現存する最古の一般会計簿でも、任地ルスラールで伯の所領収入の徴収を行う地方役人として言及されている。よって、ワルテルスも、同様の地方役人であったのではないかと推定されるところである。しかし、第一部で検討したように、彼は、任地に定住する地方役人ではなく伯に随行して移動する中央役人であった可能性が高い。

次に、一一五〇年代に、ランベルトゥス（Lambertus）という人物が、「ブルッヘのノタリウス」として確認される。彼は、聖ドナティヌス教会のカノニクスでもあり、ブルッヘに定住して、財務役人としては同市周辺から集められる伯の所領収入の徴収を担当していた。彼は、一一五〇年代後半から六八年以降まで現存史料において言及され続け、一一八七年の一般会計簿でも地方役人として確認されている。この事実は、約三〇年後に一般会計簿を生み出すことになる伯の財務制度の原型が、すでに一一五〇年代に存在していたことを示唆していよう(9)。

ただし、ランベルトゥスの場合も、ワルテルスと同じく純然たる地方役人とは言えないのではないか。彼は、財務の中核を成す聖ドナティアヌス教会のカノニクスでもあったわけで、時には先のバシリウスのように中央役人として財務に携わった可能性も十分想定されるのである。

このように、一一四〇年代から五〇年代にかけて、下位役人のレベルでは、中央と地方の境界線ははっきりしていない。その一方で、先に見たようにすでに一一二〇年代後半から、地方役人から中央役人への会計報告という、一二世紀後半の財務制度において利用される手法はたしかに存在している。

しかも、ストラブによれば、一一四〇年の会計簿に記された文章は、多くの略字が使われているため、おそらく同時代人にとっても非常に読みにくいものであった。このことから、この会計簿を受け取った中央役人は、そこに書かれるべき内容に精通しており、一般には判読し難い文面を難なく確認することができたと考えられている(10)。したがって、かなり早い時期から地方役人から中央役人への会計報告は行われており、一一四〇年前後以降の役人たちはその役割に熟達していたと推定されるのである。

では、それと同時に存在する中央と地方の境界線のあいまいさは、何を意味するのか。それは、制度や手法の未成熟ないし未発達を露呈するものなのだろうか。決してそうではない。もし、財務運営のなかで中央と地方の明確な分掌がどうしても必要ならば、会計報告が行われていた一一二〇年代後半以降数十年の間に、いくらでも導入の機会はあったはずである。それが行われなかったということは、財務運営上特に中央と地方を明確に区別する必要が生じなかったのであろう。むしろ、状況次第で中央役人としても地方役人としても財務に携わり得る人材として、下位役人たちは必要に応じて積極的に活用されていたのではないだろうか。

一一八七年の伯の会計簿

さらに下って一一六〇年代にも、地方の財務役人であったと考えられるノタリウスが存在する。この時期伯の証書の証人として現れるノタリウスのうち四人が、数十年後一一八七年の一般会計簿でも地方役人として確認されるのである。

一一八〇年代末の時点では、彼らは、それぞれ特定の地域における特定の収入の徴収を担当しており、年一回自分の担当する収入に関する会計簿を作成し尚書部に提出した。それらをまとめた一般会計簿のうち現存する最古のものが、一一八七年の伯の会計簿であった(11)。

それよりおよそ二〇年から三〇年さかのぼる一一六〇年代においても、四人をはじめとする地方のノタリウスたちが、一一八七年の時ほど組織的にではなかったとしても、伯の所領収入の徴収に携わっていたと推定される。というのも、ここまで確認してきたように、すでに一一二〇年代末に伯に提出された会計簿を受領するノタリウスが存在し、一一四〇年にも会計簿の一種が作成されていたことが実証されているからである。その延長線上に位置づけられるのが、一一六〇年代のノタリウスたち、さらには一一八七年の一般会計簿であると言えよう。

以上のように、一一二〇年代末から八〇年代にいたるまで、下位役人たちは主に所領収入を管理する実務に携わり続けたと考えられる。ここで注意しなければならないのは、彼らが中央役人と地方役人にはっきりと分けられるわけではなかったという点である。もちろん純然たる中央役人や地方役人も存在したが、一方で、両者の性格を合わせ持つ役人たちが存在していた。そのような中間形態に属する下位役人たちは、財務制度の未発達を意味する存在では決してない。なぜならば、「中央」たる宮廷が移動し続ける限り、彼らは、財務を円滑に運営するために不可欠の存在であり、むしろ積極的に必要とされたと考えられる。

いわば、当時の財務には「中央」が二つ存在していたのである。たしかに、地方から提出された会計簿は、ブルッへの聖ドナティアヌス教会に集められている。よって、記録の管理と保管という面では、同教会が財務の「中央」となっている。と同時に、この固定された「中央」ではこなしきれない財務を処理したのは、第二の「中央」たる移動宮廷であった。その移動先に定住する地方役人は、証書発給と同じく財務面でも、宮廷の滞在時に限り中央役人ともなり得る人材として、第二の移動する「中央」をフレキシブルに下から支えたのである。

第三章　伯の統治のサポート

上位役人は、証書発給と財務に加えて第三の役割を果していた。伯が何らかの理由で伯領を留守にする場合、その間の統治をサポートしたのは上位役人であった。この点については、以下で確認するように、通説が指摘する通りである。

というのも、すでに第一部で見たように、そもそも一〇八九年にブルッヘのプレポジトゥスを尚書部の上位役人とする措置がとられたのも、伯ロベルトゥス一世がイェルサレムに巡礼に行っている間のことであった。聖ドナティアヌス教会は、伯の不在中統治を代行したロベルトゥス二世の諮問機関として機能するうちに、尚書部の母体としての地位を確立していったのであった。

その後十字軍が始まると、第一回から参加したフランドル伯は度々東方へ向かうことになる。伯が伯領を留守にする頻度がいかに高いか、それは**図表32**（178〜179頁）に明らかである。

それでは、伯の留守中、具体的には、上位役人はどのような役割を果したのだろうか。まず、第一回十字軍の時期について、伯の不在中一〇九六年にブルッヘへの聖ドナティアヌス教会で起こった奇蹟を伝える記述が重要である。伯ロベルトゥス二世が十字軍のために伯領を離れると、ブルッへの近辺では平和が保たれず、人びとは敵対し合うようになってしまった。そこで、同教会のプレポジトゥスの命令と聖職者たちの助言によって、聖ドナティアヌスの聖遺物が教会の外に運び出された。すると、聖遺物に人びとが群がり、彼らに聖職者が説教を行うとたちまち平和が回復したという(1)。

以上の記述は、聖人の奇蹟を称えるために後代に書かれたものなので、もちろん事実を正確に伝えているとは限らない。それでも、少しでも事実を反映しているとすれば、伯のいない間揺らぎがちな平和を維持しようとする動きの中心にいたのは、ブルッへのプレポジトゥスつまり上位役人であった。この間、統治を代行していた伯妃を上位役人が補佐していたのではないかと推定される。

加えて、この記述は、単なる聖人の奇蹟ではなく「神の平和」運動を描いていると考えられる。その一節で、敵意を友情へ戻すことは、聖人の奇蹟が起こるまで金や銀によっては不可能であったと述べられている(2)。轟木広太郎氏によれば、一一世紀後半のフランドルでは、聖職者たちが従来の紛争解決法つまりフェーデや贖罪金に代表される世俗的な方法を変革しようとしていた。彼らは、聖人の奇蹟によって「神の平和」を実現していく方法をとるべきだと考えていたのである(3)。

このように聖職者の主導力を重視する轟木氏は、フランドルにおける「神の平和」を伯が「伯の平和」を確立するために利用したと考える通説を批判している。しかし、少なくともこの一節で伝えられている平和は、轟木氏が強調するように「神の」平和であると同時に、やはり通説の通りフランドルに特有の「伯の」平和であったと考えられる。というのも、この記述で「神の平和」の担い手となった聖ドナティアヌス教会の聖職者たちは、プレポジトゥスをはじめとして、同時に伯の統治を支える尚書部役人でもあったからである。彼らは、伯に仕える聖職者として、当時フランドルにも広まりつつあった「神の平和」に特有の紛争解決法を実践することによって「伯の平和」の維持に貢献していたと見るべきであろう。そして、そのような平和運動の中心となっていたのが、上位役人であるブルッヘのプレポジトゥスであった。

　さらに第一回十字軍の後も、図表32に明らかなように、歴代の伯たちは、十字軍や巡礼のために、あるいは個人的な旅として、度々東方へ向かっている。その都度、上位役人は、伯の不在中動揺しかねない伯領内の秩序を保つために不可欠の役割を果したと考えられる[4]。その役割は、次のように三段階をふむ構成となっていた。

　第一に、伯は、長期に伯領を留守にする前には、留守中支障なく統治が続行されるよう対策を講じていた。そのひとつとして、十字軍などに君主が出発する直前の時期に典型的な現象だが、伯の出発前に処理されるべき案件について証書が発給されなければならなかった。その際、上位役人は、証書発給が速やかに行われるよう、通常の時期以上に大きなイニシアティヴを発揮した可能性が高い[5]。

　第二に、伯の留守中上位役人は、統治を代行する伯妃や伯の息子の補佐役となった。第一部で見たように、一一五〇年代の場合、伯位継承者のフィリプスに伯としての権能が委譲されたので、最も意識的な措置がとられていた[6]。補佐役となった上位役人たちは、伯の不在中に発給された証書における証人リスト中の順位によって、伯妃や息子の身近にあって重きをなしていたと判断できる。彼らが重用されたのは、行政と財務を統べる役人として伯領統治の実情に精通していたからであろう。

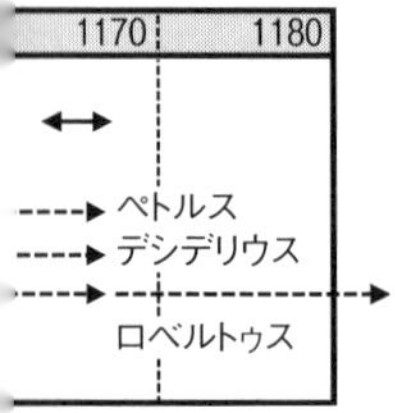

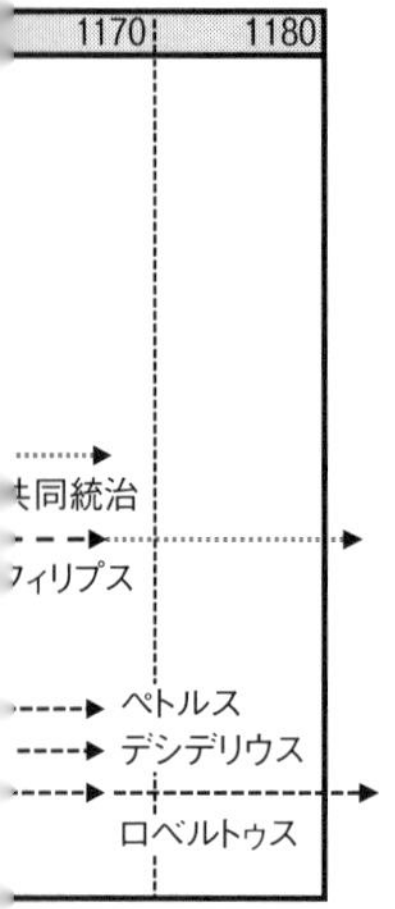

　上位役人は、不慣れな統治にあたる伯妃や息子に対して、統治者とし

図表32　伯の不在時期

図表33　伯位継承期

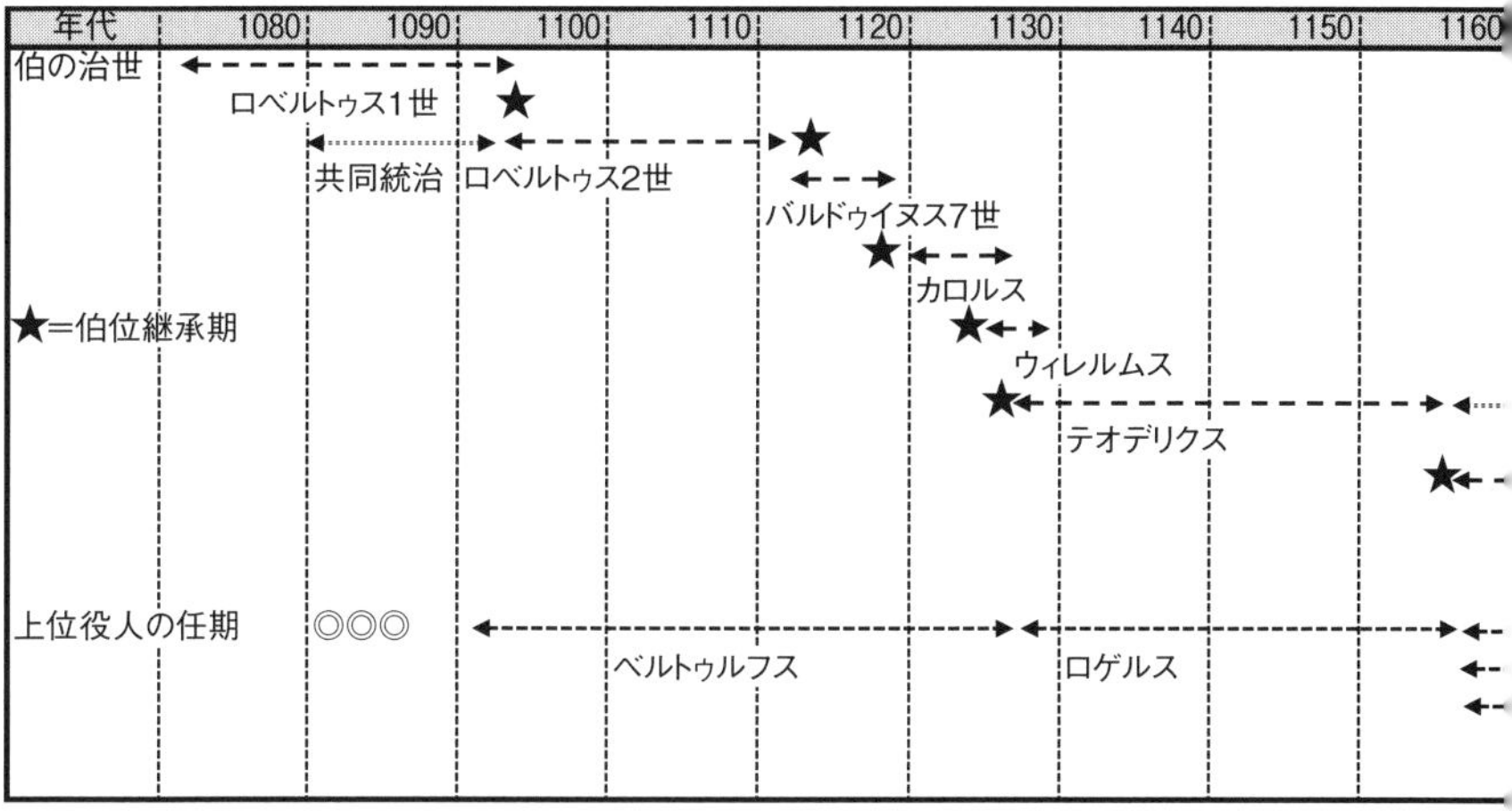

◎上位役人が散発的に史料に確認される事例

てどのような役割を果すべきか、宮廷にもち込まれる案件をどのように裁定するべきかといった諸問題について、助言を与えて彼らを補佐していたのだろう。場合によっては、通常伯に与えていた以上に踏み込んだ内容の助言が求められたのではないかと考えられる。とするならば、伯の不在時期には、上位役人が統治の方向性を左右するほどの影響力を統治代行者に及ぼし得る存在であった可能性も高い。

　そして第三に、伯が帰国した直後にも、上位役人は、伯が円滑に統治を再開できるように、伯の不在中にどのような統治が行われていたのかを伯に伝え、引継ぎ業務を行ったと推測される。そのような役割の一端が結実しているのが、伯の不在中統治代行者によって発給された証書を、帰国した伯が確証の上改めて発給した証書である(7)。

ところで、通説では強調されないことだが、伯の不在時期以外にも、同じように伯領統治に上位役人のサポートが必要とされる時期が存在する。それは、伯位継承期である。図表33に示したように、本書の対象とする約一世紀の間には、六回もの伯位継承期があった。特に混乱期以降後半の三回では、伯位を継承した新伯にとって、統治の開始にあたり周囲のサポートがまさに不可欠であった。というのも、まず、ウィレルムス伯とテオデリクス伯は、ともに伯の家系の傍系に属し、伯位継承を望んでフランドルの外部から到来した外来者であったからである。続くフィリプスも、父の東方への出発を機に事実上の伯となったので、予想より早く単独で伯領統治にあたることになったと推定される。

このように、伯位継承の度に、程度の差はあれ、新伯にとって、即位後しばらくの間独力では統治の連続性や安定性を確保できない状況が生まれた。その時前伯の統治と新伯の統治をつなぎ新伯の統治を軌道にのせる役割を果したのが、伝統的な統治術を新伯に伝え得る上位役人であったのではないかと考えられる。カロルス伯までの三度の伯位継承期には、ロベルトゥス一世以来歴代の伯に仕えていたエランバルド家のベルトゥルフスが、伝統的な統治方法を新伯に伝え得る上位役人であった。対照的に、より危機的な状況であった後半三回の伯位継承期には、自身も外来者であるものの非常に豊かな能力や教養を有した聖職者たちが上位役人となり、おそらく従来の統治方法に新たなアレンジを加えつつ統治をサポートすることになった。

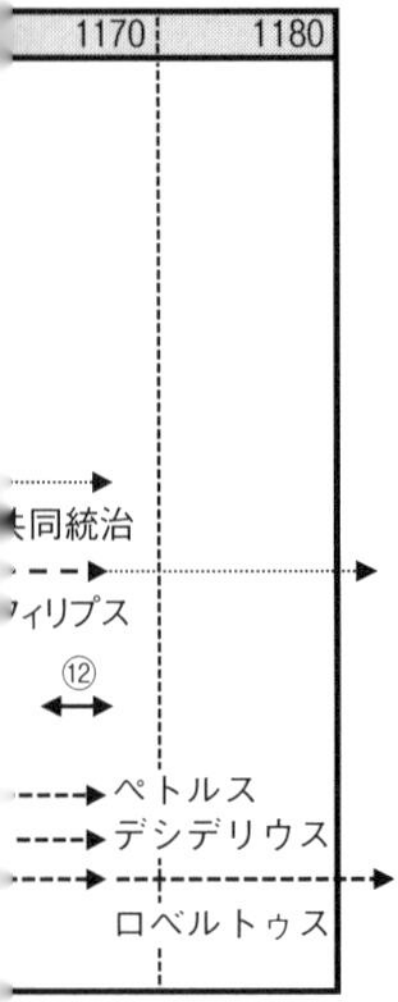

図表34　伯の不在時期と伯位継承期

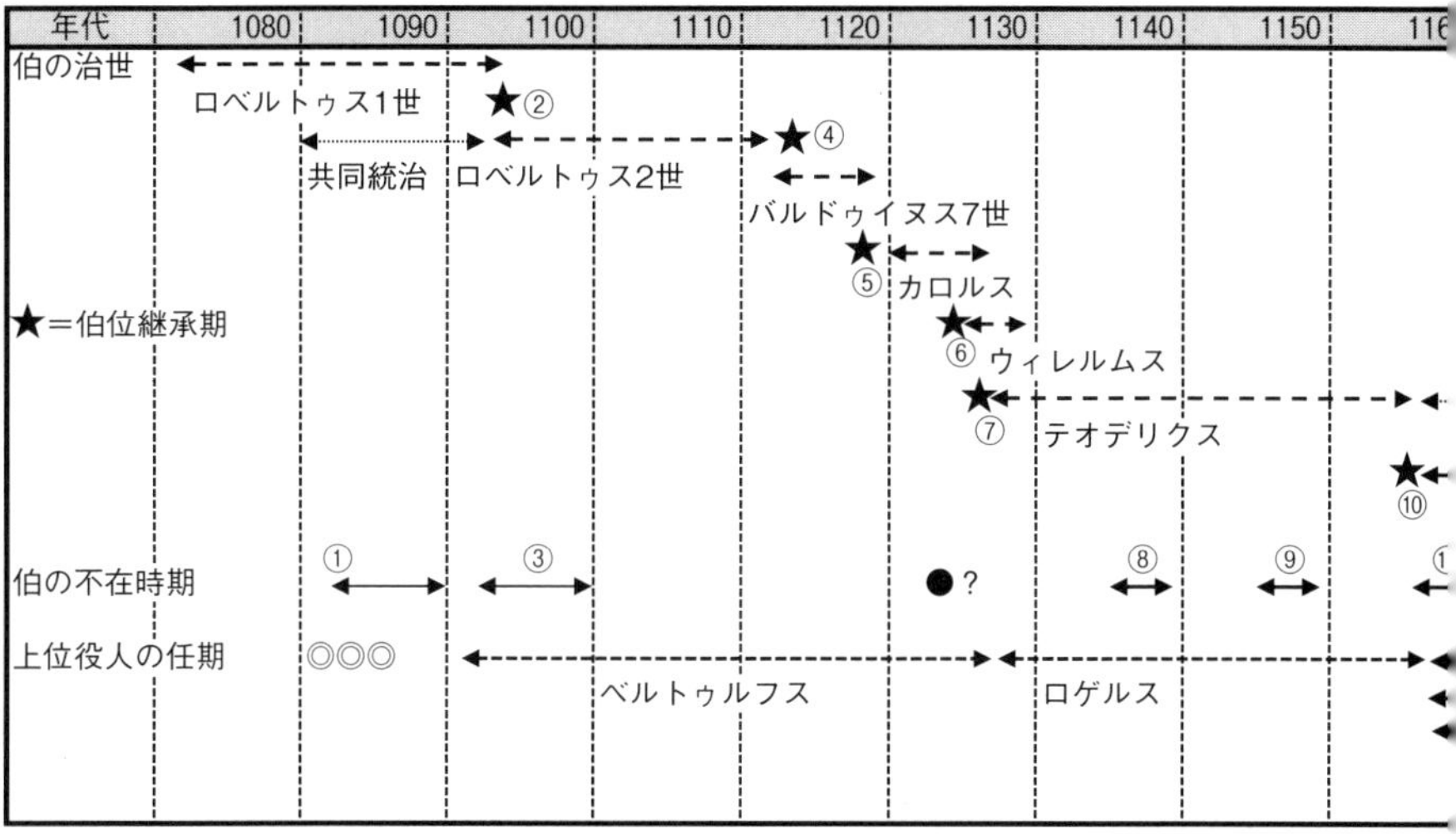

◎上位役人が散発的に史料に確認される事例

以上により、上位役人が伯の統治の補佐役として果した役割については、次のようにまとめられる。彼らは、一一世紀後半以降、「伯の平和」の確立を目指す伯を、統治体制の中核をなす重要なパーツとなって支えていた。その役割が文字通り不可欠となるのが、通説の言うように伯領の平和が脅かされやすい伯の不在時期であった。しかし、それだけでなく、通説では重視されていない伯位継承期もまた同様の時期としてとらえるべきである。ここで、先の二つの図表を**図表34**として総合してみよう。上位役人のサポートが欠かせなくなる伯の不在時期と伯位継承期は、一一六八年までの一世紀の間に、二度の伯位継承期を含む一一二七～二八年の混乱期をはさみ、少なくとも一二回も存在したのである。**図表34**からは、統治をサポートするという上位役人の役割がほとんど恒常的な役割となっていた実態がうかがえよう。

第二部まとめ

（一）上位役人

冒頭で、上位役人の役割に関して、通説の問題点を次のように指摘した。すなわち、尚書部の一般的な定義や発達の公式にとらわれるあまり、様々な役割のなかでも証書発給の統轄が上位役人本来の役割として重視されてきた。なかでも証書作成の統轄が、尚書部の発達の指標として最重要視されてきた。しかし、史料の再検討の結果、その他の役割も決して軽視されるべきではないことが明らかになった。まず、財務運営の統轄者としての役割は、財政史の通説に反して、カメラリウスの台頭によって縮小されていったとは限らないことが確認された。加えて、伯の統治をサポートする役割は、特に一般の役人には果せない上位役人固有の役割として、証書発給と財務運営の統轄と比べて、少なくとも同等の、もしくはそれ以上の重要性を有していたことがうかがえた。たしかに、現存史料から得られる手がかりは、三種の役割の重要性を比較するには十分ではない。しかし、各役割の特質および伯領統治にとって有する意味を考えるならば、やはり上位役人の立場は、行財政組織の統轄者というだけにとどまらない。伯の存在感が稀薄になる機会の多かった一世紀のうちに、歴代の上位役人たちは、行財政運営を監督するという当初の役割をいかして、またはそれを越えて、いわば伯の摂政としての地位を確立していったのである。

（二）中間役人

中間役人に関して、以上第二部の目的は、第一部でその存在を明らかにした中間役人の役割について、個々の役人に共通する特性が認められるのかどうかを検証することであった。史料の再検討の結果、彼らに共通する役割は、中間役人の世代毎に大きく異なっていることが解明された。一言で言うと、第一世代は、上位役人と対立を深めていく伯にとって、尚書部で信頼し得る人材を率いるグループリーダーであった。混乱期以後、政治状況の変転を受けて第二世代となると、外来の伯および上位役人のもと、特に上位役人から絶大な信頼を寄せられた秘書官として行動していた。それぞれ異なる政治状況のなかで、各世代の中間役人は、上位役人にも下位役人にも果せない中間役人ならではの役割を果すよう求められ、その要請に応えていったと言える。

その一方で、証書発給や財務といった実務的な役割のレベルでは、政治状況の変動に対応しながらも、基本的には両世代を通じて変わることなく、各中間役人の特性や能力を必要に応じて発揮していた。実務のレベルでは、政治状況の変転のなか尚書部に求められる役割を果すべく、中間役人は彼らならではの役割を果した。彼らの役割は、上位役人には手がまわらず、かといって一般の下位役人には能力的ないし立場的に手が届かない性質のものであったと言える。

以上のように、中間役人たちは、伯や最上位役人のサポートというマクロな次元でも、また証書発給や財務といったミクロな次元でも、彼ら以外の役人には果せない役割を担うために存在していたのである。

(三)　下位役人

証書発給と財務において下位役人が果していた役割についても、実態の解明を試みた。その結果、彼らが行財政を実務面で下支えする存在であったことが確かめられた。この点は、今までの研究も指摘している通りである。しかし、やはり下位役人についても、従来は尚書部の未熟さの表れとされている現象については、通説を受け入れることはできない。下位役人がカンケラリウスと名乗り得ることも、中央と地方の分掌がはっきりしないことも、現代の我々には非効率的な短所に見えるかもしれない。しかし、当時、移動する伯の宮廷で行財政に携わる人びとにとっては、その方が円滑に役割を果せたという意味で、逆に歓迎すべき長所であったのである。

結　論

以上のように、一一世紀半ばから一二世紀半ばまでのフランドル伯の尚書部は、四つの時期をへる度に、特に人的構成の面で、各時期に固有の新たな特徴を獲得していった。図表35（次頁）の(1)から(4)に示したように、尚書部の構成は、第一期には二層のピラミッド型、第二期後半にはブルッヘ以外のプレポジトゥスが中間役人を務める三層構造、第三期後半には上位役人に直属する秘書官が中間役人を務める三層構造、そして第四期にはひょうたん型と、四つの段階をへて変化していったのである。

この変化は、尚書部の人的構成を基本的に二層のピラミッド型と見る通説では明らかにされていなかったものである。また、通説では、ピラミッド型を維持しつつ人的構成の内実の方は、右肩上がり一直線に発達していくとイメージされていた。本書の結論は、この点でも通説に異議を唱えるものである。

このように、一世紀の間に、尚書部の人的構成は、尚書部をとりまく状況に対応しながら大小の変容をくり返していった。現在までの研究には、フランドル伯の尚書部にとって、一一世紀半ばから一二世紀半ばまでの一世紀は、その後の最盛期を準備する時期として簡単に位置づけられてしまう傾向がある。しかし、本書で明らかにしてきた

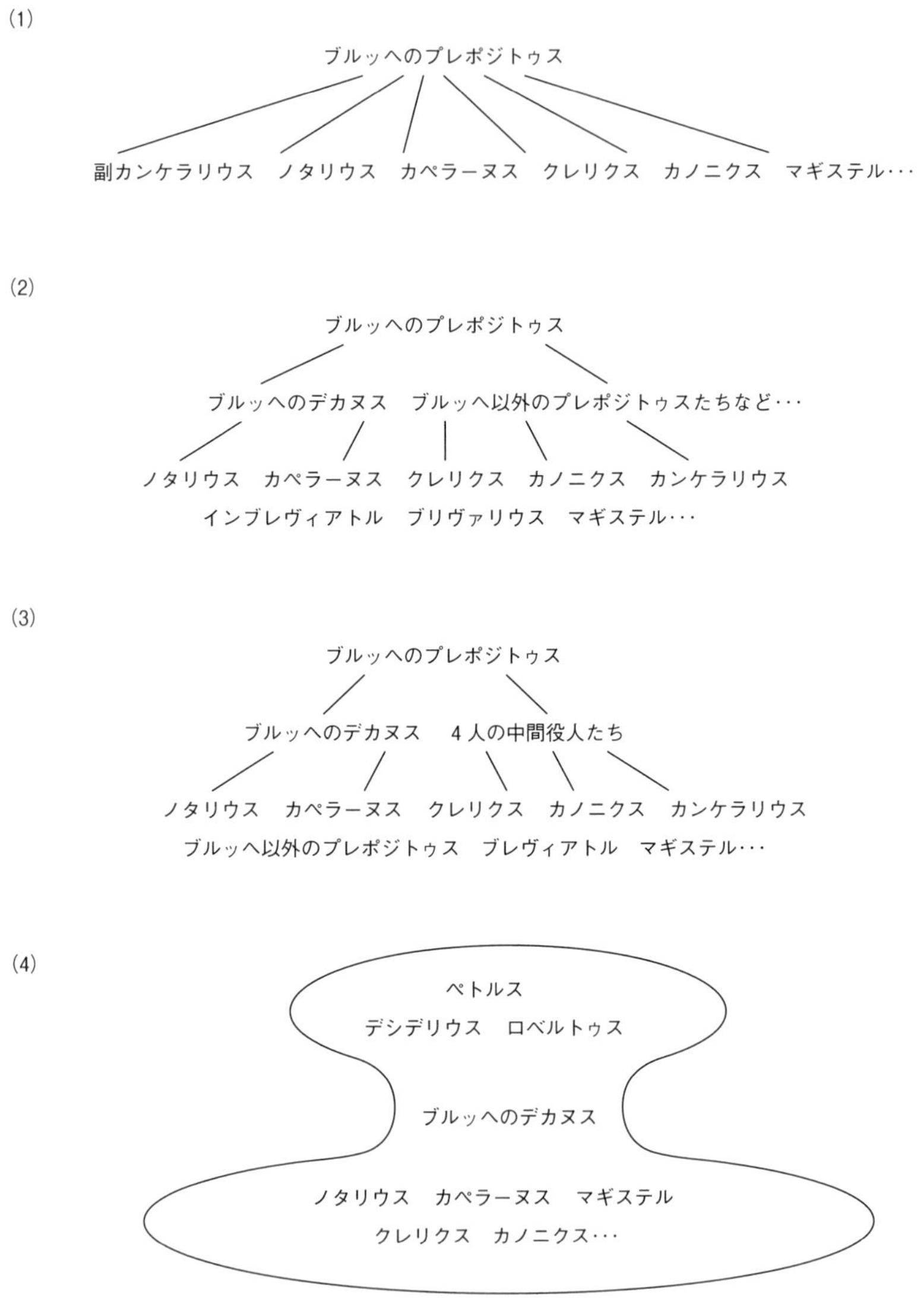

図表35　尚書部の人的構成のイメージ図

ように、この一世紀は、後の繁栄の前段階として一括りに扱われるには余りにも多様な変化に満ちている。この間尚書部に生じた変容は、一二世紀後半の最盛期へと一直線に右肩上がりで発達していく過程の初期段階における産物とみなされるべきではない。

とするならば、改めて一一世紀半ばから一二世紀半ばまでの一世紀は、尚書部史上どのような時期として位置づけられるのだろうか。それを明らかにするためには、この時期の尚書部を伯領政治史の文脈に置き直す必要がある。政治史の上では、この一世紀というのは、フランドルという地域に生きる多種多様な人びとを、伯が唯一の領邦君主として自らの権威の下に統合しようと試み続けた時期であった。すなわち、人びとが構成する様々な社会集団ないし政治勢力を、伯が自らの権威の下に統合しようと試みた時期であった。

そのような伯の志向は、異なる方向を目指す集団もしくは勢力の志向と衝突せざるを得ない。その衝突が最も激しいかたちで生じたのが、第二期と第三期を分ける一二世紀初頭の混乱期であったのである。筆者が以前明らかにしたように、この混乱期は、都市やフランス王といった新たな政治勢力の参入を受けて、フランドル伯領の政治構造が大きく転換し始めた時期であった(1)。その前後約一世紀の間、ウィレルムス伯の例が示すように、いずれの伯も、内外の諸勢力への対応を誤ればたちまち伯位を失う危険と隣り合わせの状態にあったと言える。

そのような時期に、尚書部は、伯による統治が、都市などの領内の諸勢力による反乱に直面したり、フランス王をはじめとする近隣の君主たちの侵略を受けたりして動揺することのないよう、歴代の伯を支え続けた。歴代の伯が伯であるために、尚書部による通常の役割を着実に果すこと、加えて非常時の役割として統治のサポートが不可欠であった。

したがって、尚書部にとって、一一世紀半ばから一二世紀半ばまでの一世紀間は、内外の新潮流が渦巻くなかそれらに押し流されないように、かといって逆らう一方でもなく、伯とともに手探りで前に進むようにして伯領統治を継続させていった時期であった。一二世紀後半の尚書部の最盛期も、その結果として到来したものであって、初めから到達すべき最終段階として予定されていたわけではない。

手探りで進められたこの時期の伯領統治にとって、尚書部は、三つの世界に開かれた窓として機能していた。第一に、尚書部は、統治の対象である領内の諸政治勢力、つまり証書の受給者たちが生きている地域社会へと開かれていた。第二に、尚書部は、「伯の平和」の下に統合の対象となった教会や修道院の属する聖界へとつながっていた。そして第三に、尚書部は、フランス、イングランド、神聖ローマ帝国、ノルマンディといった伯領をとりまく伯領外の世界へと通じる窓でもあったのである。

以上のように伯領が伯領であり続けるために不可欠の役割を果したフランドル伯の尚書部は、世俗領邦君主の尚書部としては最も早くから発達したとされる。そのような発達を可能にした要因とは、一体何だったのか。地理的な要因から時期的な要因にいたるまで、ここまでに示した本書の結論をふまえて想定してみよう。

第一に、フランドル伯領の立地条件である。伯領は、北西ヨーロッパの「へそ」にあたる位置にあって周囲を英独仏の三大国ないし三つの文化圏に囲まれていた。だからこそ、周囲から伯領へと、尚書部の発達に貢献し得る人材や彼らのもつノウハウが断続的に流入してきていたのである。

第二に、とりわけ対立する英仏両王国に囲まれているという地理的な条件が、この時期ばかりは政治的にもフランドルにとって有利に働いた。フランスは、混乱期に介入に失敗したように、まだ領邦フランドルを統制しきれていない。一方、イングランドは、フランスへの対抗上、フランドルに圧力をかけるのではなく歩みよってきていたからである。その結果、二大国の間隙をぬって伯領は自立した領邦たり得て、尚書部もまた独自の発展を遂げることになったと言えよう。

第三に、やはり地域固有の特徴として、フランドル地方では、教会や修道院の影響力が他地域と比べると弱かった。伯に対抗しうる聖界諸侯も存在しなかったため、伯がフランドル随一の統治者となる可能性もその分高まったのである。いきおい統治者にとって有用な人材である聖職者たちも伯のもとに集中し、そこから尚書部の発達も始まったと考えられよう。

そして第四に、一一世紀半ばから一二世紀半ばまでの時期に固有の事情により、伯領統治にとっての聖職者の重要性は高まった。というのも、混乱期という政治的転換期の前後一〇〇年の間、統治の手法も体制の有り様も手探り状態であったにもかかわらず、伯や貴族たちは度々伯領を留守にした。なぜなら、この時期は、十字軍の時代の最初の一〇〇年でもあったからである。そこで、留守中の統治代行者が最も頼りにしたのが、聖職者である尚書部役人のサポートであった。

しかも、十字軍の進展とともに、貴族には「東方」へ移住するという選択肢も与えられ、彼らの流出に拍車がかかった。実際、混乱期以後、政争に敗れた貴族家系の「東方」への流出が増えたことが確かめられている(2)。このように、伯領統治を支えうる俗人の有力者たちが伯領外へ流出してしまうようになると、それに伴い、伯領にとどまった聖職者たちが統治のサポーターもしくはアドヴァイザーとしての役割を求められる機会が増え、彼らの政治的役割は重要性を増すことになる。

加えて、貴族の流出は、そうでなければ聖職者となっていた可能性の高い有力貴族家系の長子以外の男子の流出をも意味する。こうして、伯領統治にとって聖職者の必要性が増しているにもかかわらず、地元出身の有望な人材は減少へ向かうという状況が生じた。だからこそ、外来の聖職者が尚書部役人として活躍することにもなったのであろう。

さらに第五に、聖職者をとりまく時代状況として、この時期は、叙任権闘争と教会改革の時代でもあった。フランドル伯は、皇帝とはカンブレ司教区の支配権をめぐり対立し、伯領統治に利する限りにおいて教皇に接近した。その結果、「伯の平和」運動も律修参事会教会運動も、伯領統治と分かち難く結びついてフランドルに導入されていった。そのような新潮流にのって伯領内外から伯の身近に接近した聖職者たちは、既存の有力な教会や修道院に属する者たちと比べて、伯にとってはるかに有用で使いやすい人材であったはずである。加えて、先に指摘したように、地元の有力貴族出身の新しい人材が枯渇しつつあったとすれば、その分、伯領外から、また領内でもより低い階層から流入した人材の需要が高まったのではないか。そのような人材の中核をなしていったのが、尚書部役人たちであったと言えよう。

最後に第六に、聖職者が尚書部役人となっていくプロセスを可能にした時代背景としてもう一点指摘し得るのが、当時は一二世紀ルネサンスの時代であったということである。本書で見たように、フランドル地方にも、事実、サン・トメール文化圏と呼び得る知的営みの中心となる場が生まれていた。そこからもたらされたのが、伯の印章のデザインに結実するような聖職者文化の成熟であり、その延長線上に当然尚書部の発達も位置づけられる。

以上のように、一一世紀半ばから一世紀の間フランドルを内包する北西ヨーロッパでは、十字軍から一二世紀ルネサンスにいたるまで、いくつもの時代状況が重なり合い渦巻いていた。そのなかにあって、フランドル伯領は、大国に囲まれながらいわば台風の目に位置しており、よく自立性を保っていた。このフランドルという小さな磁界の中心は、教会勢力が弱体であったため聖俗二つではなく唯一伯だけであった。ただし、統治者としての伯の磁力も、内外の諸要因に常に左右されており、高いレベルで安定していたわけではない。だからこそ、伯を支える尚書部の存在意義は同時代の他地域よりも大きく、早くから独自の発達がもたらされたのである。

　こうして尚書部という先述のごとく周囲の世界に開かれた窓を得て、フランドル伯領には、同時代の北西ヨーロッパ社会を構成する多様な諸要素が流れ込んできていたはずである。よって、特に君主の統治、行財政システム、政治文化あるいは文字文化などについて、伯の尚書部は、中世盛期北西ヨーロッパ社会の特質や多様性を明らかにするための手がかりをも提供し得る研究対象である。たしかに、尚書部に流入する諸要素は、東欧や南欧さらにはヨーロッパ以外の地域にまで連なるほどのスケールの大きさを有しているとは限らない。しかし、だからこそ逆に、伯の尚書部を通して、当時の北西ヨーロッパ社会の主要な構成要素が凝縮されたかたちで見えてくる可能性が高いのではないだろうか。

　その可能性を本書以上に活かすべく、今後は、次のような課題に取り組む必要がある。第一に、一一六八年以降に発給された伯の証書集を、本書と同様の手法で分析することである。この時期は、一般に伯の尚書部の最盛期とみなされている時期にあたる。二〇一五年以降は、ベルギーから中世文書史料のデータベースがネット上で公開されている。証書の文言の検索も瞬時に可能となり、今後の分析の手法と速度を一新すると期待される(3)。最盛期の分析を行った上で、本書でも解明し切れていない問題、すなわち伯の尚書部が領邦君主の尚書部としては最も早く独自の発達を遂げたのは一体なぜなのかという問題に対して、本書で得られた仮説を検証してベルギーの研究者たちとは異なる視点から解答を出したい(4)。

註

序論　第一章第一節

（1）本書では、日本におけるヨーロッパ中世史研究の慣習に従って、オランダ語の「フランデレン」（Vlaanderen）でなく、フランス語の「フランドル」（Flandre）を使う。また、地名や人名については、できるだけ現在の現地における表記に近づけるようにする。ただし、フランドル伯領に関わる人名に関しては、誤りや混乱を避けるために、オランダ語もフランス語も使わずラテン語をカタカナ表記する。

（2）尚書部（cancellaria）とは、一般的には君主の名において発給される文書を作成した上で、その文書に君主の印章を添付して証書として発給する行政組織とみなされている。次にあげる中世史事典の項目などを参照。“Kanzlei, Kanzler”, in: *Lexikon des Mittelalters*, V（München und Zürich 1991）, 特に、pp.910–921. John, J. J., “CHANCERY”, in: *Dictionary of the Middle Ages*（New York 1983）, vol.3, pp.251–254. “CHANCELIER, CHANCELLERIE”, in: Favier, J., *Dictionnaire de la France médiévale*（Paris 1993）, pp.235–236.

（3）第一節全体の主要参考文献として、斎藤絅子「中世フランドル伯領」『岩波講座 世界歴史八 ヨーロッパの成長一一～一五紀』岩波書店、一九九八年、一〇一～一一三頁。Nicholas, D., *Medieval Flanders*（London & New York 1992）.

序論　第一章第二節

（1）Pirenne, H., “La chancellerie et les notaires des comtes de Flandre avant le XIIIe siècle”, *Mélanges J. Havet*（Paris 1895）, pp.733–748. 尚書部の役人たちを統率する上位の役人は、ラテン語で“cancellarius”と呼ばれていた。この肩書きについては、「尚書」などの日本語訳が考えられる。しかし、以下では、日本語訳の結果生じ得る誤解を避けるために、「カンケラリウス」とラテン語をカタカナ表記する。

（2）Reusens, E., “Les chancelleries inférieures en Belgique depuis leur origine jusqu'au commencement du XIIIe siècle”,

Analectes pour servir a l'histoire ecclésiastique de la Belgique, XXVI (1896), pp.20–206.

(3) Vercauteren, F., *Actes des comtes de Flandre 1071–1128* (Bruxelles 1938).

(4) この証書は、前註であげたヴェルコートランが刊行した証書集に収められている。

(5) Monier, R., *Les institutions centrales du comté de Flandre de la fin du IXe siècle à 1384* (Paris 1943).

(6) Ganshof, F. L., "La Flandre", in: Ferdinand Lot et Robert Fawtier (eds.), *Histoire des institutions françaises au Moyen Âge* (Paris 1957), pp.343–426.

(7) Prevenir, W., "La chancellerie des comtes de Flandre dans le cadre européen à la fin du XIIe siècle", *Bibliothèque de l'École des Chartes,* CXXV (1967), pp.34–93.

(8) De Gryse, L. M., *The Reform of Flemish Judicial and Fiscal Administration in the Reign of Philip of Alsace (1157/1163–1191)*, University of Minnesota, Ph.D. dissertation, 1969, Ann Arbor, Michigan, University Microfilms Inc., 1971.

(9) Verhulst, A. & De Hemptinne, Th., "Le chancelier de Flandre sous les comtes de la maison d'Alsace (1128–1191)", *Bulletin de la Commission royale d'Histoire,* 141 (1975), pp.267–311.

(10) De Hemptinne Th. & Vandermaesen, M., "De ambtenaren van de centrale administratie van het graafschap Vlaanderen van de 12e tot de 14eeuw", *Tijdschirift voor geschiedenis,* 93–2 (1980), pp.177–209.

(11) De Hemptinne, Th., Prevenir, W., & Vandermaesen, M., "La chancellerie des comtes de Flandre (12de-14de siècle)" in: *Landesherrliche Kanzleien im Spätmittelalter, Referate zum VI. Internationales Kongreß für Diplomatik, München 1983* (München 1984), pp.433–454.

(12) De Hemptinne, Th. & Verhulst, A., *De oorkonden der graven van Vlaanderen (Juli 1128 - September 1191),Deel II, Uithave. Band I: Regering van Diederik van Elzas (Juli 1128–17 Januari 1168)* (1988 Brussel). De Hemptinne, Th. & Verhulst, A. & De Mey, L., *De oorkonden der graven van Vlaanderen (Juli 1128 - September 1191). Deel II, Uitgave. Band II: Regering van Filips van de Elzas (Eerste deel: 1168–1177)* (2001 Brussel). De Hemptinne, Th. & Verhulst, A. & De Mey, L., *De oorkonden der graven van Vlaanderen (Juli 1128 - September 1191), Deel II. Uitgave. Band III: Rege-*

ring van Filips van de Elzas (*Tweede deel: 1178–1192*), (2009 Brussel).

(13) Nicholas, D., *Medieval Flanders* (London & New York 1992), pp.78–79.

(14) Chancellerie prinsières et *Scriptora* dans les anciens Pays-Bas Xe-XVe siècles=Vorstelijke kanselarijn en Scriptora in de Lage Landen 10de-15de eeuw, *Bulletin de la Commission royale d'Histoire: Academie royale de Belgique = Handelingen van de Koninklijke Commissie voor Geschiedenis: Koninklijke Academie van België*, 176–2 (2010).

(15) Els De Paermentier & Steven Vanderputten, "Aristocratic Patronage, Political Networking, and the Shaping of a Private Sanctuary: Countess Clemence of Flanders and the Early Years of Bourbourg Abbey (c. 1103–1121)", *Journal of Medieval History* 42–3 (2016), pp.317–337. Els De Paermentier, "Structures of (Mutual) Inspiration: Some Observations on the Circulation of Repetitive Text Formulas in Charters from the Medieval Low Countries (12th –13th Centuries)", *Ruling the script in the Middle Ages: Formal Aspects of Written Communication.* (*Books, Charters, and inscriptions*), Utrecht Studies in Medieval Literacy 35 (Turnhout 2016), pp.167–195. Els De Paermentier, "Diplomata Belgica: analysing medieval charter texts (dictamen) through a quantitative approach: the case of Flanders and Hainaut (1191–1244)", *Digital diplomatics: the computer as a tool for the diplomatist? Archiv für Diplomatik, Schriftgeschichte, Siegel- und Wappenkunde,* 14 (2014), pp.169–186. Els De Paermentier, "Versatile profiles: three chancery scribes in the service of Joan of Constantinople, countess of Flanders and Hainaut (1212–1244): Walter of Kortrijk, Gilles of Bredene and Fulco Utenhove", *Scriptorium*, 67–1 (2013), pp.3–37. Els De Paermentier & Filip Van Tricht (eds.), *Intuitu fidelis servitii sui. Diplomatics and Literacy, Gender and Politics in the Medieval Low Countries: Selected Essays Thérèse de Hemptinne* (Gent 2013). このヘンプティンヌ退官記念論集の目次と序論はネット上で公開されている。(http://hdl.handle.net/1854/LU-3202688) Els De Paermentier, "Une chancellerie complexe: la production d'actes dans l'entourage comtal pendant l'union personnelle des comtés de Flandre et de Hainaut (1191–1244)", *Revue historique,* 665 (2013), pp.23–56. Els De Paermentier, "Le dictamen de la chancellerie comtale de Flandre et de Hainaut (1191–1244): méthode d'analyse assistée par ordinateur, résultats et potentialités", *Bibliothèque de l'École des Chartes,* 169–2 (2011), pp.385–425. Els De Paermentier, *In cuius rei testimonium et firmitatem. Oorkonden en kanselarijwerking in de entourage van de graven en gravinnen van*

Vlaanderen en Henegouwen (*1191–1244*). *Een diplomatische en paleografische studie*, Universiteit Gent, dissertation, 2010. Els De Paermentier, “La chancellerie comtale en Flandre et en Hainaut sous Baudouin VI/IX (1195–1206) et pendant la régence de Philippe Ier de Namur (1206–1212)”, *Bulletin de la Commission royale d’Histoire: Academie royale de Belgique = Handelingen van de Koninklijke Commissie voor Geschiedenis: Koninklijke Academie van België* (前註の論文集), 176–2 (2010), pp.259–284.

(16) 概説では、森田安一『世界各国史（一四）スイス・ベネルクス史』山川出版社、一九九八年、四三三～四三四頁。栗原福也『世界現代史二一 ベネルクス現代史』山川出版社、一九八二年、二七三～二八五頁。さらには、津田由美子「ベルギーのエスニック紛争と連邦制」『年報 政治学 ナショナリズムの現在 戦後日本の政治』岩波書店、一九九四年、四一～六〇頁。近年の研究としては、松尾秀哉『ベルギー分裂危機―その政治的起源―』明石書店、二〇一〇年。石部尚登『ベルギーの言語政策 方言と公用語』大阪大学出版会、二〇一一年。岩本和子・石部尚登編『「ベルギー」とは何か？ アイデンティティの多層性』松籟社、二〇一三年。この学際的な論文集『「ベルギー」とは何か？』では、二〇世紀後半のベルギー社会や文化の状況が随所で言及されている。松尾秀哉『物語 ベルギーの歴史―ヨーロッパの十字路』中公新書、二〇一四年。津田由美子・松尾秀哉・正躰朝香・日野愛郎編著『現代ベルギー政治 連邦化後の二〇年』ミネルヴァ書房、二〇一八年。

(17) 二〇一五年以降は、ヨーロッパにおける難民、移民およびテロ問題と関連して、ベルギーの南北問題が報道されるようになりつつある。

(18) 青山由美子「一一～一二世紀フランドル伯文書の伝来状況」岡崎敦研究代表者『西欧中世文書の史料論的研究―平成二一年度研究成果年次報告書』、二〇一〇年三月、三五～四一頁。

(19) 手書きされた史料の活用は、今後の課題としたい。

序論　第二章

(1) 斎藤絅子「中世フランドル伯領」『岩波講座 世界歴史八 ヨーロッパの成長一一～一五世紀』岩波書店、一九九八年、一〇七頁。Nicholas, D., *Medieval Flanders* (London & New York 1992), p.56.

（2）Nicholas, *Medieval Flanders*, p.56.

（3）Hariulf, Vita Arnulfi, *M.G.H., SS.*, 15-2, pp.889-890.

（4）「伯の平和」については、Nicholas, *Medieval Flanders*, pp.60-61. Verlinden, Ch., *Robert Ier le Frison, comte de Flandre, Étude d'histoire politique*（Antwerpen/Paris/'s Gravenhagi 1935）, pp.148-149. Monier, R., *Les institutions centrales du comté du Flandre, de la fin du IXe siècle à 1384*（Paris 1943）, pp.18-19. なお、ロベルトゥス1世治世における「伯の平和」に関しては、轟木広太郎氏によって、ここで紹介したような通説に対する批判が行われている。轟木広太郎「紛争のなかの教会―中世フランドルの聖人伝から―」『史林』第八二巻第二号、一九九九年、一～三二頁。同『戦うことと裁くこと―中世フランスの紛争・権力・真理』昭和堂、二〇一一年。

（5）都市と騎士との関係については、De Hemptinne, Th., "Vlaanderen en Henegouwen onder de erfgenamen van de Boudewijns 1070-1214", *Algemene Geschiedenis der Nederlanden 2 Middeleeuwn*（Haarlem 1982）, p.375。

（6）フランスとイングランドとの関係については、Nicholas, *Medieval Flanders*, p.57. Hemptinne, "Vlaanderen en Henegouwen", pp.372-373. Verlinden, *Robert Ier le Frison*, pp.73-79, 107-112。近年の研究成果として、Oksanen, E., *Flanders and the Anglo-Norman World 1066-1216*（Cambridge 2012）, pp.18-39。

（7）Verlinden, *Robert Ier le Frison*, pp.78, 112. Nicholas, *Medieval Flanders*, p.57. De Hemptinne, Th., "23. Robert I der Friese", "24. Robert II von Jerusalem", in: *Lexikon des Mittelalters*, VII（München und Zürich 1995）, pp.894-895. Oksanen, *Flanders and the Anglo-Norman World*, pp.18-20.

（8）Nicholas, *Medieval Flanders*, p.57. Hemptinne, "Vlaanderen en Henegouwen", p.373.

（9）Verlinden, *Robert Ier le Frison*, pp.100-103, 127-129. Nicholas, *Medieval Flanders*, p.57. Hemptinne, "Vlaanderen en Henegouwen", pp.373-374.

（10）教会との関係全般については、Nicholas, *Medieval Flanders*, p.57. Hemptinne, "Vlaanderen en Henegouwen", pp.373-375. Verlinden, *Robert Ier le Frison*, p.151。

（11）Nicholas, *Medieval Flanders*, p.58.

（12）一〇八七年に発給された伯の証書一通と一〇八九年に発給された二通が、伯の息子ロベルトゥスによって発給されている。Vercauteren, F., *Actes des comtes de Flandre 1071–1128*（Bruxelles 1938）, n.7, n.8, n.9.

(13) Bonnaud-Delamare, R., "La Paix en Flandre pendant la première Croisade", *Revue du Nord*, 39（1957）, pp.149–151. Hoffmann, H., *Gottesfriede und Treuga Dei*, Schriften der Monumenta Germaniae Historica 20（Stuttgart 1964）, pp.150, 191–192. Nicholas, *Medieval Flanders*, p.61.

(14) Hoffmann, *Gottesfriede und Treuga Dei*, pp.151–152. Hemptinne, "Vlaanderen en Henegouwen", pp.373–374. Nicholas, *Medieval Flanders*, p.61. 史料としては、Vercauteren, *Actes des comtes de Flandre*, n.49, "... Hanc pacem comes Rodbertus per totam terram suam servabit et sui ad invicem pro amore Dei, ita tamen ut, si castellanum in regno suo tradatur vel absque permissu ejus construatur in pace et guerra, illud armis recipiat vel destruat; ..."。

(15) Hemptinne, "24. Robert II von Jerusalem", p.895. Luykx, Th., *De Graven van Vlaanderen en de Kruisvaarten*（Hasselt 1967）, p.47. 同伯は、皇帝からビザンツ帝国にとどまるよう望まれたが、その要請を辞退して帰国したと伝えられる。

(16) Hemptinne, "Vlaanderen en Henegouwen", p.374.

(17) Ganshof, F. L., Van Caenegem, R., Verhulst, A., "Note sur le prémier traité anglo-flamand de Douvres", in: *Mélanges dédiés à la mémoire de Raymond Monier, Revue du Nord*,（1958）, pp.245–257. De Hemptinne, "24. Robert II von Jerusalem", p.895. Nicholas, *Medieval Flanders*, p.58. 研究者たちの間には、ドーヴァーの条約が結ばれた年代などいくつかの点をめぐって意見の不一致が認められる。ここでは、ニコラスの概説に従った。ドーヴァーの条約の条文は、Vercauteren, *Actes des comtes de Flandre*, n.30. Chaplais, P., *Diplomatic Documents*, 1: 1101–1272（London 1964）, No.1. Oksanen, *Flanders and the Anglo-Norman World*, pp.20-.24。

(18) Sproemberg, "Clementia, Gräfin von Flandern", rep., in: *Mittelalter und Demokratische Geschichtschreibung*（Berlin 1971）, p.207. Hoffmann, *Gottesfriede und Treuga Dei*, pp.152–153. Hemptinne, "Vlaanderen en Henegouwen", p.376. Ross, J. B. trans. & ed., *The Murder of Charles the Good*（1959; rev. ed. 1967; rep. Tronto 1982）, p.45. 一一一一年の平和令の史料は、その文面をそのまま発令当時のものとはみなせないが、Vercauteren, *Actes des comtes de Flandre*, n.53。

(19) Ross, *The Murder of Charles the Good*, pp.13–14. Nicholas, *Medieval Flanders*, p.59. Rider, J. ed., Galbertus notarius Brugensis, *De multro, traditione, et occisione gloriosi Karoli comitis Flandriarum*, Corpus Christianorum, Continuatio Me-

diaevalis CXXXI（Turnhout 1994）, p.XI. カロルスは、伯ロベルトゥス一世の娘とデンマーク王クヌート（Cnuto）の間に生まれた。一〇八六年に父が暗殺されたので、幼少の彼は、母に連れられてフランドルへ戻ってきたのである。

(20) Ross, *The Murder of Charles the Good*, pp.17–18. Nicholas, *Medieval Flanders*, p.61. Vercauteren, *Actes des comtes de Flandre*, nn.93–124. Koch, A. C. F., "Actes des comtes de Flandre de la période de 1071 à 1128", *Bulletin de la Commission royale d'Histoire*, 122（1957）, nn.3–4, pp.272–278.

(21) Hoffmann, *Gottesfriede und Treuga Dei*, pp.153–155. Ross, *The Murder of Charles the Good*, p.18, p.83, n.8, p.104–105, nn.10, 12, p.106, n.7. 先述の武器携行禁止令とエランバルド家の私戦の処罰を伝える史料は、Rider, Galbertus notarius Brugensis, c.1, cc.9–10。邦語文献では、青谷秀紀「フランドル伯シャルル・ル・ボンの殉教―一二世紀前半における君主と支配理念―」『史林』第八二巻第一号、一九九九年、三六〜六七頁。特に四九〜五七頁。青谷氏によれば、カロルス（シャルル）伯の治世下の「伯の平和」については、本来の「神の平和」運動に起源をもつ宗教的要素に加えて、治安立法的・世俗的な要素も支配的になりつつあったと考えられる。同『記憶のなかのベルギー中世　歴史叙述にみる領邦アイデンティティの生成』京都大学学術出版会、二〇一一年。Nicholas, *Medieval Flanders*, p.61.

(22) 以上、エランバルド家に関しては、特に、Ross, J. B. & Vandermoere, H. trans., Warlop, E., *The Flemish Nobility before 1300*（Kortrijk 1975–1976）, pp.186–195. Rider, Galbertus notarius Brugensis, cc.7–10. Ross, *The Murder of Charles the Good*, cc.7–10, pp.96–107。巻末のエランバルド家の系図も参照。

(23) ウィレルムスは、イングランド王ヘンリ一世によって公領を征服されたノルマンディ公の息子で、フランス王に助けられながらイングランド王に対抗していたのである。

(24) 混乱期に関する主要史料は、カロルス伯に仕えていた尚書部役人であるノタリウスのガルベルトゥスが、同伯の暗殺直後から日々の経験や見聞を記録した「日記」である。混乱期に関する研究は、ピレンヌ以来約一世紀の間積み重ねられてきており、膨大である。近年は、「日記」の新たな校訂版および英語訳を刊行したライダー（Rider, J.）がガルベルトゥス研究の第一人者と言えよう。Rider, J. & Murry, A. V.（eds.）, *Galbert of Bruges and the Historiography of Medieval Flanders*（Washington, D. C. 2009）. Rider, J. trans., *The Murder. Betrayal. and Slaughter of the Glorious Charles, Count of Flanders Galbert of Bruges*（New Haven & London 2013）. 英語訳のイントロダクションと参考文献リストが、二〇一三年時点での最新情報をまとめてくれている。邦語文献では、西村由美子「一二世紀フランドルの政治的転換期—暗殺・復讐そして反乱へ—」『史学雑誌』、第一〇六編第一号、一九九七年、六四〜八二頁。

(25) De Hemptinne, Th. et Parisse, M.,"Thierry d'Alsace, comte de Flandre Biographie et actes'", *Annales de l'Est*, 43 (1991), pp,83–113, 特に pp.83–88. Oksanen, *Flanders and the Anglo-Norman World,* pp.26-.29.

(26) Hemptinne et Parisse, "Thierry d'Alsace", p.90.

(27) Hemptinne et Parisse, "Thierry d'Alsace", pp.97–99.

(28) テオデリクスの不在時におけるフィリプスの行動については、Hemptinne et Parisse, "Thierry d'Alsace", p.99. Van Werveke, H., "Filips van Elzas", in: *Nationaal Biografisch Woordenboek*, dl.IV (Brussel 1970), kol.290–329の kol.291–293。帰国したテオデリクスは、留守中にフィリプス伯が放火におよんだ教会に対して、賠償として寄進を行っている。

(29) Hemptinne et Parisse, "Thierry d'Alsace", pp.99–100.

(30) Hemptinne et Parisse, "Thierry d'Alsace", pp.99–100. Van Werveke, "Filips van Elzas", kol.294, 322.

(31) 山田雅彦「フランドル都市の成長とインフラストラクチャー—新港建設と干拓事業をめぐる研究史—」、同『中世フランドル都市の生成—在地社会と商品流通—』ミネルヴァ書房、二〇〇一年、二三七〜二七〇頁。山田氏が動向を整理している諸研究のうち主要なものは、次の通りである。Van Werveke, H., "De economische politiek van Filips van de Elzas (1157/68 tot 1191), *Mededelingen van de Koninklijke Vlaamse Academie voor Wetenschappen. Letteren en Schone Kunsten van België, Klasse der Letteren*, dl.14, nr.3, Brussel (1952), pp.3–18. Verhulst, A., "Un exemple de la politique économique de Philippe d'Alsace: fondation de Gravelines (1163)", *Cahiers de civilisations médiévales*, t.10 (1967), pp.15–28. 同様の状況が、同時期に建設されたニウーポールト (Nieuwpoort) という港町についても想定されている。

(32) Hemptinne et Parisse, "Thierry d'Alsace", p.99. Van Werveke, "Filips van Elzas", kol.324.「大特許状」に関しては、特に、Van Caenegem, R. C., "Coutumes et législation en Flandre au XIe et XIIe siècles", in: *Les libertés urbaines et rurales du XIe au XIVe siècle. Colloque international Spa 5–8 IX 1966* (Bruxelles 1968), pp.245–279。二つの疑問点については、西村由美子「一二世紀フランドル伯領の伯役人と都市」『比較都市史研究』第一七巻第一号、一九九八年、一五〜二七頁。なお、「大特許状」第一版の内容は、その第二版に継承されただけではなく、同時期に発給された聖アマンドゥス大修道院

の所領に対する平和令とも共通していることが指摘されている。De Gryse, L. M., *The Reform of Flemish Judicial and Fiscal Administration in the Reign of Philip of Alsace*（*1157/1163–1191*）, University of Minnesota, Ph.D. dissertation, 1969, Ann Arbor, Michigan, University Microfilms Inc., 1971, pp.62–66.

（33）Hemptinne et Parisse, “Thierry d'Alsace”, p.99. Van Werveke, “Filips van Elzas”, kol.321. 特に，Van Werveke, H., “Robrecht, proost van Aire, kanselier van Vlaanderen”, in: *Nationaal Biografisch Woordenboek*, dl.IV（Brussel 1970）, kol.697–706.

（34）Van Werveke, “Filips van Elzas”, kol.293, 296–297. Oksanen, *Flanders and the Anglo-Norman World,* pp.35–39.

第一部　第一章第一節

（1）上位役人に関する主要研究は，Verhulst, A. & De Hemptinne, Th., “Le chancelier de Flandre sous les comtes de la maison d'Alsace（1128–1191）” *Bulletin de la Commission Royale d'Histoire,* 141（1975）, pp.267–311。

（2）Vercauteren, F., *Actes des comtes de Flandre 1071–1128*（Bruxelles 1938）, n.5. 以下本書では，序論であげた二つの伯の証書集に収められている証書に通し番号をふっている。証書集の校訂者たちは偽書も含めて番号をふっているが，本書ではそれら偽書の番号は抜け番号扱いとした。巻末の表「証書中の尚書部役人」も参照。

（3）Vercauteren, *Actes des comtes de Flandre*, n.9. プレポジトゥス（prepositus, プラエポジトゥス，praepositus）という言葉は，聖職者あるいは修道士たちの共同体の長を意味する。よって，プレポジトゥスとは，律修参事会教会の場合は参事会長を指し，修道院の場合は修道院長を指す。Niermeyer, J. F., *Mediae Latinitatis Lexicon Minus*（Leiden 1984）, p.836の二番目にあげられている意味である。

（4）第一の立場をとるのは，Vercauteren, *Actes des comtes de Flandre*, 第二の立場をとるのは，Pirenne, H., “La chancellerie et les notaires des comtes de Flandre avant le XIIIe siècle”, *Mélanges J. Havet*（Paris 1895）, pp.733–748, 第三の立場をとるのは，Verhulst & De Hemptinne, “Le chancelier de Flandre”, pp.267–311と言える。

（5）Dhondt, J., “Développement urbain et initiative comtale en Flandre au XIe siècle”, *Revue du Nord*, 30（1948）, pp.133–156. ドーントは，一一世紀の伯たちは，伯領全体を自らの支配領域として統合するため，内陸部に，城砦，年市そして律修

参事会教会の三点セットを備えた都市を意図的に建設していったと考えた。その後、ドーント説には、フェルヒュルストなどによって批判が加えられた。ドーント以後の研究史の流れは、山田雅彦氏によって整理されている。山田雅彦「フランドルにおける大都市の生成とその複合要因—イープルの初期発展をめぐる研究史—」、同『中世フランドル都市の生成—在地社会と商品流通—』、ミネルヴァ書房、二〇〇一年、一五〜五一頁。

(6) 伯領統治にとっての聖ドナティアヌス教会および同教会の聖職者たちの重要性については、同教会に属する尚書部の下位役人ガルベルトゥスが一一二〇年代末に書いた「日記」によって伝えられている。Rider, J. ed., Galbertus notarius Brugensis, *De multro, traditione, et occisione gloriosi Karoli comitis Flandriarum*, Corpus Christianorum, Continuatio Mediaevalis CXXXI (Turnhout 1994).

(7) Verhulst & De Hemptinne, "Le chancelier de Flandre", pp.267-311.

(8) たとえば、公的な強要の免除、十分の一税の授与、カノニクス(canonicus, 参事会員)への特権の授与、カノニクスとプレポジトゥスの財産の確認などである。

(9) 近世ネーデルラント史研究においても、同様のスタンスが認められる。加来奈奈「16世紀前半ネーデルラントの統一と渉外活動—一五二九年カンブレ平和条約履行におけるネーデルラント使節ジャン・ド・ル・ソーの機能—」岩本和子・石部尚登編『「ベルギー」とは何か? アイデンティティの多層性』松籟社、二〇一三年、二二九〜二四七頁。

第一部　第一章第二節

(1) Rider, J. ed., Galbertus notarius Brugensis, *De multro, traditione, et occisione gloriosi Karoli comitis Flandriarum*, Corpus Christianorum, Continuatio Mediaevalis CXXXI (Turnhout 1994), c.57.

(2) 彼は、草創期に確認される同名の尚書部役人とは別人であると判断されている。Declercq, G., "De dekens van het Sint-Donaaskapittel in Brugge voor 1200", *Handelingen van het genootschap voor Geschiedenis gesticht onder de benaming Société d'Émulation te Brugge*, 125 (1988), p.42.

(3) 主に、ベルトゥルフス伯の証書の通し番号一二、二七、二九、三二、三三、三九、四三、四六、四八、六二、六七、六八、七七、七八、七九、九二、九六、一〇三、一一〇、一一七、一二〇。Rider, Galbertus notarius Brugensis, cc. 7, 8, 9,

10, 11, 13, 16, 17, 18, 19, 20, 21, 22, 23, 24, 25. 26, 27, 28, 31, 32, 35, 37, 38, 39, 41, 42, 44, 45, 46, 49, 55, 57, 58, 71, 74, 81, 83, 84, 85, 89, 91, 116. フロモルドゥス・セニオル 伯の証書の通し番号三二、三八、三九、四一、五五、六二、六四、六七、六八、七三、七七、七八、七九、八五、一〇〇、一一〇、一一七、一二〇。Rider, Galbertus notarius Brugensis, cc.19, 21, 23, 35. レイネルス 伯の証書の通し番号 一二、一三、一七、三一、三三、四三、五五、六四、七三、八一、一一三。

（4）　トップに位置している伯の証書の通し番号三二、三九、四三、四六、四八、六二、七七、七九、一〇三、一一七、一二〇。二番目に位置している伯の証書の通し番号七八、一一〇。

（5）　Rider, Galbertus notarius Brugensis, 特に c.8. この史料は、エランバルド家によるカロルス伯暗殺に始まる混乱を目の当たりにした尚書部の下位役人ガルベルトゥスが、次々と起こる事件を記録したものである。暗殺前の同家がいかに権勢を誇っていたのかについても、随所に記されている。

（6）　ベルトゥルフスの悪役としてのイメージは、ガルベルトゥスの日記に描かれた人物像によるところが大きい。ガルベルトゥスの記述については、日記の最初の刊本を校訂したピレンヌ以来一世紀もの間概ね事実を伝えると判断されてきた。しかし、この通説に対して、新たな校訂版を刊行したライダーによって新説が唱えられており、ベルギーでも受け入れられつつある。彼によれば、ガルベルトゥスは、見聞した事実を記録したのではなく、暗殺されたカロルス伯を聖人として称讃するという目的のため、意図的かつ積極的に創作も行っている。この新説を受けて、ベルトゥルフスの悪役的なイメージも、ある程度割り引いて考えなければならないだろう。Rider, J., *God's Scribe: The Historiographical Art of Galbert of Bruges*（Washington, D.C., 2001）. 本書に対する書評としては、　Symes, C., *The Medieval Review*, The Medieval Institute, Western Michigan University, 2003.01.09. Prevenir, W., *American Historical Review*, 108–1（2003）, pp.239–240。

（7）　Ross, J. B. ed., *Galbert of Bruges, The Murder of Charles the Good, Count of Flanders*, rev. ed. 1967; rep., Medieval Academy Reprints for Teaching, 12（Toronto 1988）, c.18, p.127, n.1, c.19, p.131, n.6.

第一部　第一章第三節

（1）　Rider, J. ed., Galbertus notarius Brugensis, *De multro, traditione, et occisione gloriosi Karoli comitis Flandriarum*, Corpus Christianorum, Continuatio Mediaevalis CXXXI（Turnhout 1994）, c.78, "… Exequiis ergo sollemniter completis, rex et episcopus introduxerunt in statum praelationis Rodgerum praepositum in medio fratrum ejusdem ecclesiae." Herman de Tournai, Herimanni Liber de restauratione S. Maritini Tornacensis, *M.G.H., SS.*, XIV, c.35, "… Post quinque ergo dies reconciliata eadem eccelsia, et post misse celebrationem decenter sepulto comitis corpore, protinus rex dominum Rogerium **iuvenem clericum** in sede prepositi statuit, quoniam Bertulfus prepositus iam aufugerat. …"（太字は筆者による）。ノワイヨン・トゥールネ司教シモンも、ロゲルスの任命に影響力を発揮したのではないかと推定されている。司教は、フランドルに管轄区を有する司教であるばかりでなく、フランス王ルイ六世の従兄弟でありカロルス伯の義兄弟でもあった。混乱期にも、司教は、葬式を挙行したり破門を行ったりして、一貫してフランス王と同王の推すウィレルムス伯に協力していた。同司教に関しては、 Ross, J. B. ed., *Galbert of Bruges, The Murder of Charles the Good, Count of Flanders*, rev. ed. 1967; rep., Medieval Academy Reprints for Teaching, 12（Toronto 1988）, c.21, p.136, n.9. Verhulst, A. & De Hemptinne, Th., "Le chancelier de Flandre sous les comtes de la maison d'Alsace（1128–1191）", *Bulletin de la Commission royale d'Histoire,* 141（1975）, p.278. なお、フランス王がブルッヘのプレポジトゥスの選出と叙任に関してこのようなかたちで介入したことは、領邦フランドルに対して同王が次第に介入の度合いを強めていく過程において重要な画期であったと考えられている。Ross, *The Murder of Charles the Good,* c.55, p.202, n.7. Ganshof, F. L., "Le Roi de France en Flandre en 1127 et 1128", *Revue historique de droit français et étranger,* XXVII（1949）, pp.204–228, 特に p.216.

（2） 伯の証書の通し番号一三八、二二六、二二七、二五三、二八九。

（3） 伯の証書の通し番号一三八、二二七。

（4） 第二章で明らかにするように、フルヌの聖ニコラウス教会は、上位役人に次いで有力な尚書部役人とのつながりが深く、その意味では特殊な教会であった。とはいえ、その特異性が、カンケラリウスという肩書きを上位役人に付す理由を完全に説明するわけではない。

（5） De Hemptinne, Th. & Verhulst, A. *De oorkonden der graven van Vlaanderen*（*Juli 1128 - September 1191*）*II. Uithave. Band I: Regering van Diederik van Elzas*（*Juli 1128–17 Januari 1168*）（1988 Brussel）, p.194, n.（1）.

（6） ヘンプティンヌたちは、ロゲルスは、ウィレルムスかフランス王のいずれかの寵愛を受けた人物であったのではないかと考えている。De Hemptinne, & Verhulst, *De oorkonden der graven van Vlaanderen*, p.LIV.

（7）　ロゲルスの任期中に尚書部役人として確認される五二人のうち、少なくとも一七人が彼の就任以前から現存史料に姿を現している。

（8）　Herman, Liber de restauratione S. Maritini Tornacensis, c.35, 本節註（1）の引用における太字部分を参照。

（9）　本書序論第一章第二節「フランドル伯尚書部に関する研究史と問題点」を参照。　Prevenir, W., “La chancellerie des comtes de Flandre dans le cadre européen à la fin du XIIe siècle”, *Bibliothèque de l’École des Chartes,* CXXV（1967）, pp.34–93, 特に pp.45–46. De Hemptinne, Th., Prevenir, W., & Vandermaesen, M., “La chancellerie des comtes de Flandre（12de-14de siècle）” in: *Landesherrliche Kanzleien im Spätmittelalter, Referate zum VI. Internationales Kongreß für Diplomatik, München 1983*（München 1984）, pp.433–454, 特に p.442.

第Ⅰ部　第Ⅰ章第四節

（1）　De Hemptinne Th. & Verhulst A., *De oorkonden der graven van Vlaanderen*（*Juli 1128 - September 1191*）*II. Uithave: Band I Regering van Diederik van Elzas*（*Juli 1128–17 Januari 1168*）（1988 Brussel）, p.XXXVIII-XXXIX. Declercq, G. A., “Het kapittel van Harelbeke in de 11de en 12de eeuw. Een bijdrage tot de studie van de《vita canonica》in Vlaanderen”, *Sacris Erudiri,* XXIX（1986）, pp.269–312, 特に pp,291–292. Verhulst, A. & De Hemptinne, Th., “Le chancelier de Flandre sous les comtes de la maison d’Alsace（1128–1191）”, *Bulletin de la Commission royale d’Histoire,* 141（1975）, pp.280–288. Warlop E., “Desiderius van Kortrijk”, in: *Nationaal Biografisch Woordenboek,* dl. II（Brussel 1966）, kol. 405–406. Van Cappel, E., “Zalige Desiderius van Kortrijk, bisschop van Terwaan”, *Album M.English*（Brugge 1952）, pp.381–397. 彼の兄弟の一人は父親の跡を継いで同城代となり、もう一人は一一七〇年代に尚書部の上位役人をも務めることになる。デシデリウスは、一一四〇年代には、ドゥエ（Douai）の聖アマトゥス（Amatus）参事会教会のプレポジトゥスをも兼職していた。さらに、彼は、一一五六年以降トゥールネ司教区内のフランドルにおける管区を任された助祭長（archidiaconus）の職をも兼ねるようになっていた。

（2）　伯の証書の通し番号二九四、三一〇、三一九、三二〇、三三〇、三四〇、三四三、三五四、三六二、三八九。伯が案件に関与している証書の通し番号二九四、三一九、三二〇、三三〇、三四〇、三五四、三八九。ブルッヘで発給された証書の通し番号三四三、三五四。

（3）ロベルトゥスの経歴については、Van Werveke, H., “Robrecht, proost van Aire, kanselier van Vlaanderen”, in: *Nationaal Biografisch Woordenboek*, dl.IV（Brussel 1970）, kol.697–706。

（4）De Hemptinne, & Verhulst, *De oorkonden der graven van Vlaanderen*, n.277, pp438–440, “Ego Robertus prepositus Ariensis et cancellarius subscripsi et relegi.”

（5）この証書の受給者は、ヴェルマンドワ伯領内の Saint-Quentin-en-l'Île の大修道院である。

（6）この証書は、一一五七年に発給された通し番号二九三の伯の証書である。

（7）ペトルスの経歴については、De Hemptinne, & Verhulst, *De oorkonden der graven van Vlaanderen*, p.XXXIX, n.（46）。De Hemptinne, Th., “Peter van de Elzas, leven en loopbaan（ca. 1145–1176）”, *Handelingen van het genootschap voor Geschiedenis gesticht onder de benaming Société d'Émulation te Brugge*, 113（1976）, pp.139–160. De Hemptinne, Th., “Peter van de Elzas”, in: *Nationaal Biografisch Woordenboek*, dl. VII（Brussel 1976）, kol. 569–573.

（8）ロゲルスの場合と同じく、デシデリウスも、証人総数にかかわらず極めて上位の証人となる事例がほとんどなので、証人リスト中の順位だけを問題としている。一位五二%、二位二〇%、三位一四%、四位一〇%。

（9）同様に、一位二六%、二位一七%、三位二二%、四位一一%。

（10）De Hemptinne, “Peter van de Elzas, leven en loopbaan（ca. 1145–1176）”, pp.139–160, 特に pp.146–148.

（11）De Hemptinne, & Verhulst, *De oorkonden der graven van Vlaanderen*, n.217, pp.337–338. この証書の発給者は、トゥールネ司教、テオデリクス伯、トゥールネの助祭長デシデリウス、聖ドナティアヌス教会のプレポジトゥスのペトルス、同教会のデカヌスのハケトゥスおよび同律修参事会教会の参事会である。

（12）De Hemptinne, & Verhulst, *De oorkonden der graven van Vlaanderen*, n.261, pp.413–414, n.270, pp.427–428. まず、通し番号三九八では、テオデリクス伯が、ドロンヘンの大修道院の教会守護が死去したので、同修道院を自らの保護下に入れている。死去した教会守護というのが、同伯の孫であるアロストのテオデリクスであった。次に、通し番号四〇七の証書では、フィリプス伯が、自分が放火してしまったテルアンヌの大修道院に、その償いとしてサンス収入を与え、同大修道院を自らの保護下においている。

（13）ただし、図表11からわかるように、デシデリウスの存在感は、一一六三年のペトルスの登場とともに一度薄まるが、一一六四年から数年間再び増している。この現象については、以下ロベルトゥスの台頭と関連して検討する。

（14）Gesta abbatum S, Bertini, Continuatio, *M.G.H., SS.*, XIII, pp.667–668, c.12, “..., idem Robertus Nicholaum quendam militem（ロベルトゥスの親族と考えられている）, ..., terram quandam in villa de Wiserne, ... a nobis possessam, fecit calumpniari et per vim comitis auferri, ...”, c.15, “... Robertus infra terminos parrochie nostre de Broburg quandam paludem ingenio suo et comitis expensis ad terram deduxit arabilem et in ea, ... basilicam fundans, mansiones et funiculos possessionum colonis distribuit, ...”

（15）「大特許状」第一版は、伯の証書としては通し番号三五〇の証書である。Hemptinne & Verhulst, *De oorkonden der graven van Vlaanderen*, n.214, pp.333–335. 第二版および第三版についても、すでにファン・カーネヘム（Van Caenegem, R. C.）によって校訂版が公刊されている。主要な研究として、特に、Van Caenegem, R. C., “Coutumes et législation en Flandre au XIe et XIIe siècles”, in: *Les libertés urbaines et rurales du XIe au XIVe siècle. Colloque international Spa 5–8 IX 1966*（Bruxelles 1968）, pp.245–279。

（16）山田雅彦「フランドル都市の成長とインフラストラクチャー―新港建設と干拓事業をめぐる研究史―」、同『中世フランドル都市の生成―在地社会と商品流通―』ミネルヴァ書房、二〇〇一年、二三七～二七〇頁。山田氏が動向を整理している諸研究のうち主要なものは、次の通りである。Van Werveke, H., “De economische politiek van Filips van de Elzas（1157/68 tot 1191）”, *Mededelingen van de Koninklijke Vlaamse Academie voor Wetenschappen. Letteren en Schone Kunsten van België, Klasse der Letteren*, dl.14, nr.3, Brussel（1952）, pp.3–18. Verhulst, A., “Un exemple de la politique économique de Philippe d'Alsace: fondation de Gravelines（1163）”, *Cahiers de civilisations médiévales*, t.10（1967）, pp.15–28.

（17）Nishimura, Y., “The 'Grand Charters' by the Counts of Flanders in the Twelfth Century.”, in: *The Fourth Japano-Korean Symposium on Medieval History of Europe*, 1997, May, pp.32–53. 西村由美子「一二世紀フランドル伯領の伯役人と都市」『比較都市史研究』第一七巻第一号、一九九八年、一五～二七頁。

（18）Van Werveke, H., *Thomas Becket, Filips van de Elzas en Robrecht van Aire*,［Mededelingen van de Koninklijke Vlaamse Academie, jg. XXXII, n.1］（Brussel 1970）. ファン・ヴェルフェーケは、トマスの経歴とロベルトゥスの経歴の間

には数多くの共通点が存在することを指摘している。

第一部　第二章第一節

(1) 伯の証書の通し番号三二、三九、六二、六七、六八、七七、七八、七九、一一〇、一一七、一二〇。通し番号六八と七七以外の証書の証人リストで、フロモルドゥスはベルトゥルフスの直後に位置している。ほぼ常に、ベルトゥルフスが首位か二位に位置し、フロモルドゥス・セニオルは二位か三位に位置している。

(2) 伯の証書の通し番号六七、八五、八八、八九、九七、一〇七、一一〇、一一七、一一九、一二〇、一三九、一四一、一五五、一六五、一六六、一六七、一六九、一七五、一七九、一九三、一九四。他のプレポジトゥスと併記されているのは、通し番号六七、八五、一〇七、一一〇、一一七、一二〇、一六五、一六六、一六九。ただし、一般的に、伯の証書の証人リストでは、尚書部役人ではない者も含めて伯領各地の律修参事会教会のプレポジトゥスたちが、司教および修道院長に続いて比較的上位にまとまって位置することも多い。

(3) 伯の証書の通し番号六七、八五、一〇七、一一〇、一一七、一二〇、一六五、一六六、一六九。彼の地位の高さは、彼がプレポジトゥスとしては唯一の証人として筆頭ないし二番目の証人となる事例も次第に増えていくことからも証明される。伯の証書の通し番号一一九（一一二四年）、一四一（一一二九年）、一五五（一一三三年）、一六七（一一三七年）、一七五および一七九（一一三八年）、一九三および一九四（発給年不明）。

(4) 伯の証書の通し番号一〇七（サン・トメールのオゲルスに次いで三位）、一一〇（上位役人ベルトゥルフスとサン・トメールのオゲルスに次いで四位）。

(5) 彼以外にも、尚書部役人に対して伯が同様の報奨を与える事例が複数認められている。De Hemptinne, Th. & Verhulst, A., *De oorkonden der graven van Vlaanderen (Juli 1128 - September 1191) II. Uithave. Band I Regering van Diederik van Elzas (Juli 1128–17 Januari 1168)* (1988 Brussel), pp.XLVII- XLVIII.

(6) 伯の証書の通し番号三二、三八、三九、四一、五五、六二、六四、六七、六八、七三、七七、七八、七九、八五、一〇〇、一一〇、一一七、一二〇。Vercauteren, F., "Note critique sur une charte originale de Baudouin VII", *Bulletin de la Commission royale d'Histoire*, 94 (1930), pp.376–377. 彼が証人となっている証書の発給地は、フールネだけではなく、べ

ルグ、ブルッヘ、イーペル、ヘントなど伯領各地に分散している。

(7) 伯の証書の通し番号六七、八五、八八、八九、九七、一〇七、一一〇、一一七、一一九、一二〇、一三九、一四一、一四四、一五五、一六五、一六六、一六七、一六九、一七一、一七五、一七九、一九三、一九四。彼が証人となっている証書の発給地も、サン・トメール周辺だけではなく、イーペル、ヘント、エール、アラス、ブルッヘ、フールネなど伯領各地に分散している。

(8) 伯の証書の通し番号七七、一〇七（サン・トメールで発給）、一一〇（ブルッヘで発給）、一七一。

(9) Rider, J. ed., Galbertus notarius Brugensis, *De multro, traditione, et occisione gloriosi Karoli comitis Flandriarum*, Corpus Christianorum, Continuatio Mediaevalis CXXXI（Turnhout 1994）, p.XIII-XIV, cc.21, 23. Ross, J. B. ed., *Galbert of Bruges, The Murder of Charles the Good, Count of Flanders*, rev. ed. 1967; rep., Medieval Academy Reprints for Teaching, 12（Toronto 1988）, c.21, p.134–135, c.23, p.141.

(10) Rider, Galbertus notarius Brugensis, p.XIII-XIV, c.35. 原文は、第二部第二章第一節註（1）で引用する。Ross, *The Murder of Charles the Good, Count of Flanders*, c.35, p.163.

(11) Rider, Galbertus notarius Brugensis, c.20. Ross, *The Murder of Charles the Good, Count of Flanders*, c.20, p.134.

(12) Vita Karoli comitis auctore Waltero archidiacono Tervanensi, *M.G.H.* SS. t.XII, c.31, "… Ne quis vero incredulus calumpnietur me hec omnia commentari et loqui ex propio, Deum testor, quia, que de morte eius et miraculis rettuli, **viri religiosi domni Helie Brugensis decani, Frumoldi Furnensis prepositi** et aliorum clericorum et laicorum, qui se ea vidisse affirmabant, cognovi testimonio. …"（太字は筆者による）

(13) 伯の証書の通し番号一四四、一七一。

(14) De Hemptinne, & Verhulst, *De oorkonden der graven van Vlaanderen*, pp.XLV- XLVIII.

(15) 律修参事会教会では、アウグスティヌス会則に基づき、在俗の聖職者たちが、修道士のように共住生活を営みながら、司牧活動にも従事していた。Dhondt, J., "Développement urbain et initiative comtale en Flandre au XIe siècle", *Revue du Nord*, 30（1948）, pp.133–156. この問題については、山田雅彦「第一章　フランドルにおける大都市の生成とその複合要因―イープルの初期発展をめぐる研究史―」、同『中世フランドル都市の生成―在地社会と商品流通―』、二〇〇一年、ミネルヴァ書房、一五～五一頁。

(16) 最新のガルベルトゥス研究を発表し続けているライダーも、「日記」の新たな英訳版の序論において、三層構造の存在を推定している。ただし、彼の場合、ブルッヘにおいて伯の所領経営と財政運営を担う者たちに関してである。ガルベルトゥスを下層スタッフとして位置づけている。Rider, J. trans. *The Murder, Betrayal, and Slaughter of the Glorious Charles, Count of Flanders Galbert of Bruges* (New Haven & London 2013), p.xxxi.

第一部 第二章第二節

(1) 彼が証人となっている伯の証書計一二通のうち、上位役人ロゲルスの直後に彼が位置しているのは、通し番号一四七、一五二、一八一、一八二、一八四の五通である。上位役人に次ぐ役人のすぐ後に位置しているのは、通し番号一三五、一四四、一六九、一八五の四通である。彼が筆頭の証人になっているのは、通し番号一五四、一五七の二通である。

(2) 通し番号一九〇の証書には、フロモルドゥス・ユニオルとワルテルスの双方が証人として現れる。一一四一年に発給されたこの証書は、フロモルドゥスが上位役人に次ぐ中間役人として証人リストに現れ続けた時期の最後、ワルテルスが同様の役人として継続的に現れるようになる時期の最初のものである。この証書は、ほぼ同列に位置づけられる役人として、二人が入れ替わろうとしている時期に発給されたと言える。そのことを象徴する事実として、その証人リストではフロモルドゥス（一〇人中四位）の直後（五位）にワルテルスが位置している。

(3) 伯の証書の通し番号一三二、一九〇、二一三、二四六、二五四、二五九、二六二、二七三、二七五、二七七、二九〇、二九一、二九二、三〇四。このうち番号二七五と三〇四は、ワルテルスが単独で証人となっている事例である。

(4) そのような事例は、通し番号二四六（一一四八年）、一九七および二六一（一一五〇年）、二六二、二六五および二六六（一一五一年）、二七一および二七二（一一五二年）、二七三（一一五三年）、二七五および二七七（一一五四年）、二九〇および二九一（一一五六年）、二九二および三〇四（一一五七年）。通し番号一九七の発給年代については、第二部で改めて触れる。

(5) 伯の証書の通し番号二〇〇、二〇六、二一二、二一三、二二〇、二二一、二二三、二二六、二四七。オゲルスが唯一の証人である二例とは、通し番号二一二と二二〇の証書である。尚書部役人で証人となっているのが彼と上位役人の二人だけである二例とは、通し番号二二一、二二六の証書である。

(6) 伯の証書の通し番号一三二（一一二七年）、一九〇、二一三、二四六、二五四（一一四九年）、とりわけ一一四八年の通し番号二四六の証書。

(7) 伯の証書の通し番号二五九（一一五〇年）、一九七、二六一、二六二、二六五、二六六、二七一、二七二、二七三、二七五（一一五四年）。ワルテルスが作成関与を明記しているのは、通し番号一九七、二六一、二六五、二六六、二七一、二七二。

(8) 伯の証書の通し番号二七七（一一五四年）、二九〇、二九一、二九二、三〇四（一一五七年）。

(9) 単独で筆頭証人となっている通し番号三〇四以外の証書で、ワルテルスは上位役人の直後に証人として確認される。

(10) なお、なぜ彼がカンケラリウスと名乗ることがあったのかについては、青山由美子「一一～一二世紀フランドル伯のカンケラリウス」『西洋史学』、二三九号、二〇一一年一〇月、二三七～二四七頁。

(11) フロモルドゥス・ユニオルは、一二通の証書で、発給地が四、受給者が八、確認される。ワルテルスは、二〇通の証書で、発給地が五、受給者が一七、確認される。オゲルスは、一六通の証書で、発給地が七、受給者一六が確認される。ただし、フロモルドゥス・ユニオルの場合は、全一二通のうち五通と発給地がブルッヘであることが多い。通し番号一四七、一五四、一五七、一八五、一九〇。さらに、通し番号一八二もブルッヘで発給されたと推定されている。とはいえ、彼が移動する伯に随行した可能性が高いことは、本文で続いて紹介する補足情報によって確かめられる。オゲルスについては、De Hemptinne, & Verhulst, *De oorkonden der graven van Vlaanderen*, p.XLIX.

(12) 巻末のエランバルド家の系図を参照。Rider, Galbertus notarius Brugensis, c.18, c.19, "… Verum tamen fuit quod nullus de curia comiti ita familiaris esset, cum viveret, neque ita carus sicut praefatus Fromoldus. …", c.21.

(13) Rider, Galbertus notarius Brugensis, c.19, "… Scias, Fromolde, te in proximo Pascha praepositurام meam non possessurum, sicut sperabas. …" Ross, *The Murder of Charles the Good, Count of Flanders*, c.18, p.127, n.1, c.19, p.131, n.6.

(14) さらに補足情報として、彼は、下位の品級に属す聖職者とみなされており、妻子をもち自らの居城をはじめとする相当の財産をも有していたと伝えられている。Rider, Galbertus notarius Brugensis, c.18, c.19, c.24, c.25. De Hemptinne, & Verhulst, *De oorkonden der graven van Vlaanderen*, pp.XLI-XLII. Ross, *The Murder of Charles the Good, Count of Flanders*,

Introduction, p.65, n.8. また、暗殺された伯を追悼する詩を作ったのではないかとも推定されており、彼はそれだけの教養も備えた聖職者であったと考えられる。Rider, Galbertus notarius Brugensis, cc63–64. Ross, *The Murder of Charles the Good, Count of Flanders*, cc63–64. pp.224–225, n.1. De Smet, J. M., "Bij de latijnsche gedichten over de moord op den Glz. Karel den Goede Graaf van Vlaanderen", *Miscellanea historica in honorem Alberti de Meyer*, 2 vols（Louvain 1946）, I, pp.418–443, 特に pp.430–432, 440–443. 現在まで伝えられている一篇は、ピレンヌによって刊行されたガルベルトゥスの日記の刊本の巻末に収められている。Pirenne, H. ed., *Histoire du meurtre de Charles le Bon, comte de Flandre*（*1127–1128*）*par Galbert de Bruges suivie de poésies latines contemporaines publiées d'après les manuscripts*（Paris 1891）, pp.184–185.

(15) オゲルスを「伯の」クレリクスと呼んだのは、自身も尚書部役人であったガルベルトゥスであった。よって、尚書部に関して彼の記述から得られる情報は、高い信憑性を有していると判断し得る。Cf., De Hemptinne, & Verhulst, *De oorkonden der graven van Vlaanderen*, p.XLVII, n.（147）.

(16) フロモルドゥス・ユニオルは一一二七年から四一年まで、サン・トメールのオゲルスは一一二八年から四二年まで、ノタリウスのオゲルスは一一三九年から四九年まで、カペラーヌスのワルテルスは一一四一年から五七年まで。

(17) 一一五〇年以降カペラーヌスのワルテルス以外の中間役人は、証書に確認できなくなる。

(18) さらに、ワルテルスには、上位役人のロゲルスとの特別な絆が存在した可能性も想定し得る。一一二〇年代末の混乱期の後に確認される尚書部役人のうち、彼ら二人だけが、ウィレルムス伯の即位後に初めて現存史料に姿を現してくる。第一章で見たように、ロゲルスは、同伯とともにノルマンディからやって来たと推定されている。ワルテルスも、そのロゲルスと同時期に初めて姿を現し最終的には彼の補佐役となっているので、あるいは彼とともにノルマンディから到来した聖職者であったのかもしれない。

第一部　第二章第三節

(1) 伯の証書の通し番号三六五、三八九。

(2) De Hemptinne, & Verhulst, *De oorkonden der graven van Vlaanderen*, n.252, pp.399–401. 通し番号三八九の証人リストでは、彼は、総証人数八人中、上位役人デシデリウスと彼に直属するデカヌスのハケトゥスに続いて三位に位置している。

しかも、当時のもう一人の上位役人ロベルトゥスは、彼の後四位にようやく姿を現している。

第一部　第二章第四節

（1）　一二一四年の伯の証書通し番号六八に、デカヌスとしてレインロフス（Reinlofus）が参事会とともに確認される。一一一九～二〇年の通し番号一〇〇に、カノニクスとしてフゴ（Hugo）が確認される。一一二三年の通し番号一一七に、デカヌスとしてレインロフス、カノニクスとしてフゴが確認できる。

（2）　この措置に際して、通し番号一七九の伯の証書が発給された。De Hemptinne, & Verhulst, *De oorkonden der graven van Vlaanderen*, n.45, pp.81-82. それまでプレポジトゥスであったオゲルスは、ドロンヘン周辺に所領を有していた貴族アロルドのイワヌスとともに、伯に対し、参事会教会を修道院へ改組する措置をとってくれるよう要求した者として、本文に現れている。"… et Odgero eiusdem ecclesie preposito, necnon etiam Ywano illustri viro prefate ville post nos domino et advocato devote postulantibus, …" このイワヌスという貴族は、混乱期において、ウィレルムス伯に反乱を起こしたヘントの都市民たちを支持しテオデリクスが伯として即位することにも多大に貢献していた人物である。混乱期の後、彼は、同伯の娘と結婚しており、混乱期の後の伯領において最も有力な貴族であった。また、オゲルスの兄弟であるエールのプレポジトゥスのメイナルドゥスも、この証書の証人になっている。

（3）　フロモルドゥス・セニオルが証人として確認できるのは、一一二八年八月の通し番号一三五の証書が最後である。この証書の証人リストでは、一二人中二位をセニオルが占め、四位をユニオルが占めている。その後一一三〇年から四一年にかけては、ユニオルが、伯の証書にセニオルを伴わず確認されるようになる。証人として、彼は、首位から五位までの上位を占めている。通し番号一三二、一三五、一四四、一四七、一五二、一五四、一五七、一六九、一八一、一八二、一八四、一八五、一九〇。

（4）　フゴについては、伯の証書通し番号一四〇、一四一。レインリヴスについては、伯の証書通し番号一六一。

（5）　伯の証書の通し番号一六六、一六九、二〇六、二〇八、二二八、二四七、二五九、二九四。カノニクスのアロルドゥスは、一一五〇年代には、新しいプレポジトゥスに従うことになった。それは、長い間第二世代の中間役人として顕著な働きをしてきたワルテルスであった。伯の証書の通し番号二七七、二九〇、二九一、二九二、三〇四。第二節で述べたように、同プレポジトゥス職は、尚書部におけるワルテルスの長年の功績に対する報酬として彼に与えられたのである。したがって、一一五〇年代になってもなお、フールネのプレポジトゥス職は尚書部役人にとって魅力的な要職であり、フールネの聖ワルブルギス教会と尚書部はごく近い関係にあったと考えられる。

第一部　第三章第一節

(1) Vercauteren, *Actes des comtes de Flandre*, n.9, pp.24–29, "... Prepositum sane ejusdem ecclesie, quicumque sit, cancellarium nostrum et omnium successorum nostrorum, susceptorem etiam et exactorem de omnibus reditibus principatus Flandrie, perpetuo constituimus, **eique magisterium meorum notariorum et capellanorum et omnium clericorum in curia comitis servientium, potestative concedimus. Canonici vero, quandocumque ad curiam meam venerint, jus capellanorum optineant** ..."（太字は筆者による）

(2) この肩書きは、「記録」を意味するnotaという言葉から由来している。

(3) ノタリウスについては、次にあげる諸研究の該当部分を参照。Pirenne, H., "La chancellerie et les notaires des comtes de Flandre avant le XIIIe siècle", *Mélanges J. Havet* (Paris 1895), pp.742–746. Reusens, E., "Les chancelleries inférieures en Belgique depuis leur origine jusqu'au commencement du XIIIe siècle", *Analectes pour servir a l'histoire ecclésiastique de la Belgique*, XXVI (1896), pp.118–129. Prevenir, W., "La chancellerie des comtes de Flandre dans le cadre européen à la fin du XIIe siècle", *Bibliothèque de l'École des Chartes*, CXXV (1967), pp.67–68, p.92. ただし、地名を付されるノタリウスであっても伯の移動宮廷に属する場合もある。たとえば、一一四〇年代の証書に確認されるルスラール（Roeselaar）のノタリウスも、肩書きだけを見ると、地方役人タイプのノタリウスであるように思われる。ところが、この証書の発給地を見ると、そうとは考えられないことが明らかになる。この通し番号二一三の伯の証書は、一一四六年に、聖ベルナルドゥスが第二回十字軍を提唱したヴェズレー（Vézelay）の教会会議から伯が戻って来た時に発給された。伯は、教会会議からの帰路アラスに滞在した時にこの証書を発給したと考えられている。De Hemptinne, & Verhulst, *De oorkonden der graven van Vlaanderen*, n.89, p.149, "... Hoc vero actum est Atrebati, ..., post Pascha, comite revertente de Wergelay et ..."; および n.(1). ところが、このノタリウスの任地であるルスラールは、アラスの近くに位置するとは言えない。アラスは伯領最

南部に位置する一方、ルスラールは伯領北部に位置している。巻末の地図を参照。ゆえに、彼がこの証書の証人となったのは、任地の近くで証書が発給されたためではなかった。むしろ、彼が主要な尚書部役人たちに混じって証人となっていることを考えると、彼もまた、彼らと同じく移動する伯の身近に仕える中央役人として証人となった可能性が高い。あるいは、彼は、彼らとともにヴェズレーの教会会議へ参加した伯に随行していたのかもしれない。

（4）　Vercauteren, *Actes des comtes de Flandre*, p.LII-LIV.「伯のカペラーヌス」の事例は、一一一〇年の通し番号四一、一一一二年の通し番号六一、一一一五年の通し番号七六、一一二三年の通し番号一一七と一一八の伯の証書、一一四二年の通し番号一九八、一一六二年の通し番号三四〇の証書に確認される。ただし、一一四二年と六二年の事例で確認される役人には、第二世代の中間役人も含まれる。

（5）　たとえば、「伯のクレリクス」の事例は、一一二〇年代末のガルベルトゥスの日記や一一五〇年代に発給された通し番号三〇一の伯の証書に確認される。ガルベルトゥスの日記中の事例は、後に第二世代の中間役人となるオゲルスの初期の事例である。

（6）　Declercq, G., "Galbert van Brugge en de verradlijke moord op Karel de Goede, Beschouwingen over tekst en auteur naar aanleiding van een nieuw uitgave", *Handelingen van de Maatschappij voor Geschiedenis en Oudheidkunde te Gent*, XLIX (1995), pp.112-114. また、デクレルクによれば、カノニクスの意味で使われる場合クレリクスは複数形になっており、単数形で使われる場合は伯の役人を意味していると言う。ただし、先述のように、クレリクスには「聖職者」というさらに広い意味もあり、また一般に肩書きの使われ方も極めて流動的であった。よって、単数形か複数形かという違いだけを手がかりにクレリクスの意味を識別することには無理があると言わざるを得ない。

（7）　本節の註（1）に引用した通し番号九の伯の証書の原文を参照。

（8）　①ノワイヨン・トゥールネ司教の証書の一通目（一一〇〇年）の場合、発給地はブルッヘ、受給者もブルッヘの聖ドナティアヌス教会。②同司教の証書の二通目（一一〇〇年）の場合、発給地がブルッヘ。③通し番号六二の伯の証書（一一一三年）の場合、発給地がブルッヘ。④ユトレヒト司教の証書（一一一六年）の場合、受給者がブルッヘの聖マリア教会。⑤通し番号一三二の伯の証書（一一二七年）の場合、発給地がブルッヘ。司教証書については、特に Declercq, G., "Galbert van Brugge en de verradlijke moord op Karel de Goede, Beschouwingen over tekst en auteur naar aanleiding van een nieuw uitgave", *Handelingen van de Maatschappij voor Geschiedenis en Oudheidkunde te Gent*, XLIX（1995）, pp.109–110.

（9）たとえば、第一世代の中間役人となる人物ではあるが、一一〇九年（通し番号三九の伯の証書）と一一一〇年代前半（通し番号七七）のフロモルドゥス・セニオル。一一一〇年代前半（通し番号七七）のタンクラドゥス（Tancradus）。一一四五年の（通し番号二一三）のガルテルスとハケトゥス。一一五四年の（通し番号二七七）のウィレルムス。一一六七年の（通し番号四〇九）のゲルルフス（Gerulfus）である。

（10）プレスビテルの例としてフォルペルトゥス（Folpertus）伯の証書の通し番号一二、一八、二二、二七、六二。スブディアコヌス（subdiaconus）の例としてレイネルス（Reinerus）通し番号一二、二三、二七、三一、三三、四三、五五、六四、七三、八一、一一三。

（11）Declercq, G., "De dekens van het Sint-Donaaskapittel in Brugge voor 1200", *Handelingen van het Genootschap voor Geschiedenis gesticht onder de Benaming "Société d'émulation" te Brugge*, 125（1988）, pp.39–54. Niermeyer, J. F., *Mediae Latinitatis Lexicon Minus*（Leiden 1984）, p.518. この中世ラテン語辞典の "inbreviator" の項目では、まさにフランドル伯の証書から例文が引用されている。Vercauteren, *Actes des comtes de Flandre*, p.LI, n.31. Vercauteren, F., "Note critique sur une charte originale de Baudouin VII（18 octobre 1113）", *Bulletin de la Commission royale d'Histoire*, 94（1930）, pp.376–377.

（12）これらの肩書きは、証書、所領経営のための会計簿などの意味をもつ "brevis" から派生したと考えられる。Niermeyer, *Mediae Latinitatis Lexicon Minus*, p.105.

（13）De Hemptinne, & Verhulst, *De oorkonden der graven van Vlaanderen*, p.XL.

（14）バルドゥイヌスについては、伯の証書の通し番号九三および Rider, Galbertus notarius Brugensis, c.18.

（15）伯の証書の通し番号一二三。

（16）この現象は、一二世紀ルネサンスの時代、マギステル（学士）と名乗れる程の教育を修めることが価値を増し出世の条件ともなりつつあった当時の西欧に固有のものであったと言えよう。岩熊幸男「総序」『中世思想原典集成八 シャルトル学派』、平凡社、二〇〇二年、一六～一七頁。

（17）彼らのうち一四人は、すでに、同じ年にブルッヘで発給された通し番号三四三の伯の証書でブルッヘのカノニクスと名乗っている。

(18) 一一一四年に発給された通し番号六八にレインロフス（Reinlofus）、一一一九年ないし一一二〇年に発給された通し番号一〇〇にフゴ（Hugo）、一一二三年に発給された通し番号一一七にレインロフス（＝レインリヴス）とフゴの二人が確認される。二人については、第二章第四節も参照。

(19) 伯の証書の通し番号六三、七八、八三、八八、一六三、一六四、一八二、一八四、一九二、二〇八。発給地、受給者、案件の内容いずれも、証書毎に多様である。

(20) 伯の証書の通し番号六三、七八、八八、一六三、一九二、二〇八を参照。

(21) 伯の証書の通し番号一八二と一八四を参照。

(22) 伯の証書の通し番号一九二を参照。

(23) 伯の証書の通し番号六三、八三、一六四、一九二、二〇八を参照。

(24) 青山由美子「一一～一二世紀フランドル伯のカンケラリウス」『西洋史学』、二三九号、二〇一一年一〇月、二三七～二四七頁。

第一部　まとめ

(1) Rider, Galbertus notarius Brugensis, c.35. Ross, *The Murder of Charles the Good, Count of Flanders*, c.35, pp.162–163.

(2) ブルッへの聖ドナティアヌス教会のデカヌスについては、本書では十分議論することができなかったので、今後の課題としたい。

第二部　第一章第一節

(1) 序論第一章第一節註（2）を参照。

(2) Vercauteren, *Actes des comtes de Flandre*, n.5. この一文の意味、特に“subscripsi”の意味については、ラウセンスの見解に従った。Reusens, “Les chancelleries inférieures en Belgique depuis leur origine jusqu'au commencement du XIIIe siècle”, *Analectes pour servir a l'histoire ecclésiastique de la Belgique*, XXVI（1896）, p.104. 同様の文言の一二世紀後半にお

ける意味については、プレヴニールが検討を加えている。Prevenir, W., "La chancellerie des comtes de Flandre dans le cadre européen à la fin du XIIe siècle", *Bibliothèque de l'École des Chartes*, CXXV（1967）, p.38.

（3）Vercauteren, *Actes des comtes de Flandre*, n.9, pp.23-24. この証書が真正文書であるか偽書であるかについては、ヴェルコートランによって証書集が刊行される以前には偽書とみなす研究者もいた。しかし、それ以降現在にいたるまで、この証書は真正文書とみなされている。この点に関しては、Vercauteren, *Actes des comtes de Flandre*, n.9, pp.24-29. なお、ここで「所領収入の徴収役」と訳した肩書きは、以前の拙稿では「大蔵」と訳している。西村由美子「一一世紀フランドルの政治的転換期—暗殺・復讐そして反乱へ—」『史学雑誌』一〇六—一、一九九七年、六六〜六七頁。

（4）Vercauteren, *Actes des comtes de Flandre*, n.9, p.30. "... Prepositum sane ejusdem ecclesie, quicumque sit, cancellarium nostrum et omnium successorum nostrorum, susceptorem etiam et exactorem de omnibus reditibus principatus Flandrie, perpetuo constituimus, eique magisterium meorum notariorum et capellanorum et omnium clericorum in curia comitis servientium, potestative concedimus. Canonici vero, quandocumque ad curiam meam venerint, jus capellanorum optineant. ..."

（5）印章の管理については、第二節において再び論じる。

（6）伯の証書の通し番号一九六（一一四二年 Ego Rogerus Brugensis prepositus recensui）、二五三（一一四九年 Datum per manum Rogeri cancellarii et Brugensis prepositi）、三五四（一一六三年 Ego Desiderius cancellarius legi et subterscripsi.）、四一四（一一六七年 Ego Robertus prepositus Ariensis et cancellarius subscripsi et relegi）。

（7）前注にあげた三例（通し番号一九六、三五四、四一四）は、上位役人が証書の文面の仕上げを行っている事例である。唯一通し番号二五三の証書の場合、俗人の受給者がラテン語を書けなかったため、尚書部の上位役人が証書の文面を作成したと推定される。

（8）上位役人の人数が証人総数に占める割合は、次第に大きくなっている。一〇〇〇年代一%、一一〇〇年代九%、一一一〇年代一一%、一一二〇年代七%、一一三〇年代一七%、一一四〇年代一九%、一一五〇年代二八%、一一六〇年代四六%。

第二部　第一章第二節

（1）一一〇九年までは平均六％であったが、一一一〇年以降二六年までは平均一八％となる。

（2）証人となっている尚書部役人の総人数に占める上位役人および中間役人の割合は、一一二七年から五七年までの間は、平均三五％である。

（3）De Hemptinne, & Verhulst, *De oorkonden der graven van Vlaanderen*, n.37, pp.71–72, 特に p.72, "Et ego Ogerus Sancti Audomari prepositus, ipsius comitis iussu, traditionis seriem conscripsi et sigilli ipsius impressione corroboravi." De Hemptinne, & Verhulst, *De oorkonden der graven van Vlaanderen*, p.65.

（4）①通し番号一四四（一一三〇年）発給地 Oudenburg, H. Apostelen の教会で、発給者 Diederik、発給地 Oudenburg の大修道院、内容 サンスの免除、証人リストの尚書部役人 Rogeri prepositi Brugensis 5/15（証人総数一五人中五番目であることを意味する。以下も同様）Odgarii geruli sigilli 6/15、Frumaldi iunioris breviatoris 7/15、Gerardi breviatoris8/15。②通し番号一七一（一一三七年）、発給地 不明、発給者 Diederik、受給者 Ter Duinen の大修道院（Clairmarais の大修道院）、内容 土地の寄進、証人リストの尚書部役人 Ogeri prepositi Trunciniensis 2/11、magistri Ulrici 3/11、Rogeri prepositi Brugensis 1/7、Lidberti decani Brugensis 2/7、加えて本節註（3）の引用参照。

（5）De Hemptinne, & Verhulst, *De oorkonden der graven van Vlaanderen*, p.XLVIII. Milis. L., "Justus ut Palma Symboliek als politiek-ideologisch wapen op de zegels van Diederik et Filips van de Elzes, graven van Vlaanderen（1128–1191）", *Sacris Erudiri*, t.25, 1982, pp.27–47, 特に pp.40–41.

（6）例えば、一一二〇年頃には、オゲルスがプレポジトゥスを務めていたサン・トメールの聖マリア教会のカノニクスであったランベルトゥスが、『リベル・フロリドゥス』（Liber Floridus）という百科事典的な著作を著している。『リベル・フロリドゥス』は、図像表現も豊富に含むもので、一二世紀フランドルを代表する著作であり、貴重な史料でもある。Milis, "Justus ut Palma", pp37–38. 代表的な研究としては、Derolez, A., ***The autograph manuscript of the Liber floridus : a key to the encyclopedia of Lambert of Saint-Omer***（Turnhout 1998）（Corpus Christianorum; Autographa Medii Aeui; 4）.

（7）① De Hemptinne, & Verhulst, *De oorkonden der graven van Vlaanderen*, n.63, pp.106–107, 特に p.107, "Ego Walterus capellanus scripsi et subscripsi." この通し番号一九七の証書の発給年代に関しては、ヘンプティンヌたちによって次のよう

に推定されている。証書自体には一一四二年に発給されたと記されているが、実際に証書が発給されたのは、案件について伯によって裁定が下されてから約一〇年後の一一五〇年代初頭であった。よって、この通し番号一九七を含めて、ワルテルスが作成した六通の証書すべてが一一五〇年代初頭に発給されたことになる。② n.126, pp.205–206, 特に p.206, "Ego Walterus capellanus subscripsi." ③ n.129, pp.210–212, 特に p.211, "Ego Walterus capellanus scripsi et subscripsi." ④ n.130, pp.212–213, 特に p.213, "Ego Waltherus capellanus subscripsi." ⑤ n.135, pp.218–219, 特に p.219, "Ego Walterus capellanus et scripsi et subscripsi." ⑥ n.136, p.220, "Datum per manum Galteri capellani et notarii."

（8）　前註（7）にあげた六通の伯の証書の情報は、次の通りである。①通し番号一九七（一一五〇年頃）発給地 不明、発給者 Diederik、受給者 Ter Duinen の大修道院、内容 寄進の確証の再確認 ②通し番号二六一（一一五〇年）発給地 不明、発給者 Diederik、受給者 Fives の Sint-Maarten 教会、内容 土地の寄進 ③通し番号二六五（一一五一年）発給地 Atrecht, curia の集まりで、発給者 Diederik、受給者 Sint-Bertijn の大修道院、内容 放牧権の寄進、寄進の確認 ④通し番号二六六（一一五一年）発給地 Rijsel、発給者 Diederik、受給者 Fives の Sint-Maarten 教会、内容 財産の確認 ⑤通し番号二七一（一一五二年）発給地 Rijsel, in aula comitis、発給者 Diederik& 妻 Sibilla、受給者 Loos の大修道院、内容 サンスの免除 ⑥通し番号二七二（一一五二年）発給地 不明［Brugge］、発給者 Diederik& 妻 Sibilla、受給者 Loos の大修道院、内容 寄進、伯だけが守護となる。

（9）　一一五三年から五七年までに発給された、伯の証書三七通のうち二五通で、伯が案件の当事者となっている。通し番号二七三、二七四、二七五、二七七、二七九、二八二、二八四、二八七、二八八、二八九、二九〇、二九一、二九二、二九三、二九四、二九五、二九六、二九七、二九九、三〇〇、三〇一、三〇四、三〇五、三〇六、三〇七。

（10）　第一部第二章第二節「中間役人の変質」を参照。

（11）　De Hemptinne, & Verhulst, *De oorkonden der graven van Vlaanderen*, n.58, pp.99–100, 特に p.100, "Datum per manus Ogeri cancellarii."

第二部　第一章第三節

（1）　Ex Vita Arnulfi Episcopi Suessionensis Auct. Hariulfo, *M.G.H. SS.*, 15–2, c.19., p.890, "… Et iubente comite, **Erembol-**

dus pretor, assumptis secum prudentibus viris, in Brugensi palatio, supputatis per nomina interfectis Brugensis coloniae vel aliorum locorum, unde personarum noticiam colligere potuerunt, invenerunt et scripto indiderunt, quoniam expensio decem milium marcarum argenti meri non potuisset persolvere, quod gratia Dei per hunc veritatis ministrum dignata est moderari. Hinc factum est, ut virum sanctum omnis homo, tam potens quam impotens, medullitus adamarent illumque secum habitare anhelanter preoptarent. Exhinc toto conamine coeperunt disquirere, quonam in loco sacer presul uiliter ac honeste valuisset residere. …”（太字は筆者による）“Eremboldus pretor”は、リスト作成の先頭に立ったブルッヘ城代のエレンバルドゥスのことである。なお、城代のエレンバルドゥスは、後に尚書部で最大の影響力をもつ内部集団となるエランバルド家の始祖である。この記述は、すでに一〇八〇年代前半に伯の統治に必要な文書の作成に同家が携わっていたことを示唆するという意味でも、重要である。

(2)　このリスト作成に関する記述は、伯の尚書部に関する研究が始められた当初から、何人かの研究者たちによって分析されてきている。Pirenne, H., “La chancellerie et les notaires des comtes de Flandre avant le XIIIe siècle”, *Mélanges J. Havet* (Paris 1895), p.736. Vercauteren, F., *Actes des comtes de Flandre 1071–1128* (Bruxelles 1938), p.LVI. Monier, R., *Les institutions centrales du comté de Flandre du la fin du IXe siècle à 1384* (Paris 1943), p.41. Nicholas, D., *Medieval Flanders* (London & New York 1992), p.59. この記述は、一九九九年に轟木広太郎氏によって発表された論文でも取り上げられ、日本語訳されている。轟木広太郎「紛争のなかの教会―中世フランドルの聖人伝から―」『史林』第八二巻第一号、一九九九年、一～三一頁。

(3)　ただし、この記述を含む聖人伝は一一二一年頃に完成したと考えられており、殺人のリストが作成されたと伝えられる一〇八四年から約三七年後の史料なのである。一一世紀のフランドル伯領に関する同時代史料は極めて少ないので、これまでの研究でも、この記述は一一世紀の実情を伝える貴重な史料として使われている。とはいえ、轟木氏も指摘するように、聖人を礼讃するために書かれた聖人伝の記述を、そのまま事実を反映しているとみなすことはできない。それでも、殺人リストという文書を作成したというエピソードは、聖人の称讃に直接役立つわけではない。よって、少なくともこの部分は、聖人を礼讃するためのまったくの創作とは考えられない。Ex Vita Arnulfi Episcopi Suessionensis Auct. Hariulfo, p.873. 轟木広太郎「紛争のなかの教会」、一一、一三頁。

（4）　*Acta sanctorum Julii*, t.II, p.376, "De S. Godeleva virg. et mart., Prima elevatio anni MLXXXIV". この史料については、ヴェルコートランが、編纂した史料集の序文において言及していた。Vercauteren, F., *Actes des comtes de Flandre*, pp.LI, LIII, LIV. ただし、ヴェルコートランの註においては、三七七頁と記されている。ジステルは、ブルッヘのほぼ西南約一九キロメートルに位置する。

（5）　*Acta sanctorum Julii*, t.II, p.376, "… Cujus elevationi interfuit Gertrudis Comitissa cum suis optimatibus, Ingelbertus abbas sancti Winnoci, Walterus archidiaconus Tornacensis, Walcherus ejusdem ecclesiae custos civitatis, Wido Noviomensis thesaurarius & cancellarius, Albertus presbyter, Drogo diaconus, Landricus subdiaconus, **Rodbertus Brugensis praepositus,** Thedbaldus decanus, **Folbertus clericus, Desiderius, hujus scripti notarius de Ghistella,** Ramgerus presbyter, Joannes Eraldus, Folbertus & Landbertus, Frethabaldus & Erembaldus, Olfredus custos ecclesiae, & filius ejus Radbodus, & alii &c. innominati …"（太字は筆者による）

（6）　Vercauteren, *Actes des comtes de Flandre*, n.79. "… Data Ipre … per manum Odgeri notarii …".

（7）　Vercauteren, *Actes des comtes de Flandre*, n.79, "… Dei gratia comes Flandrensium, hujusmodi libertatem omnibus burgensis Ipre, Fromaldo castellano filioque ejus Tebbaldo, astantibus et concedentibus baronum meorum astipulatione dedi, quatinus nec duellem, nec judicium igniti ferri, aut aque, infra jus Iprense faciant. Siquid autem alicui eorum obicitur, unde duellem aut judicium igniti ferri aut aque facere consueverant, quinta manu per quatuor electos parentes suos juramento se purget. … "

（8）　また、オドゲルスは、証人としてはカペラーヌスと名乗りながら、作成者としてはノタリウスと名乗っている。彼は、証書の作成者としては、「宮廷付きの聖職者」を意味するカペラーヌスより、「書記」を意味するノタリウスの方がふさわしい肩書きだと判断したのではないか。

（9）　De Hemptinne, & Verhulst, *De oorkonden der graven van Vlaanderen*, n.30, pp.61–64, 特に p.63, "Ego Balduinus Brugensis cancellarius scripsi et subscripsi." "subscripsi "の訳語に関しては、ここでもラウセンスの見解に従っている。第二部第一章第一節註（2）を参照。

（10）　通し番号一六四（一一三六年）発給地 Rijsel、受給者 Fives の O.-L.-Vrouw en Sint-Maarten 小修道院、内容 財産の確認。

(11) 発給地にも受給者にも偏りが認められず、証人リストでも肩書きから見て同等の下位役人と隣り合う一方で上位役人や中間役人よりは下位である。①通し番号一四三（一一三〇年）発給地 不明、受給者 Affligem の大修道院、内容 寄進の確認、証人としての順位 一八人中一二位 三位に彼と同じカペラーヌスが確認される ②通し番号一五五（一一三三年）発給地 Diskmuide、受給者 Affligem の Sint-Pieter 大修道院、内容 牧羊地の寄進、証人としての順位 一一人中三位、中間役人サン・トメールのオゲルスの直後 ③通し番号一五六（一一三三年）発給地 Brugge、受給者 Brugge の Sint-Trudo 修道院、内容 土地の寄進、証人としての順位 七人中一位 尚書部役人としては単独証人 ④通し番号一六三（一一三六年）発給地 Brugge、受給者 Zalegem に Sint-Augustinus 会則に従って新設される教会、内容 土地の寄進、伯が修道院の保護者となるなど、証人としての順位一〇人中五位 一位に上位役人ロゲルス、第四位にデカヌス兼ノタリウス。

(12) バルドゥイヌスが確認される証書の発給地は様々であり、証人リストに確認される頻度や順位も、第二節で扱ったような同時期の中間役人と同等とはみなされない。また、この証書と同じ一一三六年に発給された通し番号一六三の証人リストでも、バルドゥイヌスは、やはりカンケラリウスと名乗っているが、上位役人のブルッヘのプレポジトゥスおよび彼に次ぐデカヌスより下位に位置している。

第二部　第二章第一節

(1) Rider, Galbertus notarius Brugensis, c.35, "... canonici sancti Donatiani in meridionali parte castri per scalas muros conscenderunt, in qua parte scrinia et feretra sanctorum et reliquiarum suarum emiserunt, accepta principum super hoc licentia et consensu, transtuleruntque in ecclesiam beati Christophori ... De redditibus comitis brevia et notationes, quae praepositus sibi et suo conservaverat Willelmo Iprensi, quia fortunam suam prorsus mutatam vidit, interventu Fromoldi senioris efferri perpessus est, sicut omnia sanctorum scrinia et ornamenta templi invitus permisit auferri. ..." Ross, *The Murder of Charles the Good, Count of Flanders*, c.35, pp.162–163. それらの文書は、「伯の収入に関する会計簿と記録」（De redditibus comitis brevia et notationes）と呼ばれている。そう記したガルベルトゥスもまた、尚書部役人の一人であった。よって、この文書に関する記述も、かなり正確に事実に基づいていると考えられる。それらの文書を、尚書部役人である聖ドナティアヌス教会の聖職者たちが、聖遺物などと一緒に教会から運び出し別の礼拝堂に避難させた。

（2）Strubbe, E. I., "Het fragment van een grafelijke rekening van Vlaanderen uit 1140", *Medelingen van de Koninklijke Vlaamse Academie voor Wetenschappen, Letteren en Schone Kunsten van België, Klasse der Letteren*, XII（1950）, nr.9, pp.3–24. 会計簿の断片の写真が、論文の最後に掲載されている（afbeeldingen I）。

（3）Lyon, B. & Verhulst, A., *Medieval Finance, a Comparison of financial Institutions in northwestern Europe*（Providence 1967）. Verhulst, A., "L'organisation financière du comté de Flandre, du duché de Normandie et du domaine royal français du XIe au XIIIe siècle, des finances domaniales aux finances d'état", in: *L'Impôt dans le cadre de la ville et de l'état*（Collection Histoire in 80, no.133, 1966）, pp.29–41.

（4）通し番号三五九、De Hemptinne, & Verhulst, *De oorkonden der graven van Vlaanderen*, n.223, pp.348–349. "... Sed et easdem decem libras mihi ab ecclesia Sancte Marie de Dvnis hactenus debitas, prefate ecclesie Beati Augustini per singulos annos, videlicet in festivitate sancti Joannis Baptiste quinque, vero alias in die sanctorum Remigii et Bavonis, **in presentia cancellarii mei,** Furnis fore persolvendas. ..."（太字は筆者による）。

（5）Verhulst, A. & De Hemptinne, Th., "Le chancelier de Flandre sous les comtes de la maison d'Alsace（1128–1191）", *Bulletin de la Commission royale d'Histoire*, 141（1975）, pp.291–292, n.（64）. この註に修道院長の証書からの引用がなされていた。"... Ex ipsius enim bercariis, bercarie Hanoniensi et ei que fuit Baldranni Males contiguis, circiter quadraginta mensuras tenemus, prenominatum censum singulis annis eque reddentes, quem extunc predictis fratribus in perpetuum reddere ab ipso comite diligenitissime iussi sumus, presentibus Roberto preposito Ariensi, ... HAKET BRUGENSI QUI TUNC CANCELLARIAM TENEBAT. Quique ex precepto Philippi comitis Furnis veniens, convocatis prefectis autentice institutionis que teutonice redenigha dicitur, Leonio videlicet notario, Riquardo Blauuoth, ... totum ordinem huius donationis diligenter retractando studiosissime confirmavit. ..."（大文字はヘンプティンヌたちによる）

（6）本書が対象としている一一六八年までの時期に関する限り、上位役人の財務上の役割が縮小していったことを示す手がかりは、現存史料には確認されなかった。カメラリウスの役割との比較は、今後の課題としたい。

第二部　第二章第二節

（1）Rider, Galbertus notarius Brugensis, c.35. Ross, *The Murder of Charles the Good, Count of Flanders*, c.35, pp.162–163.

（2）Rider, Galbertus notarius Brugensis, c.18, c.20, "… Jam eodem declivo ad vesperam die, ex communi consilio praepositi et nepotem ejus et complicium suorum, claves de thesauro comitis a Fromoldo juniore, quem captivum tenebant, requirebant, et similiter claves omnes de domo sive de scriniis et cistis quae in domo erant violenter extorserunt. …"

（3）Rider, Galbertus notarius Brugensis, c.97. Ross, *The Murder of Charles the Good*, c.97, p.272, n.1.

（4）カロルス伯は、ブルッヘの聖ドナティアヌス教会においてミサの途中で暗殺された。Rider, Galbertus notarius Brugensis, c.18, "… Iterum recurrentes in sanctuarium, circa altare requirebant si quis latitaret quem interficiendum praejudicassent, … . Erant in priore sanctuario latitantes juxta altare **Balduinus capellanus et sacerdos,** et **Godebertus, comitis clericus,** … . In secundo vero sactuario subterfugerant **Odgerus clericus** et **Fromoldus junior, notarius** … . Simulque cum illis **Arnoldus camerarius** comitis latuit. Nam Odgerus et **Arnoldus** sub tapete uno se cooperuerant … . … Interim consiliabatur Isaac cum Borsiardo quid melius faceret: utrum ibidem occideret an vitae adhuc reservaret donec extorquerent ab eo thesaurum comitis, simul et ab **Arnoldo camerario** quem praesentem captivaverant. …"（太字は筆者による）Ross, *The Murder of Charles the Good*, c.18, pp.128–129.

（5）この点については、前節註（3）でも言及している。Lyon, B. & Verhulst, A., *Medieval Finance, a Comparison of financial Institutions in northwestern Europe*（Providence 1967）. Verhulst, A., "L'organisation financière du comté de Flandre, du duché de Normandie et du domaine royal français du XIe au XIIIe siècle, des finances domaniales aux finances d'état", in: *L'Impôt dans le cadre de la ville et de l'état*（Collection Histoire in 80, no.133, 1966）, pp.29–41. この研究でも、ガルベルトゥスの日記が主要史料のひとつとなっている。

（6）事実、ユニオルは、エランバルド家の姻戚であり、同家と対立する前は協力関係にあったと考えられる。

第二部　第二章第三節

（1）Rider, Galbertus notarius Brugensis, c.35. Ross, *The Murder of Charles the Good*, c.35, pp.162–163.

（2）Rider, Galbertus notarius Brugensis, c.112, "… ex Oldenburg misit quendam monachum nomine Basilium comes Willelmus, praecipiens notario suo Basilio ut ad se festinaret eo quod in praesentiam suam berquarii et custodes curtium et reddituum suorum rationem debitorum suorum reddituri venissent. …" Ross, *The Murder of Charles the Good*, c.112, pp.293–294.

（3）後に中間役人となる者を除いて七人が確認される。

（4）彼の肩書きのなかでも、とりわけ、ブレヴィアトル（breviator）という肩書きは、関連するブレヴィス（brevis）という言葉には次のような意味があるので、非常に示唆的である。第一部でも見たように、ブレヴィスは、文書（charte, written record）、所領の会計簿（compte domanial, manorial account）、さらに所領収入をも意味する。Niermeyer, J. F., *Mediae Latinitatis Lexicon Minus*（Leiden 1984）, p.105. 混乱期初頭に中間役人が聖ドナティアヌス教会から運び出した財務記録も、"de redditibus comitis **brevia** et notationes"と呼ばれていた。Rider, Galbertus notarius Brugensis, c.35.（太字は筆者による）

（5）Strubbe, E. I., "Het fragment van een grafelijke rekening van Vlaanderen uit 1140", *Medelingen van de Koninklijke Vlaamse Academie voor Wetenschappen, Letteren en Schone Kunsten van België, Klasse der Letteren*, XII（1950）, nr.9, pp.3–24.

（6）Strubbe, "Het fragment van een grafelijke rekening", pp.8–14. この特別なサンス収入は、会計簿の断片において"fodermolt"と呼ばれている。特に、この断片史料に現れるイーペルのイサーク（Ysahac ex Ypra）という人物について、ストラブは次のように推定している。イサークは、現物だけではなくサンス収入から生じる現金（denarios ex fodermolt）を受領する役割を担当しているので、財務役人であったのではないかと言うのである。ただし、この推定の是非を確かめるための他の史料は存在しない。Strubbe, "Het fragment van een grafelijke rekening", p.8, n.（4）, "In Adventu Domini, Ysahac ex Ypra, Bergis, post denarios ex fodermolt, eundo et redeundo, VI solidi, avene IIII hodi.", p.14.

（7）ストラブは、財務役人の間での役割分担について、次のように述べている。すなわち、麦類と肉類といった徴収されるサンスの種類に基づく役割分担に加えて、用途別の分担もなされていたことがこの断片史料から明らかになる。前者の収入の種類別の分担というのは、約四七年後の一般会計簿に基づく推論である。よって、ここでは、この断片史料から明らかになるのは、支出の目的別に役人が役割を分担することもあったということだけであると留保しておきたい。

（8） Strubbe, “Het fragment van een grafelijke rekening”, pp.19–20. 最終的には、一三世紀初頭に、他の文書を束ねる必要が生じた際に見返しとして使われることになった。そして、見返しにこの会計簿を秘めた古文書のファイルが、現代にいたるまで同教会に保存されていたのである。

（9） De Hemptinne, & Verhulst, *De oorkonden der graven van Vlaanderen*, pp.XLIV-XLV. ランベルトゥスが確認される伯の証書については、①通し番号二九五（一一五三～五七年）証人として七人中七位 ②通し番号三〇二（一一五五～五七年）証人として一三人中九位 ③通し番号三二二（一一六〇年）証人として一三人中三位 ④通し番号三二八（一一六一年）証人として一五人中六位 ⑤通し番号三四三（一一六三年）証人として二六人中一六位 ⑥通し番号三五三（一一六三年） 証人として四四人中一九位 ⑦通し番号三七五（一一六四年）証人として四人中二位 ⑧通し番号三七七（一一六四年）証人として一三人中四位 ⑨通し番号三七八（一一六四年）証人として一三人中四位 ⑩通し番号四〇一 （一一六六年）証人として九人中四位 ⑪通し番号四〇九（一一六七年）証人として一六人中七位。

（10） Strubbe, “Het fragment van een grafelijke rekening”, pp.6–7.

（11） ウィレルムス・ベレンガリウス、ウィレルムス、ランベルトゥス、グイレルムの四人である。Verhulst, A. & Gysseling, M., *Le Compte Général de 1187, connu sous le nom de «Gros Brief», et les institutions financières du comté de Flandre au XIIe siècle* (Bruxelles 1962). 本書では、現在までの研究が後代の史料から時間をさかのぼって行き過ぎた推論を行っていることを批判する立場をとっている。とはいえ、一一五〇年代末以降になると、伯の会計簿がまとめられた一一八七年まで数十年しかなくなるので、時代錯誤に陥ることなくこの会計簿の情報に依拠し得ると判断した。Verhulst & Gysseling, *Le Compte Général de 1187*, pp.108–109, p.155, “ARIA, Anno M C LXXX VII. Ratio Willelmi Berengarii Ypris in domo comitis, eodem die ex eodem anno. …”, p.110, p.170, “BRUGIS, Anno M C LXXX VII. Ratio Willelmi de Mecinis Ypris in domo comitis, eodem die ex eodem anno. …”, p.110, n.5, p.171, “BURGIS, Anno M C LXXX VII. Ratio Lamberti notarii Ypris in domo comitis, eodem die ex eodem anno. …”, p.111, p.181, “FURNIS, Anno M C LXXX VII. Ratio Guillelmi ex laudario Ypris in domo comitis, eodem die ex eodem anno. …”

第二部　第三章

（1）“Item de Sancto Donatiano”, Ex miraculis S. Donatiani Brugensibus, *M.G.H. SS.*, t.XV, pars.II, “3. …（一〇九六年ロベルトゥス二世が十字軍に参加した後の出来事として）Hiis ergo et hiis similibus inimicitiis civilibus undique accrescentibus, iussu prepositi aecclesiae at consilio fratrum corpus prescripti sanctissimi patris nostri extra basilicam in honore ipsius fundatam, in qua frequentissimis benignus choruscat virtutibus, cum magna devotione et supplicatione populi in plateam templo convicaneam die quadam delatum est. Ibique utriusque sexus magna multitudine congregata, sacerdote ad polulum sermonem perorante, **inimicitias a corruptore spirituum ante modico tempore excitatas, quae nunquam auro vel argento in amicitiam redigi poterant,** Spiritu sancto animos omnium sedante, per beatum Donatianum Deus pacare dignatus est, ita ut, diruptis omnibus discordiae vinculis et obstusis odii stimulis, cuncti unanimes inirent federa pacis. …”（太字は筆者による）

（2）前註の引用文中太字の部分を参照。

（3）轟木広太郎「紛争のなかの教会―中世フランドルの聖人伝から―」『史林』第八二巻第一号、一九九九年、一～三二頁。史料の一例としては、Ex Vita Arnulfi Episcopi Suessionensis Auct. Hariulfo, *M.G.H. SS.*, 15-2, c.19, p.890, “… Et iubente comite, **Ermboldus pretor,** assumptis secum prudentibus viris, in Brugensi palatio, supputatis per nomina interfectis Brugensis coloniae vel aliorum locorum, unde personarum noticiam colligere potuerunt, invenerunt et scripto indiderunt, **quoniam expensio decem milium marcarum argenti meri non potuisset persolvere,** quod gratia Dei per hunc veritatis ministrum dignata est moderari. …”（太字は筆者による）。この史料によると、一〇八〇年代に、聖人の奇蹟が平和をもたらした後に、ブルッヘの城代が同市近辺で起こった殺人事件のリストを作っている。そのブルッヘ城代エランバルドゥスは、『聖ドナティアヌスの奇蹟』によって一〇九六年に平和を守ったと伝えられる上位役人ベルトゥルフスの父親なのである。エランバルド家は、尚書部を基盤として伯の宮廷で隆盛を極めていく過程において、当初より「伯の平和」を確立する上で不可欠な役割を果していたことになる。

（4）たとえば、テオデリクス伯は、一一三〇年代、四〇年代、五〇年代そして六〇年代に一度ずつ四回も、その度に一年ないし数年の間伯領を留守にした。

（5） 実際、伯の出発の直前には、何通かの証書が集中して発給されている。たとえば、伯が出発した一一三八年に、証書の発給者が伯の留守中統治を代行した伯妃にかわる直前に発給された六通が、そのような証書にあたる。通し番号一七四、一七五、一七六、一七七、一七八、一七九の六通である。

（6） テオデリクス伯が息子のフィリプスに、実質的に伯としての権能を委譲したことは、通し番号二九三と二九四におけるフィリプスの称号に表れている。通し番号二九三 "… Subscriptio domini Philippi filii Theoderici preclari comitis Flandrie et **heredis totius Flandr**(**ie**). Ego Philippus, Dei gratia **totius Flandrie heres et comes constitutus,** …" De Hemptinne, & Verhulst, *De oorkonden der graven van Vlaanderen*（*Juli 1128 - September 1191*）, n.157, p.254. 通し番号二九四 "… Subscriptio domini Philipi **heredis Flandrie et comitis constituti.** Ego Philipus, Dei gratia **Flandr**（**ensium**）**comes constitutus,** …" De Hemptinne, & Verhulst, *De oorkonden der graven van Vlaanderen*（*Juli 1128 - September 1191*）, n.158, p.256.（引用文中の太字は筆者による）

（7） たとえば、一一三九年に伯妃シビラが発給した通し番号一八二の証書を、巡礼から帰国した伯が改めて確証し通し番号一八四の証書を発給した。

結 論

（1） 西村由美子「一二世紀フランドルの政治的転換期―暗殺・復讐そして反乱へ―」『史学雑誌』、第一〇六編第一号、一九九七年、六四～八二頁。

（2） Jonathan, Ph., "The Murder of the Charles the Good and the Second Crusade: Household, Nobility, and Tradition of Crusading in Medieval Flanders", *Medieval Prosopography*, 19（1998）, pp.55–75.

（3） Paermentier, "Diplomata Belgica: analysing medieval charter texts（dictamen）through a quantitative approach: the case of Flanders and Hainaut（1191–1244）", *Digital diplomatics: the computer as a tool for the diplomatist? Archiv für Diplomatik, Schriftgeschichte, Siegel- und Wappenkunde* 14（2014）, pp.169–186.

（4） 二〇一〇年代に入っても、ベルギーの中世史研究者たちのスタンスは、基本的には変わっていないと言える。それは、近年著書が日本語訳され来日講演も行った中世後期研究者であるボーネの言説からもうかがえる。そのようなスタンスに対する違和感は、日本語訳された著書に対する次の新刊紹介においても指摘されているように、筆者には思われる。池野健「マルク・ボーネ著 ブルゴーニュ公国史研究会訳『中世末期ネーデルラントの都市社会─近代市民性の史的探究─』」『史学雑誌』、第一二四編第四号、二〇一五年、一一七～一一八頁。同書の合評会と来日公演については、『比較都市史研究』第三四巻第一号、二〇一五年。このような違和感を出発点として、日本人としてベルギー中世史を研究する意味、アジア人としてヨーロッパ史を研究する意義についても、考えていきたい。次の書評も参照。青山由美子「藤井美男『ブルゴーニュ国家とブリュッセル─財政をめぐる形成期近代国家と中世都市─』」『史学雑誌』一一七編、第七号、二〇〇八年、一二〇～一二九頁。

証書中の尚書部役人

＊本書では，証書集の校訂者たちが偽書と判断した証書は，考察の対象としていない。校訂者たちは偽書も含めて全ての証書に番号をふっていたが，本書では以下の偽書の番号6点は抜け番号扱いとした：11,30,90,250,270,381

通し番号	証書集No.	発給年	尚書部役人	順位	人数	総数
1	1(？)	1072			0	7
2	2	1072			0	21
3	3	1075	証人欄なし			
4	4	1076			0	27
5	5	1080	magistri Willelmi	16/16**	1	16
			Ego Reinarus vice cancellarius recognoviet subscripsi			
6	6	1085			0	23
7	7	1087	Lethberti capellani	2/13	3	13
			Lidilini capellani	3/13		
			Volperti capellani	4/13		
8	8	1089	Liedbertus prepositus Brugensis	6/21	2	21
			Bertulfus capellanus	7/21		
9	9	1089	Raineri prepositi	1/22	11	22
			Ingarici	2/22		
			Folperti	3/22		
			Albaldi	4/22		
			Ledelini	5/22		
			Bertulfi	6/22		
			Ledberti	7/22		
			Raineri	8/22		
			Radulfi	9/22		
			Dodini	10/22		
			Thancradi canonicorum	11/22		

通し番号	証書集No.	発給年	尚書部役人	順位	人数	総数
10	10	1090			0	22
12	12	1093	Bertulfo Brugensi praeposito	19/26**	8	26
			Reinero Parvo	20/26		
			Ledelino	21/26		
			Conone	22/26		
			Folperto	23/26		
			Gummaro canonicis et capellanis	24/26		
			Siboldo	25/26		
			Lugerico notariis nostris	26/26		
13	13	1093			0	30
14	14	1093			0	6
16	16	？[1081-93]			0	17
17	17	1093			0	27
18	1(Koch)	1093	Lidelmi capellani	1/15	2	15
			Folperti capellani	2/15		
19	18	？[1094-95]			0	9
20	19	1096			0	16
21	20	1096			0	24
22	21	1096	Ledelini capellani	3/35	3	35
			Cononis capellani	4/35		
			Fulberti capellani	5/35		
23	22	1096	Cononis	8/9	2	9
			Raineri, clericorum capellanorum comitis	9/9		
24	23	？[1096？]	Ledelmi capellani	18/18	1	18

通し番号	証書集No.	発給年	尚書部役人	順位	人数	総数
25	24(?)	?1100			0	16
26	25	1100			0	10
27	26	1101	Bertulfus prepositus	6/15	10	15
			Dodinus decanus	7/15		
			Folpertus (presbiteri)	8/15		
			Reinlofus presbiteri	9/15		
			Litbertus (diaconi)	10/15		
			Walbertus (diaconi)	11/15		
			Bertulfus diaconi	12/15		
			Tancradus (subdiaconi)	13/15		
			Gummarus (subdiaconi)	14/15		
			Reinerus subdiaconi	15/15		
28	27(?)	1102			0	18
29	28	1102	Bertulfi prepositi Brugensis	8/8	1	8
31	30	[1103]	王の立会人		0	9
			伯の立会人 Reinero capellano suo	1/5	1	5
			伯の人質		0	12
			王の人質		0	11
32	31	1104	Bertulfus prepositus Brugensis	1/13	4	13
			Fromoldus inbreviator	3/13		
			Bernardus	5/13		
			Bertinus capellani	6/13		
33	32	1105	Bertolfi Brugensis prepositi	6/12	3	12
			Reineri capellani	7/12		
			Ingerici capellani	12/12		
34	33	?[1100-05]			0	14
35	34	1106			0	11
36	35	1106	Bernardi capellani	1/11	3	11
			Letberti presbiteri	2/11		
			Theoderici notarii	3/11		
37	36	1107	Bernardi capellani	1/17	4	17
			Bertini capellani	2/17		
			Theoderici notarii	3/17		
			Odgeri notarii	10/17		

通し番号	証書集No.	発給年	尚書部役人	順位	人数	総数
38	37	1107	Bernardi capellani	1/15	3	15
			Fromoldi notarii	2/15		
			Theoderici notarii	3/15		
39	38	1109	Bertulfo Brugensi preposito	1/14	2	14
			Frumoldo Brugensi canonico	2/14		
40	39	1109	Bernardo	1/11	2	11
			Bertino capellanis	2/11		
41	40	1110	Fromoldo Brugensis canonico	3/22	2	22
			Bertino comitis capellano	5/22		
42	41	[1110]	王の立会人		0	9
			伯の立会人		0	5
			伯の人質		0	10
			王の人質		0	9
43	42	1110	domni Bertulfi Brugensis prepositi	1/24	9	24
			Helye decani (Brugentium canonicorum)	2/24		
			Tancradi	3/24		
			Gunimari	4/24		
			Radulfi	5/24		
			Gocelonis	6/24		
			Bernardi	7/24		
			Ogeri	8/24		
			Reineri	9/24		
44	43	1110			0	5
			Reinero notario		1	10
45	44	1110			0	11
46	45	1110	Bertulfus prepositus	1/14	1	14
47	46	1110	Bernardo capellano	1/8	2	8
			Theoderico nothario	2/8		
48	47	1110	Bertulfo preposito Brugensi	1/4	1	4
49	48	?[1110?]	証人欄なし			
50	49	[1111]			0	7
51	50	1111			0	21
52	51	?[1093-11]	証人欄なし			

番号	No.	発給年	尚書部役人	順位	人数	総数
53	52	1111			0	16
			Homines ecclesie		0	7
54	53(?)	1111	証人欄なし			
55	54	1111-[12]	Fromoldi Furnensis prepositi	1/26	4	26
			Iggrici notarii	2/26		
			Otgeri notarii	3/26		
			Reinari clerici	13/26		
			再確認		0	16
56	55	1112			0	29
					0	5
57	56	1112	Rainneri notarii	3/11	2	11
			Bernardi capellani	4/11		
58	57	1112			0	4
59	58	1112			0	3
					0	10
60	59	1112			0	10
61	60	1112	capellanus comitis Bernardus	2/28	1	28
62	61	1113	Bertulfi prepositi	1/28	14	28
			Helie decani	2/28		
			Fromoldi nostri notarii et prepositi	3/28		
			Littere	4/28		
			Gummari prepositi et canonici	5/28		
			Hugonis	6/28		
			Gualteri sacerdotum et canonicorum	7/28		
			Ripperti diaconi et canonici	8/28		
			Folperti diaconi et canonici	9/28		
			Gualberti	10/28		
			Ledberti	11/28		
			Gozelonis	12/28		
			Symonis	13/28		
			Riquardi ceterorumque quamplurim idoneorum clericorum	14/28		
63	62	1113	Ogerius cancellarius	8/20	1	20
64	63	1114	Fromoldo Furnensi preposito	2/9	3	9
			Ogero notario	3/9		
			Reinero clerico	9/9		
65	64	1114			0	29
66	65	1114			0	6
					0	12
67	66	1114	Bertulfus Brugensis prepositus	4/13	3	13
			Frumaldus Furnensis prepositus	5/13		
			Otgerus Sancti Audomari prepositus	6/13		
68	2(Koch)	1114	Fromoldus prepositus eiusdem loci(clericorum)	1/15	3	15
			Reinlofo decano(cum capitulo suo)	2/15		
			Bertulfus prepositus Brugensis, qui et archicapellanus comitis			
			Balduini, cum suo capitulo …	15/15		
69	67	1115			0	12
70	68	1115			0	10
71	69	1115			0	37
72	70	1115			0	10
73	71	1115	Fromoldo Furnensi preposito	2/14	5	14
			Iggrico notario	3/14		
			Ogero notario	4/14		
			Lebberto sacerdote	5/14		
			Reinero clerico	13/14		
74	72	1115			0	8
75	73	1115			0	21
76	74	1115	Bertinus comitis capellanus	1/23	1	23
77	75	? [11-15]	Bertholfus Brugensis prepositus	1/11	4	11
			Tancradus canonicus Brutgensis	8/11		
			Fromoldus canonicus	9/11		
			Otgerus clericus	10/11		
78	76	? [1115]	Bertulfus Brugensis prepositus	2/19	3	19
			Fromoldus Furnensis prepositus	3/19		
			Odgerus cancellarius	4/19		

通し番号	証書集No.	発給年	尚書部役人	順位	人数	総数
79	77	? [1111-15]	Bertulfi prepositi Brugensis	1/10	2	10
			Fromaldi brivarii	2/10		
80	78	1116	Theodericus notarius	1/13	1	13
81	79	1116	Willelmi canonici	2/21	4	21
			capellanorum curie Baldewini	3/21		
			Odgeri	4/21		
			Rainerii	5/21		
			per manum Odgeri notarii			
82	80	1116			0	9
83	81	1116	Otgerii cancellarii	4/15	1	15
84	82	1116			0	13
85	83	1117	Ogerus prepositus Sancti Audomari	11/28	2	28
			Frumaldus prepositus Furnensis	12/28		
86	84	1117	Ledbertus presbiter	2/14	1	14
87	85	1117	nomina judicum		0	11
			nomina circummanentium divisorum		0	13
			nomina illorum qui interfuerunt divisioni		0	6
88	86	1118	Otgeri prepositi Sancti Audomari	4/14	2	14
			Henrici cancellarii	5/14		
89	87	1119	Otgeri tunc prepositi de Sancto Audomaro	5/16	1	16
91	89	? [1111-19]	証人欄なし			
92	90	? [1114-19]	Bertulfo Burgensi preposito	3/6	1	6
93	91	? [1118-19]	Balduinus presbyter et capellanus	2/6	1	6
94	92	? [1118-19]			0	5
95	93	1119	証人欄なし			
96	94	1119	Bertulfi Brugensis prepositi	4/12	1	12
97	95	1120			0	21
			Odgerus prepositus Sancti Audomari	6/24	1	24
98	96	1120			0	6
99	97	1120			0	12
100	98	? [1119-20]	dompnus Fromoldus prepositus Furnensis	3/33	2	33
			Hugo canonici illius(=Fromoldus prepositus Furnensis)	4/33		
101	99	1120			0	7
102	124	? [1120 ?]			0	18
103	100	1121	Bertulfi Brugensis prepositi	1/9	1	9
104	101	1121			0	9
105	102	1121			0	9
106	103	1121			0	12
107	104	1121	Ogerus prepositus Sancti Audomari	2/13	2	13
			Ogerus prepositus Truncinensis	3/13		
108	105	1121	本文中に Brugensis prepositus		0	7
109	106	1122			0	33
110	107	1122	Bertulfus Brugensis praepositus	2/58	5	58
			Otgerus Sancti Audomari praepositus	3/58		
			Otgerus Tyrunciniensis praepositus	4/58		
			Fromoldus Furnensis praepositus	5/58		
			Helyas decanus de Brugge	8/58		
111	108	1122			0	10
					0	10
			Henrici capellani	18/25	1	25
			Ego Girardus monicellus Sancti Vedasti subscripsi.			
112	109	1122			0	19
113	110	1122	Radulfus(末尾に Clerici:)	12/13	2	13
			Rainerus	13/13		
114	111	? [1122 ?]			0	6
115	112	1123			0	14
116	113	1123			0	6

番号	No.	発給年	尚書部役人	順位	人数	総数
117	114	1123	Bertolfus, prepositus Brugensis, qui et archicapellanus	1/34	8	34
			Odgerus prepositus Sancti Audomari	2/34		
			Fromoldus prepositus Furnensis cum canonicis suis	3/34		
			Reinlofo decano, canonicis suis (=Fromoldus prepositus Furnensis)	4/34		
			Hugone canonicis suis(=Fromoldus prepositus Furnensis)	8/34		
			item Balduinus capellanus comitis	13/34		
			Salomon capellanus comitissae	14/34		
			Gerardus magister	16/34		
118	115(?)	1123	Baldewino capellano comitis	9/45	7	45
			Salomone capellano comitisse	10/45		
			Godeberto clerico	12/45		
			Berengario notario de Aria	14/45		
			Hugone	16/45		
			Willelmo	17/45		
			Folcardo clericis	18/45		
119	116	1124	domino Ogero Audomarensi preposito	1/13	4	13
			Salomone comitisse capellano	2/13		
			Waldrico	3/13		
			Godeberto clericis	4/13		
120	117	1124	Bertolfus prepositus de Brugis	1/6	3	6
			Fromoldus prepositus de Furnis	2/6		
			Ogerus prepositus de Sancto Audomaro	3/6		
121	118	1125	立会人		0	15
			証人		0	10
122	119	1125			0	5
					0	12
123	120	1125			0	15
124	121	1126			0	8
125	3(Koch)	1126			0	15
126	122	?[1122-27]	証人欄なし			
127	123	?[1119-27]			0	12
			Balduinus capellanus(Clerici)	1/6	1	6
			Scabini		0	5
128	4(Koch)	1119-27	本文は伝わらず			
129	125	[1127]	(証人欄なし、Galbert de Bruges)			
130	126	[1127]	証人欄なし			
131	127	1127			0	26
132	128	1127	Rodgerius Bruggensis praepositus**	1/23	10	23
			Helias decanus	2/23		
			Erlaboldus canonicus	3/23		
			Walterus	4/23		
			Gozelo	5/23		
			Vromoldus	6/23		
			Ripprertus	7/23		
			Litbertus	8/23		
			Balduinus	9/23		
			Rotbertus (totus conventus Sancti Donatiani)	10/23		
133	129	?[1127-28]			0	18
134	130	1128			0	7
135	1	1128	Rogero Brugensis ecclesie preposito	1/12	5	12
			Frumaldo Furnensi	2/12		
			Frumaldo	4/12		
			Ogero	5/12		
			Godeberto clericis	6/12		
136	2	1128			0	10
137	3	1128			0	20
138	4	1128	Rogeri, prepositi Brugensis et cancellarii comitis	1/13	1	13
			Rogeri cancellarii comitis prepositure anno II			

通し番号	証書集 No.	発給年	尚書部役人	順位	人数	総数
139	5	1128	Ogerus prepositus Sancti Audomari	7/11	1	11
140	6	1128	Rodgerus prepositus Brugensis	5/9	2	9
			Hugo filius Heriberti prepositi	6/9		
141	7	1129	Otgerus prepositus Sancti Audomari	1/6	3	6
			Hugo, clericus, filius prepositi Furnensis	2/6		
			Lambinus breviator	3/6		
			Hugo clericus predictus	1/8	2	8
			Lambinus breviator	3/8		
					0	17
142	8	1129			0	10
143	9	1130	Balduinus	2/18	2	18
			itemque Balduinus, capellani	3/18		
144	10	1130	Rogeri prepositi Brugensis	5/15	4	15
			Odgarii geruli sigilli	6/15		
			Frumaldi iunioris breviatoris	7/15		
			Gerardi breviatoris	8/15		
145	11	1130			0	14
146	12	1130			0	7
147	13	1130	Rodgerus Brugensis prepositus	1/10	4	10
			Fromoldus notarius	2/10		
			Walbertus clericus	9/10		
			Rodolfus magister et Brugensis canonicus	10/10		
148	14	1130			0	18
149	15	1130			0	5
150	16	? [1128-32]			0	5
151	17	1132			0	11
152	18	1132	Rogeri prepositi Brugensis	1/18	2	18
			Fomondi iuvenis, clericorum	2/18		
153	19	1132			0	10
154	20	1133	Frumaldi clerici	1/19	3	19
			Basilii clerici	2/19		
			Gerardi clerici	3/19		

通し番号	証書集 No.	発給年	尚書部役人	順位	人数	総数
155	21	1133	Ogeri prepositi Sancti Audomari	2/11	2	11
			Balduini notarii	3/11		
156	22	1133	Balduini notarii	1/7	1	7
157	23	1133	Fromoldo notario	1/12	1	12
158	24	1133			0	9
159	25	1133			0	15
160	26	1134			0	15
161	27	1135	Reinlivi notarii	3/24	1	24
162	28	1135			0	16
163	29	1136	Rogeri Brugensis prepositi	1/10	3	10
			Letberti decani ac notarii	4/10		
			Balduini cancellarii	5/10		
164	30	1136	Ego Balduinus Brugensis cancellarius scripsi et subscripsi.		0	24
165	31	1136	R[ogero] preposito Brugensi	1/6	2	6
			O[gero] preposito Audomarensi	2/6		
166	32	1136	Rogero preposito Brugensi et cancellario	2/16	3	16
			Ogero preposito	3/16		
			Alwoldo(canonicis)	9/16		
167	33	1137	Otgero Audomarensi preposito	1/11	1	11
168	34	1137	証人欄なし			
169	35	1137	Rogerus prepositus Brugensis	1/21	6	21
			Otgerus prepositus Audomarensis	2/21		
			Letbertus [decanus Brugensis]	3/21		
			Basilius	4/21		
			Fromaldus	5/21		
			Aloldus, cartatores comitis	6/21		
170	36	1137	証人欄なし			

通し番号	証書集No.	発給年	尚書部役人	順位	人数	総数
171	37	1137	Ogeri prepositi Trunciniensis	2/11	2	11
			magistri Ulrici	3/11		
			Rogeri prepositi Brugensis	1/7	2	7
			Lidberti decani Brugensis	2/7		
			Et ego Ogerus Sancti Audomari prepositus, ipsius comitis iussu, traditionis seriem conscripsi et sigilli ipsius impressione corroboravi.			
172	38	1138	証人欄なし			
173	39	? [1134-38]			0	7
174	40	1138	証人欄なし			
175	41	1138	Otgerus prepositus	2/9	2	9
			magister Odo	3/9		
176	42	1138			0	14
177	43	1138			0	12
178	44	1138			0	6
179	45	1138	Ogeri prepositi Sancti Audomari	2/14	1	14
180	46	1138	Rogerus prepositus Brugensis	5/16	1	16
181	47	[1138-39]	Rogerus prepositus Brugensis	1/8	3	8
			Frumaldus iuvenis	2/8		
			magister Everardus Casletensis	3/8		
182	48	1139	Rogeri prepositi Brugensis	1/19	3	19
			Frumaldi Brugensis	2/19		
			Fulconis cancellarii	3/19		
183	49	1139	Rogerus prepositus	1/9	1	9
184	50	? [1139]	Rogeri prepositi Brugensis	1/19	3	19
			Frumaldi Brugensis	2/19		
			Fulconis cancellarii	4/19		
					0	10
185	51	1139	Rogerus prepositus Brugensis	1/16	4	16
			Ledbertus decanus	2/16		
			Ogerus notarius	3/16		
			Fromoldus notarius	4/16		
186	52	1139			0	7
187	53	1139	Rogerus prepositus Brugensis	5/16	1	16
188	54	1140	Otgeri breviatoris	14/18	1	18
189	55	1140	Henrici	8/9	2	9
			Otgeri, breviatorum	9/9		
190	56	1141	Rogerius prepositus Brugensis	1/10	5	10
			Lidbertus decanus	2/10		
			Gerardus canonicus	3/10		
			Frumoldus breviator	4/10		
			Walterus clericus	5/10		
191	57	1141			0	10
192	58	1141	Datum per manus Ogeri cancellarii.		0	12
193	59	? [1128-42]	Ogerus prepositus Sancti Audomari	1/13	2	13
			Ogerus cancellarius	2/13		
194	60	? [1134-42]	Ogeri prepositi Sancti Audomari	2/8	1	8
195	61	? [1141-42]	prepositus de Brugis	2/8	1	8
196	62	1142	Rogeri prepositi Brugensis	7/11	1	11
			Ego Rogerus Brugensis prepositus recensui.			
197	63	1142	Rogero Brugensi preposito	3/14	1	14
			Ego Walterus capellanus scripsi et subscripsi.			
198	64	1142	Rogeri Brugensis(prepositorum:)	18/46	3	46
			Ogeri	42/46		
			Bernoldi capellanorum comitis	43/46		
199	65	1142	Rogerus prepositus Brugensis	1/12	1	12
200	66	1142	Otgeri notarii	1/10	1	10
201	67	1142			0	6
202	68	1143	Brantini notarii	9/9	1	9
203	69	? [1134-43]			0	11
204	70	1143			0	28
205	71	1143	Rogeri prepositi Brugensis	5/9	1	9
206	72	1144	preposito Brugensium Rogero	3/44	4	44
			Ogero notario	5/44		
			Alulfo notario	6/44		
			Brantino	7/44		

通し番号	証書集No.	発給年	尚書部役人	順位	人数	総数
207	73	? [1143-44]			0	6
208	74	? [1144]	Alaudo cancellario	12/13	1	13
209	75	? [1144]			0	7
210	76	1144			0	5
211	77	1144	証人欄なし			
212	78	1145	Ogerii notarii comitis	9/9	1	9
213	79	1145	Rodgerum prepositum Brug(ensem)	1/17	5	17
			Ledbertum decanum Brug(ensem)	2/17		
			Odgerum notarium	3/17		
			Galterum canonicum Sancti Donat(iani)	4/17		
			Hakettum canonicum Sancti Donatiani	5/17		
214	80	? [1139-45]			0	8
215	81	? [1141/44-45]			0	16
216	82	1145			0	15
					0	13
217	83	1145			0	16
					0	16
218	84	? [1144-45]			0	16
219	85	1145			0	16
					0	13
					0	12
220	86	1145	Ogero notario	5/6	1	6
221	87	1145	Roger[i] Brugensis prepositi	4/11	2	11
			Ogeri scribe	5/11		
222	88	1145	Bernoldo capellano	6/19	1	19
223	89	1146	Ogerus notarius	1/15	3	15
			item Walterus notarius de Roslario	2/15		
			Bernoldus capellanus	3/15		
224	90	1146	証人欄なし			
225	91	? [1146]			0	5
226	92	1146[5-10]	Rogerus prepositus Brugensis et cancellarius	5/12	2	12
			Ogerus notarius	6/12		

通し番号	証書集No.	発給年	尚書部役人	順位	人数	総数
227	93	1146	Rogerus prepositus Brugensis et cancellarius	2/7	1	7
228	94	1146	Rogerus prepositus Brugensis	3/9	2	9
			Alulfus breviator	9/9		
229	95	1146			0	6
230	96	1146			0	9
231	97	1146			0	10
232	98	1147			0	6
233	99	? [1147]	証書自体は残っていない			
234	100	? [1128-47]			0	10
235	101	? [1139-47]			0	17
236	102	? [1139-47]	Rogeri Brugensis prepositi	3/7	2	7
			Basilii breviatoris comitis	4/7		
237	103	? [1142-47]	Bernoldo capellano	9/11	2	11
			Everardo magistro de Casleto	11/11		
238	104	? [1145-47]			0	13
239	105	? [1146] 1147			0	8
240	106	? [1147]			0	8
241	107	? [1146-47]	証書自体は残っていない			
242	108	? [1146-] 1147			0	8
243	109	1147	Rogerus prepositus Brugensis	3/22	1	22
244	110	1147	Rogerus Brugensis prepositus	1/8	1	8
245	111	1148			0	24
246	112	1148	Rogerus prepositus Brugensis	4/17	2	17
			Gualterus clericus eius	5/17		
247	113	? [1147-49]	Rogero preposito Brugensi	1/6	3	6
			Ogerio notario	3/6		
			Aloldo de Furnis	4/6		
248	114	? [1147-49]	Rogero Brugensi preposito	1/6	1	6
249	115	1149			0	10
251	116bis	? [1149]			0	16
252	117	1149			0	16

通し番号	証書集 No.	発給年	尚書部役人	順位	人数	総数
253	118	1149	Datum per manum Rogeri cancellarii et Brugensis prepositi,		0	14
254	119	1149	Rogero Brugensi	1/19	6	19
			Waltero Brugensi canonico	3/19		
			Francone	4/19		
			Erembaldo	5/19		
			Reinbaldo	6/19		
			Rotberto, notariis	7/19		
255	120	? [1149-50]			0	9
256	121	1150			0	16
257	122	1150			0	9
258	123	1150			0	15
259	124	1150	Rogeri prepositi Brugensis	2/8	4	8
			Walteri capellani	3/8		
			magistri Franconis	4/8		
			Aloldi notarii	5/8		
260	125	1150	Rogero Brugensi preposito	12/23	1	23
261	126	1150			0	11
					0	9
			Ego Walterus capellanus subscripsi.			
262	126bis	? [1149-51]	Rogeri prepositi	3/7	3	7
			Gualteri capellani	4/7		
			magistri Gualteri	6/7		
263	127	1151			0	8
264	128	? [1142-51]	Rogerus Brugensis prepositus	1/8	1	8
265	129	1151	Rogerii Brugensis prepositi	4/15	1	15
			Ego Walterus capellanus scripsi et subscripsi.			
266	130	1151	Ego Waltherus capellanus subscripsi.		0	8
267	131	1151			0	8
268	132	1151			0	15
269	133	1151	Rogerus prepositus Brugensis	2/12	1	12

通し番号	証書集 No.	発給年	尚書部役人	順位	人数	総数
271	135	1152	Rogerus Brugensis prepositus	2/16	1	16
			Ego Walterus capellanus et scripsi et subscripsi.			
272	136	1152	R[ogeri] Brugensis prepositi	2/7	1	7
			Datum per manum Galteri capellani et notarii.			
273	137	1153	Rogero Brugensi preposito	1/7	2	7
			W[altero] capellano	4/7		
274	138	1153	Sigerus notarius	37/44	1	44
275	139	?[1149-54]	Walterus	1/10	2	10
			Heymo capellani	2/10		
276	140	1154			0	10
277	141	1154	R[ogero] preposito Brugensi	1/13	3	13
			W[altero] preposito Furnensi et capellano	2/13		
			Wilhelmo canonico Brugensi	4/13		
278	142	? [1150-55]	Rogeri prepositi Brugensis	2/14	1	14
279	143	? [1150-54 / 55]	Rogeri Brugensis prepositi	1/4	1	4
280	144	? [1151-54 / 55]	Rogero Brugensi preposito et cancellario	1/9		
			magistro Francone	2/9	2	9
281	145	1155			0	8
					0	22
282	146	1155			0	20
283	147	1155			0	9
284	148	[1150-56]			0	7
285	149	1156			0	10
286	150	1156			0	23
287	151	1156			0	7
288	152	1156			0	12
289	153	1156	Rogeri cancellarii	4/11	1	11
290	154	1156	Rogerus prepositus Brugensis	1/28	2	28
			Walterus capellanus et prepositus Furnensis	2/28		

通し番号	証書集No.	発給年	尚書部役人	順位	人数	総数
291	155	1156	Rogero videlicet Brugensi	1/22	3	22
			Waltero Furnensi	2/22		
			magistro Francone	4/22		
292	156	[1154-57]	Rogerus Brugensis prepositus	1/10	3	10
			Walterus Furnensis prepositus	3/10		
			magister Franco	4/10		
293	157	1157	Petrus Brugensis prepositus	7/26	3	26
			magister Franco	10/26		
			magister Haimo	11/26		
294	158	1157	Desiderius prepositus et cancellarius Flandrie	1/12	3	12
			Franco notarius	3/12		
			Aloldus notarius	4/12		
295	159	[1153-57]	Lambertus notarius Brugensis	7/7	1	7
					0	3
296	160	[1128-57]	証人欄なし			
297	161	? [1128-57]	証人欄なし			
298	162	? [1142-57]			0	2
299	163	? [1150-57]			0	5
300	164	? [1150-57]			0	6
301	165	? [1150-57]	Balduinus clericus comitis	10/17	2	17
			magister Robertus clericus comitisse	11/17		
302	166	? [1155-57]	Lamberti notarii	9/13	5	13
			decani Erambaldi	10/13		
			Franconis notarii	11/13		
			Galteri magistri et canonici	12/13		
			Gillelmi canonici	13/13		
303	167	? [1155-57]	decreverunt		0	4
			presente		0	6
304	168	1157	Walteri prepositi Furnensis	1/4	1	4
305	169	1157			0	13
306	170	? [1156-57]			0	13

通し番号	証書集No.	発給年	尚書部役人	順位	人数	総数
307	171	? 1157			0	12
					0	4
					0	11
308	172	1157	Robertus Ariensis prepositus	5/14	1	14
309	173	? [1157]			0	5
					0	3
					0	4
					0	2
310	174	1157	Desiderius archidiaconus Tornacensis et cancellarius Flandrie	4/10*	1	10
311	175	1158	Desiderio archidiacono Tornacensi	3/3	1	3
312	176	1158	Desiderio archidiacono Tornacensi	3/5	3	5
			Aloldo	4/5		
			Reinbaldo notariis	5/5		
313	177	? [1157-59 ?]			0	10
314	178	? [1157-59 ?]			0	18
315	179	1159			0	18
316	180	1159	Desiderio Tornacensi	2/13	1	13
317	181	1159	Desiderio Tornacensi archidiacono	4/11	2	11
			magistro Francone	5/11		
318	182	1159			0	19
319	183	1159	Desiderio preposito et cancellario	2/7	1	7
320	184	1159	Gualteri capellani	4/9	2	9
			Desiderii Insulani tunc cancellarii	8/9		
321	185	? [1159-60]			0	12
322	186	1160	Desiderio Tornacensi archidyacono	1/13	2	13
			Lamberto notario	3/13		
323	187	1160			0	4
324	188	1160			0	6
325	189	1160	Willelmus Berenger notarius	6/9	1	9
326	190	1160	Desiderium videlicet Tornacensem archidiaconum	1/6	1	6
327	191	1161	Desiderii archidiaconi	1/7	2	7
			Hakecti decani	3/7		

通し番号	証書集 No.	発給年	尚書部役人	順位	人数	総数
328	192	1161	Desiderii archid(iaconi)	1/15	4	15
			Haketti decani	3/15		
			magistri Gualteri	5/15		
			Lamberti notarii	6/15		
329	193	1161			0	10
330	194	1161	Desiderio preposito et cancellario	1/14	1	14
331	195	1161	Robertus Areensis ecclesie prepositus	6/22	1	22
332	196	1161	magistro Guillelmo de Comminis	12/14	2	14
			Willelmo clerico cancelarii	13/14		
			Guillelmo clerico de Comminis	6/7	2	7
			Guillelmo clerico de Ipra	7/7		
333	197	1161			0	7
334	198	1161			0	16
335	199	1161	Robertus prepositus de Aria	2/15	1	15
336	200	? [1160-61]	Robertus Ariensis prepositus	1/4	1	4
337	201	1161			0	11
338	202	? [1150-62]			0	5
339	203	1162	prepositus Desiderius	1/10	1	10
340	204	1162	Desiderii prepositi Insulensis et cancellarii	3/12	4	12
			Haketti notarii	5/12		
			Guateri capellani comitis	6/12		
			Willelmi notarii	12/12		
341	205	1162			0	12
342	206	? [1157 1159-62]	Desiderio Insulensi preposito	4/6	2	6
			Roberto Ariense preposito	5/6		

通し番号	証書集 No.	発給年	尚書部役人	順位	人数	総数
343	207	1163	Desiderii cancellarii, Insulensis prepositi	1/26	17	26
			Haketti decani	6/26		
			magistri Galteri(canonicorum Sancti Donatiani:)	7/26		
			Gerardi	8/26		
			Galteri cantoris	9/26		
			Galteri filii Rotheri	10/26		
			Hugonis de Vthkerca	11/26		
			Gerulfi	12/26		
			Remigii	13/26		
			Henrici	14/26		
			Willelmi de Vbscoth	15/26		
			Lamberti	16/26		
			Bozonis	17/26		
			Hugonis Bere	18/26		
			Gozwini	19/26		
			Rolini	20/26		
			Willelmi	21/26		
344	208	[1163]			0	12
					0	4
345	209	1163	Desiderius prepositus	1/20	1	20
					0	4
346	210	1163	(証人欄なし)			
347	211	1163			0	19
348	212	1163	Desiderii prepositi Sancti Petri Insule	2/9	1	9
349	213	? [1149/50-63]			0	7
350	214	? [おそらく1163]	(証人欄なし)		0	0
351	215	? [1159-63]			0	8
			Desiderius prepositus Insulaus	1/7	1	7
352	216	? [1161-63]			0	8

通し番号	証書集 No.	発給年	尚書部役人	順位	人数	総数
353	217	1163	D[esiderii] archidiaconi	3/44	22	44
			Petri Brugensis prepositi	4/44		
			Haketti decani	5/44		
			Walteri capellani (canonicorum Brugensium)	7/44		
			Walteri magistri	8/44		
			Gerardi	9/44		
			Walteri	10/44		
			Walteri	11/44		
			Hugonis, presbyterorum	12/44		
			canonicorum Brugensium Radulfi	13/44		
			Remigii	14/44		
			Heinrici, diaconorum	15/44		
			canonicorum Brugensium Gerulfi	16/44		
			Willemmi	17/44		
			Gozuini	18/44		
			Lamberti	19/44		
			Hugonis	20/44		
			Willemmi	21/44		
			Radulfi, subdiaconorum	22/44		
			Salomonis	23/44		
			Gissaberti	24/44		
			Rogeri acolitorum	25/44		
354	218	1163	Desiderii archidiaconi	3/24	2	24
			Hachonis decani	4/24		
			Ego Desiderius cancellarius legi et subterscripsi.			
355	219	1163			0	15
356	220	1163	Walteri capellani	11/12	2	12
			Roberti Ariensis prepositi	12/12		
357	221	1163			0	6
358	222	1163			0	16
359	223	1163	Roberti prepositi Ariensis	1/10	1	10
360	224	1163			0	23

通し番号	証書集 No.	発給年	尚書部役人	順位	人数	総数
361	225	1163	Robertus prepositus de Arie summus notarius	4/23	1	23
362	226	1163	Desiderus cancellarius	13/15	3	15
			Robertus Ariensis ecclesie prepositus	14/15		
			Reinardus eiusdem ecclesie magister	15/15		
363	227	[1159-63 / 64]			0	11
364	228	[1159-64]			0	8
365	229	? [1163末-64]	Galteri Furnensis prepositi	3/9	1	9
366	230	1164	Roberto prepositio de Arie	1/6	1	6
367	231	1164	R[oberti] prepositi Arie	7/10	1	10
368	232	1164	Roberto preposito Ariensi	3/7	1	7
369	233	? [1164]			0	8
370	234	1164	Desiderius prepositus Brugensis	1/14	3	14
			Robertus prepositus Ariensis	2/14		
			Haket decanus Brugensis	4/14		
371	235	1164	Desiderius prepositus Brugensis	1/14	3	14
			Robertus prepositus Ariensis	2/14		
			Haket decanus Brugensis	4/14		
372	236	1164	Robertus prepositus de Aria	15/26	1	26
373	237	1164	Disderus prepositus de Insula	1/9	2	9
			Robertus prepositus de Aria	2/9		
374	238	1164	Disdero preposito de Insula	2/14	4	14
			Roberto preposito de Aria	3/14		
			Hachet decano de Brugis	4/14		
			Henrico noatrio de Furnis	6/14		
375	239(?)	1164	Roberti prepositi de Arie	1/4	2	4
			Lamberti notarii	2/4		
376	240	1164	Desiderio Insulano preposito	2/10	3	10
			Roberto Ariensi preposito	3/10		
			Haketto Brugensi decano	4/10		

通し番号	証書集 No.	発給年	尚書部役人	順位	人数	総数
377	241	1164	Desiderii prepositi Brugensis	1/13	5	13
			Haketti decani	2/13		
			Rotberti prepositi de Arie	3/13		
			Lamberti notarii	4/13		
			Rekkonis notarii	5/13		
378	242	? [1164]	Desiderii prepositi Brugensis	1/13	5	13
			Haketti decani	2/13		
			Rotberti prepositi de Arie	3/13		
			Lamberti notarii	4/13		
			Rekkonis notarii	5/13		
379	243	1164	Desiderius prepositus de Insula	1/15	3	15
			Haket decanus de Brugis	2/15		
			Robertus prepositus de Aria	3/15		
380	244	1165	Robertus Arie prepositus	7/10	1	10
382	245	1165	Roberto Ariensi preposito	7/26	1	26
383	246	1165	Desiderius prepositus Insulanus	1/23	3	23
			Robertus prepositus Ariensis	2/23		
			Haket decanus	3/23		
384	247	1165	Desiderii prepositi	1/10	3	10
			Roberti prepositi de Aria	3/10		
			Haketti decani	4/10		
385	248	1165	Roberto Ariensi preposito	1/6	1	6
386	249	1165	Desiderius prepositus de Insulis	1/14	3	14
			Robertus prepositus Ariensis	2/14		
			Haketus decanus de Brugis	3/14		
387	250	1165	Desiderio Insulensi	1/8	2	8
			Roberto Ariensi prepositis	3/8		
388	251	1165	Desiderio preposito de Insulis	3/9	2	9
			Roberto preposito de Area	4/9		
389	252	? [1164/65]	Desiderii Flandrie cancellarii	1/8	4	8
			Haketi Brugensis decani	2/8		
			Furnensis prepositi	3/8		
			prepositi Ariensis	4/8		
390	253	1166	Robertus prepositus de Aria	1/13	3	13
			Desiderius prepositus de Risla	2/13		
			Hakettus decanus Brugensis	3/13		
391	254	1166	Roberti prepositi de Area	6/28	1	28
392	255	1166	Roberti prepositus de Area	5/30	1	30
393	256	1166	Roberto preposito Ariense	3/10	1	10
394	257	? [1163-66]	Roberto Ariensi preposito	3/8	1	8
395	258	1166	Desiderii archidiaconi Tornacensis	2/13	1	13
396	259	1166	Desiderii archidiaconi Tornacensis	2/15	1	15
397	260	1166			0	5
398	261	1166	Petri prepositi Brugensis	3/6	2	6
			Desiderii archidyaconi Tornacensis	4/6		
399	262	? [1156-66]			0	6
					0	6
400	263	1166	Roberto preposito Ariensi	4/27	1	27
401	264	1166	Desiderio preposito Insulensi	1/9	4	9
			Roberto preposito Ariensi	2/9		
			Haketo decano Brugensi	3/9		
			Lamberto notario	4/9		
402	265	1166	Roberto preposito Ariensi et Cas-letensi	1/22	3	22
			Reinbaldo notario	3/22		
			Riquardo Blauuut	4/22		
403	266	1166			0	13
404	267	1166	Robertus prepositus Ariensis et Casletensis	1/5	1	5
405	268	1166	Rob(erti) prepositi Ariensis	4/28	1	28
406	269	1167			0	21
					0	23
407	270	1167	Petri Brugensis prepositi	1/10	6	10
			Roberti Ariensis prepositi	2/10		
			Haketti Brugensis decani	3/10		
			Walteri Brugensis canonici	5/10		
			notariorum Willelmi	9/10		
			Everardi	10/10		

通し番号	証書集 No.	発給年	尚書部役人	順位	人数	総数
408	271	? [1157-67]			0	3
409	272	1167	Desiderii prepositi Insulensis	1/16	8	16
			Haketti Brugensis decani	3/16		
			Gerulfi canonici	4/16		
			Walteri magistri	5/16		
			Walteri capellani	6/16		
			Lamberti notarii	7/16		
			Everardi	8/16		
			Willelmi	9/16		
410	273	1167	Haketti decani	2/4	1	4
411	274	1167			0	13
412	275	1167	Robertus prepositus Ariensis	1/16	5	16
			Haket decanus Brugensis	2/16		
			Robertus Albus	3/16		
			Riquardus Blauot	4/16		
			Jacobus notarii	5/16		
413	276	1167			0	14
			Roberti prepositi de Arie	1/14	2	14
			magistri Everardi	2/14		

通し番号	証書集 No.	発給年	尚書部役人	順位	人数	総数
414	277	1167	Ego Robertus prepositus Ariensis et cancellarius subscripsi et relegi.		0	10
415	278	? [1128-68]	(断片的)			
416	279	? [1128-68]	証書自体は残っていない			
417	280	? [1128-68]	証書自体は残っていない			
418	281	? [1128-68]	(断片的)			
419	282	? [1145-68]	(断片的)			
420	283	? [1145-68]	(断片的)			
421	284	? [1150-68]			0	6
422	285	? [1159-68]			0	9
423	286	? [1159-68]	(断片的)			
424	287	? [1159-68]			0	10
425	288	? [1159-68]	Robertus prepositus Ariensis	1/7	4	7
			Henricus	2/7		
			Johannes	3/7		
			Simon capellani	4/7		
426	289	? [1166-68]	Robertus prepositus Arie	1/8	1	8

あとがき

本書は、二〇〇六年に東京大学大学院人文社会系研究科に提出した課程博士論文に加筆修正を加えたものである。

学部卒業の時は中世フランス農村史の勉強をしようと思っていたところが、修士課程で『ガルベルトゥスの日記』に出会い、それをきっかけに中世フランドル史研究を志すようになった。はじめは領主殺害儀礼の一例としてのフランドル伯暗殺に興味を抱き、最終的には政治史、行財政史に落ち着いて、博士論文ではガルベルトゥスも一員だった尚書部を研究対象とした。

博士論文をもとにした本書の刊行にいたるまで、本当に多くの方々からご指導を頂いてきている。東京大学文学部進学から博士課程まで、樺山紘一先生に指導教官としてご指導頂いた。その後現在にいたるまで、高山博先生に指導教官としてご指導頂いている。刀水書房へのご紹介も、高山先生にご尽力頂いた。樺山先生、高山先生には、本当に長い間あたたかく厳しくお導き頂いている。お二人のご指導がなければ一歩も進めなかったと、学恩に心より感謝申し上げる。

学部から大学院にいたるまでには、城戸毅先生、甚野尚志先生からも、授業だけでなく個別にもご指導を頂いた。

特に、学部で城戸先生から英仏の尚書部に関する講義を受けていたこと、大学院で甚野先生のラテン語講読演習で様々な証書に触れる機会を得ていたこと、本書刊行にいたるまで何度も思い出してはご指導に深謝していた。

また、長い間籍をおくことを許してくれた東京大学西洋史学研究室の諸先生方、先輩、同僚、後輩の皆様との出会いにも、感謝している。

学外でも、博士課程の時には、中世ベルギー史ご専攻の斉藤絅子先生、河原温先生が、ご担当の演習への参加を許して下さりご指導頂いた。故森本芳樹先生からは、九州での勉強の機会を何度も頂いた。そのご縁で、とりわけ山田雅彦先生は、幾度となく貴重なご助言を下さった。

加えて、多くの学会や研究会からも、研究ノートや口頭での研究発表の機会を与えられた。史学会、日本西洋史学会、西洋中世学会、日韓西洋中世史研究集会、比較都市史研究会、フランス史研究会、東北学院大学合同研究会、西欧中世史料論研究会、日本ハンザ史研究会である。歴史学研究会、ＲＥＮ研究会、「教会と社会」研究会も、貴重な学びの場を下さった。

同時に、博士論文準備中から現在にいたるまで、非常勤講師として、たくさんの大学にお世話になってきている。山梨大学、千葉大学、日本大学、日本女子大学、東京女子大学、筑波大学、中央大学、学習院大学、立正大学、川村学園女子大学の関係の諸先生方、学生の皆さんに深く感謝している。なかでも川村学園女子大学の金尾健美先生は、折に触れてご助言を下さった。

そして、勉強を続けさせてくれた青山と西村のふたつの家族にも、この場を借りて感謝の気持ちを伝えたい。

最後に、本書出版にあたっては、刀水書房の中村文江氏に、ご心配ばかりおかけしながら、何もわかっていない私をお導き頂いた。お茶の水女子大学附属高等學校の先輩にもあたる中村氏とのご縁に感謝したい。『中世の秋』に出会ったのも高一の夏だったことが思い出される。

本書は、ずっと支えてきてくれた夫幹雄に、捧げる。

二〇一八年一二月

青山　由美子

索　引

I. 人名索引

ウィリアム1世，イングランド王　William …… 23
ウィリアム2世，イングランド王　William …… 23
ウィレルムス，伯　Willelmus …… 29,30,31,50,54~56,128,146,169,170,180,187
ウルバヌス2世(教皇)　Urbanus …… 24
オゲルス(中間役人)　Ogerus …… 84,87,89~91,97,100,128,148~150
オゲルス，サン・トメールの(中間役人)　Ogerus …… 77,78,80,90,91,98,128,144~147
オゲルス，ドロンヘンの(中間役人)　Ogerus …… 77~79,81,97,100
ガルベルトゥス(「日記」の作者)　Galbertus …… 55,80,88,89,106,110,161,165~167,169
カロルス，伯　Carolus …… 27~29,48,50,80,88,89,166,168,169,180
クレメンティア，伯妃　Clementia …… 25
シビラ，伯妃　Sibilla …… 32
テオデリクス，伯　Theodericus …… 15,30~34,54,56~58,62,65,69~75,127~133,146,147,162,170,180
デシデリウス(上位役人)　Desiderius …… 59,62,64,66~68,70,72,74,75,131~133
トマス・ベケット　Tomas Becket …… 35,74
バルドゥイヌス7世，伯　Balduinus …… 26,27
フィリップ1世，フランス王　Philippe …… 23
フィリプス，伯　Phillipus …… 12,15,31,33~35,62,64,69,72~76,127,130~133,139,141,162,163,167,178,180
フロモルドゥス・セニオル(中間役人)　Fromoldus Senior …… 47,77,83,88,91,96,97,101,164,165,167,168
フロモルドゥス・ユニオル(中間役人)　Fromoldus Junior …… 83,85,86,88~91,96~98,101,128,164~166,168
ペトルス(上位役人)　Petrus …… 64,68,70~72,74,75,131,133,163
ベルトゥルフス(上位役人)　Bertulfus …… 28,46~51,54,58,77,81,89,97,98,122,125,127,161,180
ヘンリ1世，イングランド王　Henry …… 26,30,31
ヘンリ2世，イングランド王　Henry …… 35,74
ライネルス(上位役人)　Rainerus …… 42,44
ルイ6世，フランス王　Louis …… 29,50
ルイ7世，フランス王　Louis …… 35
ロゲルス(上位役人)　Rogerus …… 50~59,65,74,78,80,83~86,92~94,103,129,131,170
ロベール，ノルマンディ公　Robert …… 26,54
ロベルトゥス(上位役人)　Robertus …… 35,64,66~68,72,73,75,131~133
ロベルトゥス1世，伯　Robertus …… 8,10,21~24,43~45,122~124,151,152,176,180
ロベルトゥス2世，伯　Robertus …… 24~27,44,176,177
ワルテルス(中間役人)　Walterus …… 83,85,86,90~94,103,113,128,147,149,159,172,173

Ⅱ. 事項索引

アラス　Arras……34
アルキカペラーヌス［司祭長］　archicapellanus……47
アルザス（家，地方）……12~15,30,56,132,170
イングランド（王国，王）……5,6,22,23,26,30,31,35,54,74,188
インブレヴィアトル［書記］　inbreviator……109,125
ヴェルマンドワ［伯領］　Vermandois……33~35,64,141
エランバルド家……28,29,46,48~50,54,58,76,89,96~98,100~102,113,122,125~128,130,165~168,180
エール　Aire……63,81,100,128,131
カノニクス　canonicus……47,55,77,85,96,101,106~109,111,112,117,118,123,125,128,131,138,165,169,171~173
カペラーヌス　capellanus……9,10,47,86,87,90~92,106~111,117,123,125,128,131,138,147,148,153
「神の平和」運動……22,25,123,151,177,178
カメラリウス　camerarius……162~167,171
カルタトル　cartator……85,109
カンケラリウス　cancellarius……8~15,20,35,41,46~49,51~53,57~59,61~66,74,75,87,97,104,113~116,120~123,125,128,137~142,149~151,154~160,162,163,166,183
カンブレ　Cambrai……24,26,72,190
グラヴリーヌ　Gravelines……34
クレリクス　clericus……9,47,55,78,85,86,89,106,107,109~111,113,117,118,123,125,128,131,138
ゲルルス・シギリ［印章保管係］　gerulus sigilii……80,145,147
サケルドス［司祭］　sacerdos……110,125
サン・トメール　Saint-Omer……31,73,77,78,80,90,98,125,128,144~146,190
シギラリウス　sigillarius……9,14
十字軍……24,25,32,33,44,111,177,178,189,190
助祭長　archidiaconus……59,131
神聖ローマ帝国……5,188
スクリバ　scriba……87,109
聖ドナティアヌス教会……10,42~44,46,49~52,55,71,76,80,100,105,107,108,111,112,117,118,123~125,127,131,138,141,142,160,161,163,164,169,171~173,175~177
聖ドナティアヌス律修参事会教会
→聖ドナティアヌス教会
ディアコヌス［助祭］　diaconus……109,112,125
デカヌス［副参事会長］　decanus……76,80,82,83,85,92,94,96,100,101,112,125,128,131~133,163
ドロンヘン　Drongen……77,78,81,89,91,97,100,125,128
ノタリウス　notarius……8~12,47,73,77,78,85,87,90,91,101,105~108,117,118,123,125,128,131,132,138,148,152,169,172,174
ノルマンディ公……7,26,27,50,54,55,57,188
副カンケラリウス　vice cancellarius……42,43,123,138,139
フランス（王国，王）……5,6,17~19,22,23,26,29~31,35,36,50,54,55,62,129,130,187,188
フランデレン　Vlaanderen……6,17,18
ブリヴァリウス［書記］　brivarius……109,125
ブルッヘ　Brugge……10,29~31,42~52,59,62,64,65,70,71,74,76,77,81,82,86,92,105,107,111~114,117,123,125,127,131,133,142,154,160,161,163,165,169,171,172,175~178,185
フールネ　Veurne……52,76~78,86,91~94,

96,101,112,125,128,
131,145,162
ブレヴィアトル　breviator……85,87,109,128
プレスビテル[司祭]　presbyter
……………………109,110,112,125,128
プレポジトゥス　prepositus……9,10,42~44,
46,48~52,55,56,59,63~66,70,71,
76~78,80~84,86~94,96~98,100,
101,105,107,112~114,123,125,
127,128,131,138,139,144,146,160,
161,163,171,172,176~178,185
ヘント　Gent……………………7,11,12,16~18,
20,29,30,32,37,44
マギステル　magister
……………109,111,112,120,123,125,128,131
律修参事会教会（運動）
…………………43,59,63,77,78,81~83,86,92,
98,100,103,124,127,128

主要参考文献

史　料

"Item de Sancto Donatiano", Ex miraculis S. Donatiani Brugensibus, *M.G.H. SS.*, 15, pars. II.

Acta sanctorum Julii, t.II, p. 376, "De S. Godeleva virg. et mart., Prima elevatio anni MLXXXIV.

Brugge, Archief Bisdom, fonds Sint-Donaas, Oorkonden, A240, nr. 5, Miraeus, A. & Foppens, J. F., *Opera Diplomatica*, III (Leuven 1734), p. 313.

Brugge, RA, Aanwinsten, 3472, f. 12r.

De Hemptinne, Th. & Verhulst, A. *De oorkonden der graven van Vlaanderen (Juli 1128 - September 1191) II. Uithave–Band I Regering van Diederik van Elzas (Juli 1128-17 Januari 1168)* (1988 Brussel).

De Marneffe, E., *Cartulaire de l'abbaye 'Afflighem et des monastères qui en dépendaient* (Leuven 1894-1901), nr.X, pp. 19-21, Miraeus, A. & Foppens, J. F., *Opera Diplomatica*, I (Leuven 1723), pp. 272-273.

Ex Vita Arnulfi Episcopi Suessionensis Auct. Hariulfo, *M.G.H., SS.*, 15-2, pp. 889-890.

Gesta abbatum S, Bertini, Continuatio, *M.G.H., SS.*, 13, pp. 667-668, c. 12.

Gysseling, M. – Koch, A.C.F., *Diplomata Belgica ante annum millesimum centesimum scripta*, I, 1950, n. 143, p. 253.

Herman, *Liber de restauratione S. Maritini Tornacensis, M.G.H., SS.*, 14, c. 35.

Koch, A.C. F., "Actes des Comtes de Flandre de la période de 1071 à 1128", *Bulletin de la Commission royale d'Histoire*, 122 (1957), nn. 3-4, pp. 272-278.

Miraeus, A. & Foppens J. F., ed., *Opera diplomatica*, III, 1734, pp. 44-45.

Miraeus, A. & Foppens, J. F., *Opera Diplomatica*, II (Leuven), p. 957.

Pirenne, H. ed., *Histoire du meurtre de Charles le Bon, comte de Flandre (1127-1128) par Galbert de Bruges suivie de poésies latines contemporaines publiées d'après les manuscripts* (Paris 1891).

Rider, J. ed., Galbertus notarius Brugensis, *De multro, traditione, et occisione gloriosi Karoli comitis Flandriarum, Corpus Christianorum*, Continuatio Mediaevalis CXXXI (Turnhout 1994).

V[an de Putte], F.-C[arton], C., *Chronicon et cartularium abbatiae Sancti Nicolai Furnensis*, Ordinis Premonstratensis (Brugis 1849), p. 212.

Van de Velde,"Collégiale de Sainte-Walburga à Furnes", *Annales de la Société d'Émulation*

de Bruges, 2e série, XVI, 1862-1863, pp. 67-140, 特に p. 107.
Vercauteren, F., *Actes des comtes de Flandre* 1071-1128 (Bruxelles 1938).
Vita Karoli comitis auctore Waltero archidiacono Tervanensi, M.G.H. SS. t.XII, c. 31.

研究文献

Bonnaud-Delamare, R., "La Paix en Flandre pendant la première Croisade", *Revue du Nord*, 39 (1957), pp. 149-151.

Coppieters-Stochove, H., "Voyages de Thierry d'Alsace en Orient", *Bulletin Soc. Hist. Gand*, XVI (1908), pp. 159-163.

De Gryse, L. M., *The Reform of Flemish Judicial and Fiscal Administration in the Reign of Philip of Alsace (1157/1163-1191)*, University of Minnesota, Ph.D. dissertation, 1969, Ann Arbor, Michigan, University Microfilms Inc., 1971.

De Hemptinne Th. & Vandermaesen, M., "De ambtenaren van de centrale administratie van het graafschap Vlaanderen van de 12e tot de 14eeuw", *Tijdschirift voor geschiedenis*, 93-2 (1980), pp. 177-209.

De Hemptinne, "Les symboles graphiques dans les chartes du comté de Flandre jusqu'au début du XIII siècle", in: *Graphische Symbole in mittelalterlichen Urkunden, Beiträge zur diplomatischen Semiotik* (Sigmaringen 1996), pp. 509-528.

De Hemptinne, Th. et Michel Parisse,"Thierry d'Alsace, comte de Flandre Biographie et actes", *Annales de l'Est*, 43 (1991), pp. 83-113.

De Hemptinne, Th., "23. Robert I der Friese", "24. Robert II von Jerusalem", in: *Lexikon des Mittelalters*, VII (München und Zürich 1995), pp. 894-895.

De Hemptinne, Th., "Clementia van Bourgondië, gravin van Vlaanderen", *Nationaal Biografisch Woordenboek* 9 (Bruxelles 1981), pp. 148-150.

De Hemptinne, Th., "De gravinnen van Vlaanderen in de 12de eeuw", *Spiegel Historiael*, 15de jg., nr. 9 (1980), pp. 450-455.

De Hemptinne, Th., "Les épouses des croisés et pèlerins flamands anx XIe et XIIe siècles: L'exemple des comtesses de Flandre Clémence et Sybille", Balard, M. ed., *Autour de la première croisade, Actes du Colloque de la Society for the Study of the Crusades and the Latin East, Clermont-Ferrand, 22-25 juin 1995* (Paris 1996), pp. 83-95.

De Hemptinne, Th., "Peter van de Elzas, leven en loopbaan (ca. 1145-1176) ", *Handelingen van het genootschap voor Geschiedenis gesticht onder de benaming Société d'Émulation te Brugge*, 113 (1976), pp. 139-160.

De Hemptinne, Th., "Peter van de Elzas", *Nationaal Biografisch Woordenboek*, dl. VII, Brussel. 1976, kol. 569-573.

De Hemptinne, Th., "Vlaanderen en Henegouwen onder de erfgenamen van de Boudewijns 1070-1214", *Algemene Geschiedenis der Nederlanden 2 Middeleeuwn* (Haarlem 1982).

De Hemptinne, Th., Prevenir, W., & Vandermaesen, M., “La chancellerie des comtes de Flandre（12de-14de siècle）”, in: *Landesherrliche Kanzleien im Spätmittelalter, Referate zum VI. Internationales Kongreß für Diplomatik, München 1983*（München 1984）, pp. 433-454.

De Smet, J. M., “Bij de latijnsche gedichten over de moord op den Glz. Karel den Goede Graaf van Vlaanderen”, *Miscellanea historica in honorem Alberti de Meyer*, 2 vols（Louvain 1946）, I, pp. 418-443.

De Waha, M., “La lettre d'Alexis I Comnène à Robert I le Frison”, *Byzantion*, XLVII（1977）, pp. 113-125.

Declercq, G., “Het kapittel van Harelbeke in de 11de en 12de eeuw. Een bijdrage tot de studie van de «vita canonica» in Vlaanderen, *Sacris Erudiri*, XXIX（1986）, pp. 269-312.

Declercq, G., “De dekens van het Sint-Donaaskapittel in Brugge voor 1200”, *Handelingen van het genootschap voor Geschiedenis gesticht onder de benaming Société d'Émulation te Brugge*,125（1988）, pp. 39-54.

Declercq, G., “Galbert van Brugge en de verradlijke moord op Karel de Goede, Beschouwingen over tekst en auteur naar aanleiding van een nieuw uitgave”, *Handelingen van de Maatschappij voor Geschiedenis en Oudheidkunde te Gent*, XLIX（1995）.

Demyttenaere, A., “Mentaliteit in de twaalfde eeuw en de benauwenis van Galbert van Brugge”, *Monumenta Germaniae Historica, Zeitschrift: Deutsches Archiv für Erforschung des Mittelalters*（DA）, Rezension in Band 52. 2, S. 793（1994）, pp. 77-129.

Dhondt, J., “Développement urbain et initiative comtale en Flandre au XIe siècle”, *Revue du Nord*, 30（1948）, pp. 133-156.

Doehaerd, R., “*Flandrenses dans la Passio Karoli* de Galbert de Bruges（1127）”, *Revue belge de philologie et d'histoire,* 71（1993）, pp. 841-849.

Eichenberger, Th., *Patria: Studien zur Bedeutung des Wortes im Mittelalter（6.-12. Jahrhundert)*（Sigmaringen 1991）.

Ganshof, F. L., “La Flandre”, in: Ferdinand Lot et Robert Fawtier（eds.）, *Histoire des institutions françaises au Moyen Âge*（Paris 1957）, pp. 343-426.

Ganshof, F. L., “Le Roi de France en Flandre en 1127 et 1128”, *Revue historique de droit français et étranger*, XXVII（1949）, pp. 204-228.

Ganshof, F.-L., Van Caenegem, R., Verhulst, A., “Note sur le prémier traité anglo-flamand de Douvres”, in: *Mélanges dédiés à la mémoire de Raymond Monier, Revue du Nord*,（1958）, pp. 245-257.

Ganshof, F. L., *Étude sur les ministeriales en Flandre et en Lotharingie*（Bruxelles 1924）.

Gelting, M.H., “Un prélat flamand au Denmark au XIIe siècle. Hélie, évêque de Ribe（1142-1162）, *Handelingen van het genootschap voor Geschiedenis gesticht onder de benaming Société d'Émulation te Brugge*, 122（1985）, pp. 159-179.

Heirbaut, D., “Galbert van Brugge: eem bron voor de Vlaamse feodaliteit in de XIIde

eeuw", *Tijdschrift voor Rechtsgeschiedenis*, LX (1992), pp. 49-62.

Hicks, S. B., "The Impact of William Clito upon the Continental Policies of Henry I of England", *Viator*, 10 (1979), pp. 1-21.

Hoffmann, H., *Gottesfriede und Treuga Dei*, Schriften der Monumenta Germaniae historica 20 (Stuttgart 1964).

Huyghebaert, N., "Une notice du cartulaire de l'abbaye de Saint-Nicolas-des-Prés (Ribemont) concernant deux bergeries dans le comté de Flandre (1087-1088), *Bulletin de la Commission Royale d'Histoire*, 116 (1951), pp. 123-152.

Johnen, J., "Philipp von Elsass, Graf von Flandern, 1157 (1163) -1191", Bulletin de la Commission royale d'histoire, 79 (1910), pp. 341-469.

Lyon, B. & Verhulst, A. E., *Medieval Finance, a Comparison of financial Institutions in northwestern Europe* (Providence 1967).

Milis. L., "Justus ut Palma Symboliek als politiek-ideologisch wapen op de zegels van Diederik et Filips van de Elzes, graven van Vlaanderen (1128-1191)", *Sacris Erudiri*, t. 25, 1982, pp. 27-47.

Mohr, W., "Richilde vom Hennegau und Robert der Friese, Thesen zu einer Neubewertung der Quellen", *Belgisch Tijdscrift voor Filologie en Geschiedenis*, 58 (1980), pp. 777-796, 59 (1981), pp. 265-291.

Monier, R., *Les institutions centrales du Comté de Flandre, de la fin du IXe siècle à 1384* (Paris 1943).

Nicholas, D., *Medieval Flanders* (London & New York 1992).

Nicholas, K., "When Feudal Ideals Failed, Conflicts Between Lords and Vassals in the Low Countries, 1127-1296", in: Purdon, L. O. & Vitto, C. L. eds., *The Rusted Hauberk, Feudal Ideals of Order and Their Decline* (Geainesville 1994), pp. 201-226.

Nishimura, Y., "The 'Grand Charters' by the Counts of Flanders in the Twelfth Century", in: *The Fourth Japano-Korean Symposium on Medieval History of Europe*, 1997. May, pp. 32-53.

Noterdaeme. J., "De fiscus Snellegem en de vroegste kerstening in het westen van Brugge", *Handelingen van de Maatschappij voor Geschiedenis en Oudheidkunde te Gent*, n.r., XI (1957).

Oksanen, E., Flanders and the Anglo-Norman World 1066-1216 (Cambridge 2012).

Philips, J., "The Murder of Charles the Good and the Second Crusade: Household, Nobility, and Traditions of Crusading in Medieval Flanders", *Medieval Prosopography*, 19 (1998), pp. 55-75.

Pirenne, H., "La chancellerie et les notaires des comtes de Flandre avant le XIIIe siècle", *Mélanges J. Havet* (Paris 1895), pp. 742-746.

Pirenne, H., "La lettre d'Alexis Commène à Robert le Frison", *Revue de l'Instruction publique*, t.L (1907), pp. 217-227.

Prevenir, W., "La chancellerie des comtes de Flandre dans le cadre européen a la fin du XIIe siècle", *Bibliothèque de l'école des chartes*, CXXV (1967), pp. 34-93.

Reusens, E., "Les chancelleries inférieures en Belgique depuis leur origine jusqu'au commencement du XIIIe siècle", *Analectes pour servir a l'histoire ecclésiastique de la Belgiquem*, XXVI (1896), pp. 118-129.

Rider, J., "Galbert of Bruges' 'Journal': From Medieval Flop to Modern Bestseller", in: Milis. L., Lambert, V., Kelders, A. eds., *Verhalende Bronnen, repertoriëring, editie en commercialisering* (Gent 1996), pp. 67-93.

Rider, J., *God's Scribe: The Historiographical Art of Galbert of Bruges* (Washington, D.C., 2001).

Rider, J. trans., *The Murder. Betrayal. and Slaughter of the Glorious Charles, Count of Flanders Galbert of Bruges* (New Haven & London 2013).

Ross, J. B. ed., Galbert of Bruges, *The Murder of Charles the Good, Count of Flanders*, rev. ed. 1967; rep., Medieval Academy Reprints for Teaching, 12 (Toronto 1988).

Ross, J. B. & Vandermoere, H. trans., Warlop, E., *The Flemish Nobility before 1300* (Kortrijk 1975-1976).

Sproemberg, H., "Clementia, Gräfin von Flandern", *Revue belge de Philologie et d'histoire*, 42 (1964), pp. 1203-1241, rep., in: Unger, M. ed., *Mittelalter und Demokratische Geschichtschreibung* (Berlin 1971) pp. 192-220.

Strubbe, E., *Egidius van Breedene (11..-1270) Grafelijk Ambtenaar ec Stichter van de Abdij Spermalie* (Brugge 1942).

Strubbe, Eg. I., "Het fragment van een grafelijke rekening van Vlaanderen uit 1140", *Medelingen van de Koninklijke Vlaamse Academie voor Wetenschappen, Letteren en Schone Kunsten van België, Klasse der Letteren*, XII (1950), nr. 9.

Toll, J.-M., *Englands Beziehungen zu den Niederlanden bis 1154*, Berlin, 1921.

Van Caenegem, R. C., "Notes on Galbert of Bruges and his Translators", in: Duvosqeul J.-M. & Thoen E. eds., *Peasants & Townsmen in Medieval Europe, Studia in honorem Adriaan Verhulst* (Gent 1995), pp. 619-629.

Van Cappel, E., "Zalige Desiderius van Kortrijk, biscchop van Terwaan", *Album M.English*, Brugge,1952, pp. 381-397.

Van Werveke, H., "De economische politiek van Filips van de Elzas (1157/68 tot 1191), *Mededelingen van de koninklijke Vlaamse Academie voor Wetenschappen. Letteren en Schone Kunsten van Belgie, Klasse der Letteren*, dl. 14, nr. 3, Brussel (1952), pp. 3-18.

Van Werveke, H., "Filips van Elzas", in: *Nationaal Biografisch Woordenboek*, dl.IV (Brussel 1970), kol. 290-329.

Van Werveke, H., "Robrecht, proost van Aire", *Nationaal Biografisch Woordenboek*, dl. IV, Brussel. 1970, kol. 697-706.

Van Werveke, H., *Filips van de Elzas als biografisch Problem* (Brussel 1969).

Van Werveke, H., *Thomas Becket, Filips van de Elzas en Robrecht van Aire*, [Mededelingen van de Koninklijke Vlaamse Academie, jg. XXXII, n. 1] (Brussel 1970).

Vercauteren, F., "Note critique sur une charte originale de Baudouin VII", *Bulletin de la Commission royale d'Histoire*, 94 (1930), pp. 376-377.

Verhulst, A. & De Hemptinne, Th., "Le chancelier de Flandre sous les comtes de la maison d'Alsace (1128-1191)", *Bulletin de la Commission Royale d'Histoire*, 141 (1975), pp. 274-275.

Verhulst, A. & Gysseling, M., *Le Compte Général de 1187, connu sous le nom de «Gros Brief», et les institutions financières du comté de Flandre au XIIe siècle* (Bruxelles 1962).

Verhulst, A., "L'organisation financière du comté de Flandre, du duché de Normandie et du domaine royal Français du XIe au XIIIe siècle, des finances domaniales aux finances d'état", in: *L'Impôt dans le cadre de la ville et de l'état* (Collection Histoire in 80, no. 133, 1966), pp. 29-41.

Verhulst, A., "Note sur une charte de Thierry d'Alsace, comte de Flandre, pour l'abbaye de Fontevrault (21 avril 1157), in: Études de civilisation médiévale (IXe - XIIe siècles), *Mélanges offerts à Edmond-René Labande* (Poitiers 1974), pp. 711-719.

Verhulst, A., "Un exemple de la politique écononmique de Philippe d'Alsace: fondation de Gravelines (1163)", *Cahiers de civilisations médiévales*, t. 10 (1967), pp. 15-28.

Verlinden, Ch., "Marchands ou tisserands? A propos des origines urbaines", *Annales E. S.C.*, 27-2 (1972).

Verlinden, Ch., *Robert Ier le Frison, comte de Flandre, Étude d'histoire politique* (Antwerpen/Paris/'s Gravenhagi 1935).

Warlop E., "Desiderius van Kortrijk", in: *Nationaal Biografisch Woordenboek*, dl. II, Brussel. 1966, kol. 405-406.

Warlop, E., "Willem van Ieper, een Vlaams condottiere (vóór 1104-1162)", *De Leiegouw*, VI (1964), pp. 167-192, VII (1965), pp. 197-218.

Chancellerie prinsières et Scriptora dans les anciens Pays-Bas Xe-XVe siècles=Vorstelijke kanselarijn en Scriptora in de Lage Landen 10de-15de eeuw, Bulletin de la commission royale d'histoire: Academie royale de Belgique = Handelingen van de Koninklijke Commissie voor Geschiedenis: Koninklijke Academie Van Belgie, 176-2 (2010).

邦語文献

青谷秀紀「フランドル伯シャルル・ル・ボンの殉教—12世紀前半における君主と支配理念—」『史林』第82巻第1号，1999年，36-67頁.

青山由美子「11-12世紀フランドル伯文書の伝来状況」岡崎敦研究代表者『西欧中世文書の史料論的研究—平成21年度研究成果年次報告書』，2010年3月，35-41頁.

青山由美子「11-12世紀フランドル伯のカンケラリウス」『西洋史学』239号，2011年10月，

237-247頁.
斎藤絅子「中世フランドル伯領」『岩波講座 世界講座 8 ヨーロッパの成長 11-15世紀』岩波書店，1998年，101-123頁.
轟木広太郎「紛争のなかの教会—中世フランドルの聖人伝から—」『史林』第82巻第 2 号，1999年， 1 -31頁.
西村由美子「12世紀フランドル伯領の伯役人と都市」『比較都市史研究』第17巻第 1 号，1998年，15-27頁.
西村由美子「12世紀フランドルの政治的転換期—暗殺・復讐そして反乱へ—」『史学雑誌』第106編第 1 号，1997年，64-82頁.
山瀬善一「十三世紀末までのフランドル伯の財政」『国民経済雑誌』第122巻第 6 号，1967年， 1 -21頁.
山田雅彦『中世フランドル都市の生成—在地社会と商品流通—』ミネルヴァ書房，2001年.

《著者紹介》

青山由美子（あおやま ゆみこ）

1966年千葉県に生まれる
1990年東京大学文学部西洋史学科卒業，2006年東京大学大学院人文社会系研究科西洋史学博士課程修了。博士 文学（2006年東京大学）。
西洋中世史，フランドル史
現在，日本大学・日本女子大学・中央大学非常勤講師
［主要業績］
論文：「12世紀フランドルの政治的転換期—暗殺・復讐そして反乱へ」『史学雑誌』106-1（1997年），「12世紀フランドル伯領の伯役人と都市」『比較都市史研究』17-1（1998年），「11–12世紀フランドル伯のカンケラリウス」『西洋史学』239号（2011年10月）
翻訳：アンドレ・ジョリス（瀬原義生監訳）『地域からみたヨーロッパ中世—中世ベルギーの都市・商業・心性』（共訳）ミネルヴァ書房，2004年

11〜12世紀のフランドル伯の尚書部

2018年12月19日　初版1刷印刷
2018年12月25日　初版1刷発行

著　者　青山由美子

発行者　中 村 文 江
発行所　株式会社　刀 水 書 房
〒101-0065　東京都千代田区西神田2-4-1　東方学会本館
電話03-3261-6190　FAX3261-2234　振替00110-9-75805
印刷　亜細亜印刷株式会社
製本　株式会社ブロケード

ISBN978-4-88708-444-5　C3022